LANDMAN… …T

An…
der 102. Ergänzungslieferung (… …ptember 2023)

Herauszunehmen:	Zahl der Blätter	**Einzufügen:**	Zahl der Blätter
		Band I	
Titelblatt (Band I)–**Geleitwort**	2	**Titelblatt** (Band I)–**Geleitwort**	2
Bearbeiter 5/6	1	**Bearbeiter** 5/6	1
		Band II	
Titelblatt (Band II)	1	**Titelblatt** (Band II)	1
Inhalt 1/1a	1	**Inhalt** 1/1a	1
Bearbeiter 5/6	1	**Bearbeiter** 5/6	1
		KSG 2 *nach* ***§ 8*** *12 einfügen:*	
		§ 9 1–**Anlagen** 2	10
KrWG 6 § 53 1–**§ 55** 4	15	**KrWG 6 § 53** 1–**§ 55** 6	21
		BattG 6.42 *nach* ***§ 1*** *6 einfügen:*	
		§ 2 1–**§ 3** 6	9
		nach ***§ 12*** *6 einfügen:*	
		§ 13 1–**§ 15** 8	11
		nach ***§ 16*** *8 einfügen:*	
		§ 17 1–**§ 18** 6	6
		nach ***§ 25*** *4 einfügen:*	
		§ 26 1–**§ 31** 6	16
		Band III	
Titelblatt (Band III)	1	**Titelblatt** (Band III)	1
Bearbeiter 5/6	1	**Bearbeiter** 5/6	1
		Band IV	
Titelblatt (Band IV)	1	**Titelblatt** (Band IV)	1
Bearbeiter 5/6	1	**Bearbeiter** 5/6	1
		TA Luft 3.2 *nach* ***2.14*** *12 einfügen:*	
		3 1–10	5
		nach ***5.4.9.36*** *4 einfügen:*	
		5.4.10 1–12	6
Insgesamt herauszunehmen:	25	Insgesamt einzufügen:	94

LANDMANN/ROHMER

UMWELTRECHT

BAND I

KOMMENTAR

Herausgegeben von

Prof. Dr. Martin Beckmann
Rechtsanwalt und Fachanwalt für Verwaltungsrecht,
Honorarprofessor der Universität Münster

Prof. Dr. Dr. Wolfgang Durner LL. M.
Rheinische Friedrich-Wilhelms-Universität Bonn und Direktor des Instituts für das Recht der Wasser- und Entsorgungswirtschaft

Prof. Dr. Thomas Mann
Direktor des Instituts für Öffentliches Recht,
Lehrstuhl für Verwaltungsrecht der Georg-August-Universität Göttingen

Prof. Dr. Marc Röckinghausen
Hochschule für Polizei und öffentliche Verwaltung NRW, Abteilung Gelsenkirchen,
Fachbereich Allgemeine Verwaltung/Rentenversicherung

Stand: 1. September 2023
(102. Ergänzungslieferung)

(Zum Bearbeitungsstand im Einzelnen siehe die Datumszeile am unteren Ende jeder Seite)

C.H.BECK

Dieses Titelblatt stammt aus der 102. Ergänzungslieferung September 2023.

(Anschluss an die 101. Ergänzungslieferung Juni 2023)

ISBN 978 3 406 81565 2

Der Kommentar wurde von der 1. bis zur 50. Ergänzungslieferung
von Prof. Dr. Klaus Hansmann und von der 51. bis zur 58. Ergänzungslieferung
von Prof. Dr. Martin Beckmann herausgegeben.

Zitiervorschläge:

Beckmann in Landmann/Rohmer UmweltR KrWG § 17 Rn. 1
Landmann/Rohmer UmweltR/*Beckmann* KrWG § 17 Rn. 1

www.beck.de

Grundwerk ISBN 978 3 406 34327 8 ergänzt bis ISBN 978 3 406 81565 2

Wilhelmstraße 9, 80801 München
Druck: Druckerei C.H.Beck, Nördlingen
(Adresse wie Verlag)

Satz: mediaTEXT Jena GmbH, Jena

CO_2 neutral
chbeck.de/nachhaltig

Gedruckt auf säurefreiem, alterungsbeständigem Papier
(Hergestellt aus chlorfrei gebleichtem Zellstoff)

Geleitwort zur 102. Ergänzungslieferung

Mit der vorliegenden 102. Ergänzungslieferung werden die Rechtstexte des Kommentars auf den Stand vom 1. September 2023 gebracht. Die Lieferung ist geprägt von Beiträgen, mit denen Kommentierungsvorhaben fortgesetzt und – in einem Fall – auch abgeschlossen werden.

Den Anfang macht dabei *Wittmann*, die mit der Kommentierung des § 11 KSG die von *Beckmann* in der vorherigen Ergänzungslieferung begonnene Erläuterung des Bundes-Klimaschutzgesetzes ausbaut. Der Mitherausgeber *Beckmann* selbst führt seine Aktualisierung der Kommentierungen des Kreislaufwirtschaftsgesetzes fort. Für diese Ergänzungslieferung hat er §§ 53, 54 und 55 KrWG bearbeitet.

Weitergeführt wird auch die Erläuterung der TA Luft 2021. Mit dieser Lieferung wird von *Remus* die Nr. 5.4.10 sowie durch den Mitherausgeber *Röckinghausen* die Nr. 3 beigetragen. Eine Vervollständigung wird mit den kommenden Ergänzungslieferungen erfolgen.

Zum Abschluss kommt mit der 102. Ergänzungslieferung die Kommentierung des Batteriegesetzes. Die noch bestehenden Lücken (§§ 2, 3, 13, 13a, 14, 15, 17, 18, 26-31 BattG) werden durch *Schleifenbaum* geschlossen, der auch für alle anderen Vorschriften des Batteriegesetzes verantwortlich ist.

Herausgeber und Verlag danken allen an der Ergänzungslieferung beteiligten Autorinnen und Autoren.

Prof. Dr. Marc Röckinghausen
für die Herausgeber

Gelsenkirchen, im September 2023

Dr. Kay Artur Pape Rechtsanwalt in Bonn	Vorb. WHG, §§ 6–22 WHG
Dr. Malte Petersen LL. M. Ministerium für Umwelt, Naturschutz und Verkehr des Landes Nordrhein-Westfalen	§§ 89–95 WHG
Prof. Dr. Alexander Proelß O. Professor an der Universität Trier	§§ 43–45l WHG
Prof. Dr. Eckard Rehbinder Em. Professor an der Universität Frankfurt/Main	§ 14 BImSchG UmweltHG (§§ 6, 7 mit Hager)
Prof. Dr. Olaf Reidt Rechtsanwalt in Berlin	§ 16 BImSchG (mit Schiller), 18. BImSchV (mit Schiller), Fluglärmgesetz (mit Fellenberg und Schiller), Umweltinformationsgesetz (mit Schiller)
Rainer Remus Umweltbundesamt, Dessau	TA Luft (mit Hansmann)
Dr. Christoph Riese Rechtsanwalt in Berlin	§§ 67–71, 86 WHG
Prof. Dr. Marc Röckinghausen Hochschule für Polizei und öffentliche Verwaltung NRW, Abteilung Gelsenkirchen	§§ 20, 21, Vor § 32, §§ 32–37, 52, 52b, 62, 66, 67 BImSchG (mit Hansmann), §§ 37a bis 37f, Vor §§ 44–47, 52a, 63, 73 BImSchG, 1., 10., 26., 28., 36., 37., 38., 42. BImSchV, 4., 11., 20., 21., 25., 27., 30., 34 und 35. BImSchV, TA Luft (mit Hansmann), 2. BImSchV (mit Hansmann und Mahrwald), Schadstofffreisetzungs- und Verbringungsregistergesetz
Christoph Sahm LL. M. E. ON Kernkraft GmbH	§§ 23–25, 27 der 17. BImSchV (mit Ohms)
Prof. Dr. Dr. Joachim Sanden † Behörde für Stadtentwicklung und Umwelt, Freie und Hansestadt Hamburg, zugl. Apl. Prof. an der Universität Lüneburg	§§ 41–43 BNatSchG (mit Gellermann)
Dr. Gernot Schiller Rechtsanwalt in Berlin	§ 16 BImSchG (mit Reidt), 18. BImSchV (mit Reidt), Fluglärmgesetz (mit Reidt und Fellenberg), Umweltinformationsgesetz (mit Reidt) Umweltrechtsbehelfsgesetz (mit Fellenberg), §§ 14a, 15 BImSchG

Bearbeiter

Matthias Schleifenbaum, LL.M. Rechtsanwalt in Köln	BattG
Prof. Dr. Hendrik Schoen Hochschule für Polizei und öffentliche Verwaltung NRW, Abteilung Münster	§ 50 BImSchG
Prof. Dr. Meinhard Schröder Em. Professor an der Universität Trier	EG-Abfallverbringungs-VO
Prof. Dr. Max-Jürgen Seibert Vorsitzender Richter am Oberverwaltungsgericht Münster	§ 13 BImSchG
Prof. Dr. Reinhard Sparwasser Rechtsanwalt in Freiburg	Vor § 22 BImSchG, §§ 22–25 BImSchG (mit Heilshorn)
Prof. Dr. Indra Spiecker genannt Döhmann, LL.M. O. Professorin an der Universität Frankfurt a.M.	UStatG BImSchG (mit Heilshorn)
Prof. Dr. Peter-Tobias Stoll O. Professor an der Universität Göttingen	EG-Artenschutzverordnung
Silvia Strecker Ministerium für Umwelt, Naturschutz und Verkehr des Landes Nordrhein-Westfalen	39. BImSchV (mit Bruckmann)
Prof. Dr. Dr. Markus Thiel Deutsche Hochschule der Polizei, Münster	§§ 3, 48–48b BImSchG
Dr. Christian Tünnesen-Harmes Rechtsanwalt in Duisburg	AbfAEV
Dr. Klaus Vogt Landesamt für Natur, Umwelt und Verbraucherschutz Nordrhein-Westfalen	39. BImSchV (mit Bruckmann und Strecker), 43. BImSchV (mit Bruckmann und van Endern)
Anne-Barbara Walter Umweltbundesamt	OberflächengewässerV (mit Dörr)
Dr. Andreas Wasielewski Ministerium für Energiewende, Klima, Umwelt und Naturschutz des Landes Schleswig-Holstein	TA Luft (mit Hansmann)
Dr. Dirk Weinreich Bundesministerium für Umwelt, Naturschutz, nukleare Sicherheit und Verbraucherschutz	Vorb. TEHG, §§ 7, 19 TEHG
Dr. Armin von Weschpfennig Akademischer Rat, Universität Bonn	§§ 13a, 13b, 103–107 WHG
Dr. Antje Wittmann Rechtsanwältin in Münster	UmweltschadensG (zusammen mit Beckmann), § 51 UVPG, § 11 KSG
Frank Wolke Bundesministerium für Umwelt, Naturschutz, nukleare Sicherheit und Verbraucherschutz	§§ 4, 18, 24 TEHG, UERV (mit Erxleben)

(Fortsetzung Seite 7)

LANDMANN/ROHMER

UMWELTRECHT

BAND II

KOMMENTAR

Herausgegeben von

Prof. Dr. Martin Beckmann
Rechtsanwalt und Fachanwalt für Verwaltungsrecht,
Honorarprofessor der Universität Münster

Prof. Dr. Dr. Wolfgang Durner LL. M.
Rheinische Friedrich-Wilhelms-Universität Bonn und Direktor des Instituts für das Recht der Wasser- und Entsorgungswirtschaft

Prof. Dr. Thomas Mann
Direktor des Instituts für Öffentliches Recht,
Lehrstuhl für Verwaltungsrecht der Georg-August-Universität Göttingen

Prof. Dr. Marc Röckinghausen
Hochschule für Polizei und öffentliche Verwaltung NRW, Abteilung Gelsenkirchen,
Fachbereich Allgemeine Verwaltung/Rentenversicherung

Stand: 1. September 2023
(102. Ergänzungslieferung)

(Zum Bearbeitungsstand im Einzelnen siehe die Datumszeile am unteren Ende jeder Seite)

C.H.BECK

Dieses Titelblatt stammt aus der 102. Ergänzungslieferung September 2023.

(Anschluss an die 101. Ergänzungslieferung Juni 2023)

ISBN 978 3 406 81565 2

Der Kommentar wurde von der 1. bis zur 50. Ergänzungslieferung von Prof. Dr. Klaus Hansmann und von der 51. bis zur 58. Ergänzungslieferung von Prof. Dr. Martin Beckmann herausgegeben.

Zitiervorschläge:

Beckmann in Landmann/Rohmer UmweltR KrWG § 17 Rn. 1
Landmann/Rohmer UmweltR/*Beckmann* KrWG § 17 Rn. 1

www.beck.de

Grundwerk ISBN 978 3 406 34327 8 ergänzt bis ISBN 978 3 406 81565 2

Wilhelmstraße 9, 80801 München
Druck: Druckerei C.H.Beck, Nördlingen
(Adresse wie Verlag)

Satz: mediaTEXT Jena GmbH, Jena

CO_2 neutral
chbeck.de/nachhaltig

Gedruckt auf säurefreiem, alterungsbeständigem Papier
(hergestellt aus chlorfrei gebleichtem Zellstoff)

Inhaltsverzeichnis (Band II)

(Fortsetzung Seite 2)

Dr. Kay Artur Pape Rechtsanwalt in Bonn	Vorb. WHG, §§ 6–22 WHG
Dr. Malte Petersen LL. M. Ministerium für Umwelt, Naturschutz und Verkehr des Landes Nordrhein-Westfalen	§§ 89–95 WHG
Prof. Dr. Alexander Proelß O. Professor an der Universität Trier	§§ 43–45l WHG
Prof. Dr. Eckard Rehbinder Em. Professor an der Universität Frankfurt/Main	§ 14 BImSchG UmweltHG (§§ 6, 7 mit Hager)
Prof. Dr. Olaf Reidt Rechtsanwalt in Berlin	§ 16 BImSchG (mit Schiller), 18. BImSchV (mit Schiller), Fluglärmgesetz (mit Fellenberg und Schiller), Umweltinformationsgesetz (mit Schiller)
Rainer Remus Umweltbundesamt, Dessau	TA Luft (mit Hansmann)
Dr. Christoph Riese Rechtsanwalt in Berlin	§§ 67–71, 86 WHG
Prof. Dr. Marc Röckinghausen Hochschule für Polizei und öffentliche Verwaltung NRW, Abteilung Gelsenkirchen	§§ 20, 21, Vor § 32, §§ 32–37, 52, 52b, 62, 66, 67 BImSchG (mit Hansmann), §§ 37a bis 37f, Vor §§ 44–47, 52a, 63, 73 BImSchG, 1., 10., 26., 28., 36., 37., 38., 42. BImSchV, 4., 11., 20., 21., 25., 27., 30., 34 und 35. BImSchV, TA Luft (mit Hansmann), 2. BImSchV (mit Hansmann und Mahrwald), Schadstofffreisetzungs- und Verbringungsregistergesetz
Christoph Sahm LL. M. E. ON Kernkraft GmbH	§§ 23–25, 27 der 17. BImSchV (mit Ohms)
Prof. Dr. Dr. Joachim Sanden † Behörde für Stadtentwicklung und Umwelt, Freie und Hansestadt Hamburg, zugl. Apl. Prof. an der Universität Lüneburg	§§ 41–43 BNatSchG (mit Gellermann)
Dr. Gernot Schiller Rechtsanwalt in Berlin	§ 16 BImSchG (mit Reidt), 18. BImSchV (mit Reidt), Fluglärmgesetz (mit Reidt und Fellenberg), Umweltinformationsgesetz (mit Reidt) Umweltrechtsbehelfsgesetz (mit Fellenberg), §§ 14a, 15 BImSchG

Bearbeiter

Matthias Schleifenbaum, LL.M. Rechtsanwalt in Köln	BattG
Prof. Dr. Hendrik Schoen Hochschule für Polizei und öffentliche Verwaltung NRW, Abteilung Münster	§ 50 BImSchG
Prof. Dr. Meinhard Schröder Em. Professor an der Universität Trier	EG-Abfallverbringungs-VO
Prof. Dr. Max-Jürgen Seibert Vorsitzender Richter am Oberverwaltungsgericht Münster	§ 13 BImSchG
Prof. Dr. Reinhard Sparwasser Rechtsanwalt in Freiburg	Vor § 22 BImSchG, §§ 22–25 BImSchG (mit Heilshorn)
Prof. Dr. Indra Spiecker genannt Döhmann, LL.M. O. Professorin an der Universität Frankfurt a.M.	UStatG BImSchG (mit Heilshorn)
Prof. Dr. Peter-Tobias Stoll O. Professor an der Universität Göttingen	EG-Artenschutzverordnung
Silvia Strecker Ministerium für Umwelt, Naturschutz und Verkehr des Landes Nordrhein-Westfalen	39. BImSchV (mit Bruckmann)
Prof. Dr. Dr. Markus Thiel Deutsche Hochschule der Polizei, Münster	§§ 3, 48–48b BImSchG
Dr. Christian Tünnesen-Harmes Rechtsanwalt in Duisburg	AbfAEV
Dr. Klaus Vogt Landesamt für Natur, Umwelt und Verbraucherschutz Nordrhein-Westfalen	39. BImSchV (mit Bruckmann und Strecker), 43. BImSchV (mit Bruckmann und van Endern)
Anne-Barbara Walter Umweltbundesamt	OberflächengewässerV (mit Dörr)
Dr. Andreas Wasielewski Ministerium für Energiewende, Klima, Umwelt und Naturschutz des Landes Schleswig-Holstein	TA Luft (mit Hansmann)
Dr. Dirk Weinreich Bundesministerium für Umwelt, Naturschutz, nukleare Sicherheit und Verbraucherschutz	Vorb. TEHG, §§ 7, 19 TEHG
Dr. Armin von Weschpfennig Akademischer Rat, Universität Bonn	§§ 13a, 13b, 103–107 WHG
Dr. Antje Wittmann Rechtsanwältin in Münster	UmweltschadensG (zusammen mit Beckmann), § 51 UVPG, § 11 KSG
Frank Wolke Bundesministerium für Umwelt, Naturschutz, nukleare Sicherheit und Verbraucherschutz	§§ 4, 18, 24 TEHG, UERV (mit Erxleben)

(Fortsetzung Seite 7)

Abschnitt 3 Klimaschutzplanung

§ 9 Klimaschutzprogramme

(1) [1]Die Bundesregierung beschließt mindestens nach jeder Fortschreibung des Klimaschutzplans ein Klimaschutzprogramm; darüber hinaus wird bei Zielverfehlungen eine Aktualisierung des bestehenden Klimaschutzprogramms um Maßnahmen nach § 8 Absatz 2 vorgenommen. [2]In jedem Klimaschutzprogramm legt die Bundesregierung unter Berücksichtigung des jeweils aktuellen Klimaschutz-Projektionsberichts nach § 10 Absatz 2 fest, welche Maßnahmen sie zur Erreichung der nationalen Klimaschutzziele in den einzelnen Sektoren ergreifen wird. [3]Maßgeblich für die Maßnahmen nach Satz 2 ist die Einhaltung der nach § 4 festgelegten zulässigen Jahresemissionsmengen. [4]Zudem legt die Bundesregierung fest, welche Maßnahmen sie zur Erreichung der Ziele nach § 3a ergreifen wird.

(2) [1]Das Klimaschutzprogramm wird spätestens im Kalenderjahr nach der Fortschreibung des Klimaschutzplans beschlossen. [2]Die nach § 4 Absatz 4 für die Sektoren zuständigen Bundesministerien schlagen innerhalb von sechs Monaten nach Fortschreibung des Klimaschutzplans Maßnahmen vor, die geeignet sind, die in den jeweiligen Sektoren erforderlichen zusätzlichen Treibhausgasminderungen zu erzielen. [3]Die Maßnahmenvorschläge enthalten neben wissenschaftlichen Abschätzungen zu den voraussichtlichen Treibhausgasminderungswirkungen auch wissenschaftliche Abschätzungen zu möglichen ökonomischen, sozialen und weiteren ökologischen Folgen. [4]Diese Abschätzungen schließen soweit möglich auch Auswirkungen auf die Beschäftigungsentwicklung, die Wirtschaftsstruktur, die Gleichwertigkeit der Lebensverhältnisse auch im ländlichen Raum sowie die Effizienz des Einsatzes von natürlichen Ressourcen ein. [5]Das Bundesministerium für Umwelt, Naturschutz und nukleare Sicherheit ermittelt in Abstimmung mit dem Bundesministerium für Wirtschaft und Energie die voraussichtliche Treibhausgasgesamtminderungswirkung der vorgeschlagenen Maßnahmen.

(3) Für jedes Klimaschutzprogramm bezieht die Bundesregierung in einem öffentlichen Konsultationsverfahren Länder, Kommunen, Wirtschaftsverbände und zivilgesellschaftliche Verbände sowie die Wissenschaftsplattform Klimaschutz und wissenschaftliche Begleitgremien der Bundesregierung ein.

(Kommentierung folgt)

§ 10 Berichterstattung

(1) [1]Die Bundesregierung erstellt jährlich einen Klimaschutzbericht, der die Entwicklung der Treibhausgasemissionen in den verschiedenen Sektoren, den Stand der Umsetzung der Klimaschutzprogramme nach § 9 und der Sofortprogramme nach § 8 sowie eine Prognose der zu erwartenden Treibhausgasminderungswirkungen enthält. [2]Erstmals im Jahr 2024 und dann alle zwei Jahre enthält der Klimaschutzbericht eine Darstellung zum Stand und zur weiteren Entwicklung der CO_2- Bepreisung innerhalb der Europäischen Union sowie zu technischen und internationalen Entwicklungen und zu ihrer Kompatibilität mit der nationalen CO_2-Bepreisung sowie den nationalen Klimaschutzzielen einschließlich der Wirkung auf die Sektoren nach § 4 Absatz 1. [3]Die Bundesregierung leitet den Klimaschutzbericht für das jeweilige Vorjahr bis zum 30. Juni dem Deutschen Bundestag zu.

(2) [1]Die Bundesregierung erstellt ab dem Jahr 2021 alle zwei Jahre einen Klimaschutz-Projektionsbericht nach den Vorgaben des Artikels 18 der Europäischen Governance-Verordnung, der die Projektionen von Treibhausgasemissionen, einschließlich der Quellen und Senken des Sektors Landnutzung, Landnutzungsänderung und Forstwirtschaft, und die nationalen Politiken und Maßnahmen zu deren Minderung enthält. [2]Die Bundesregierung leitet den Klimaschutz-Projektionsbericht bis zum 31. März des jeweiligen Jahres dem Deutschen Bundestag zu.

(3) Der Klimaschutz-Projektionsbericht ist maßgeblich für die integrierten nationalen Fortschrittsberichte gemäß Artikel 17 der Europäischen Governance-Verordnung, die das Bundesministerium für Wirtschaft und Energie im Einvernehmen mit dem Bundesministerium für Umwelt, Naturschutz und nukleare Sicherheit erstellt.

(Kommentierung folgt)

Abschnitt 4 Expertenrat für Klimafragen

§ 11 Unabhängiger Expertenrat für Klimafragen, Verordnungsermächtigung

(1) **Es wird ein Expertenrat für Klimafragen aus fünf sachverständigen Personen verschiedener Disziplinen eingerichtet. Die Bundesregierung benennt für die Dauer von fünf Jahren die Mitglieder, davon jeweils mindestens ein Mitglied mit hervorragenden wissenschaftlichen Kenntnissen und Erfahrungen aus einem der Bereiche Klimawissenschaften, Wirtschaftswissenschaften, Umweltwissenschaften sowie soziale Fragen. Der Expertenrat soll als Ganzes auch übergreifende Expertise zu den Sektoren nach § 4 Absatz 1 abbilden. Die gleichberechtigte Vertretung von Frauen und Männern ist sicherzustellen. Eine einmalige Wiederernennung ist möglich.**

(2) **Der Expertenrat für Klimafragen wählt aus seiner Mitte in geheimer Wahl eine vorsitzende Person und eine Stellvertretung für die vorsitzende Person. Der Expertenrat für Klimafragen gibt sich eine Geschäftsordnung.**

(3) **Der Expertenrat für Klimafragen ist nur an den durch dieses Gesetz begründeten Auftrag gebunden und in seiner Tätigkeit unabhängig. Der Bund trägt die Kosten des Expertenrats für Klimafragen nach Maßgabe des Bundeshaushaltes.**

(4) **Der Expertenrat für Klimafragen wird bei der Durchführung seiner Arbeit von einer Geschäftsstelle unterstützt. Diese wird durch die Bundesregierung eingesetzt und untersteht fachlich dem Expertenrat für Klimafragen.**

(5) **Die Bundesregierung wird ermächtigt, durch Rechtsverordnung ohne Zustimmung des Bundesrates Regelungen zum Sitz, zur Geschäftsstelle, zur pauschalen Entschädigung der Mitglieder, zur Reisekostenerstattung, zur Verschwiegenheit sowie zu sonstigen organisatorischen Angelegenheiten zu bestimmen.**

Schrifttum: *Isensee/Kirchhof/Voßkuhle,* Sachverständige Beratung des Staates, HStR III 2005, § 43; *Kohlrausch,* Die deutschen Klimaschutzgesetze im Vergleich, ZUR 2020, 262; *Saurer,* Perspektiven eines Bundes-Klimaschutzgesetzes, NuR 2018, 581; *Scharlau/Swieykowski-Trzaska/Keimeyer,* Das Bundes-Klimaschutzgesetz, NVwZ 2020, 1; *Schlacke,* Klimaschutzgesetze der Länder – symbolische Rechtsetzung oder Rechtsmodell?, in: FS für Koch, 2014, 417; *dies.,* Klimaschutzrecht im Mehrebenensystem – Internationale Klimaschutzpolitik und aktuelle Entwicklungen in der Europäischen Union und in Deutschland, EnWZ 2020, 355.

A. Vorbemerkung

Mit §§ 11 und 12 regelt das Klimaschutzgesetz die Einrichtung und Ausgestaltung 1
eines unabhängigen **Sachverständigengremiums**, das die Bundesregierung und den Bundestag in Klimafragen beraten und unterstützen soll. Angesichts der Komplexität und der gesellschaftlichen, sektoren- und ressortübergreifenden Bedeutung des Klimawandels soll nach dem Vorbild des Committee on Climate Change in Großbritannien wissenschaftlicher Sachverstand in die Regierungs- und Parlamentstätigkeit einfließen. Ähnliche, z.T. aber institutionell und finanziell anders verankerte Gremien sind aus den Klimaschutzgesetzen der Länder (vgl. dazu *Kohlrausch* ZUR 2020, 262, 268 f.), aber aus anderen thematischen Zusammenhängen bekannt (z.B. Deutscher Ethikrat, Sachverständigenrat Gesundheit und Pflege, Sachverständigenrat zur Begutachtung der gesamtwirtschaftlichen Entwicklung, Sachverständigenrat für Umweltfragen). Im Kern geht es darum, eine **unabhängige, thematisch spezialisierte und wissenschaftlich fundierte Begleitung** des Prozesses zur Erreichung der Klimaschutzziele zu ermöglichen (BT-Drs. 19/14337, S. 35).

2 § 11 regelt organisatorische Fragen im Zusammenhang mit der Errichtung und der Arbeitsweise des Gremiums sowie eine Verordnungsermächtigung, § 12 definiert die gesetzlichen Aufgaben des Gremiums und trifft Regelungen zur Zusammenarbeit mit staatlichen Stellen und mit Dritten sowie zum Datenschutz.

B. Einrichtung des Sachverständigenrates, Zusammensetzung

3 Nach § 11 Abs. 1 Satz 1 wird ein Expertenrat für Klimafragen aus fünf sachverständigen Personen verschiedener Disziplinen eingerichtet. Die **Ernennung** der Mitglieder erfolgt gem. § 11 Abs. 1 Satz 2 durch die **Bundesregierung**. Insoweit weicht das KSG von der Konstruktion anderer Gesetze ab, die z.T. eine Ernennung durch den Bundespräsidenten vorsehen (z.B. § 7 Abs. 1 Satz 1 SachvRatG), z.T. eine Berufung durch ein Ministerium (z.B. § 142 SGB V). Im ersten Referentenentwurf war offenbar noch eine Ernennung durch den Bundestag vorgesehen (so *Scharlau/Swieykowski-Trzaska/Keimeyer*, NVwZ 2020, 1, 4; der im Internet vom BMUV veröffentlichte Referentenentwurf (https://www.bmuv.de/gesetz/referentenentwurf-des-bundes-klimaschutzgesetzes) sieht jedoch bereits eine Ernennung durch die Bundesregierung vor).

4 Hinsichtlich der **Zusammensetzung** des Gremiums regelt Abs. 1 Satz 2 und 3, dass von den fünf Mitgliedern jeweils mindestens ein Mitglied durch hervorragende wissenschaftliche Kenntnisse und Erfahrungen aus einem der Bereiche **Klimawissenschaften**, **Wirtschaftswissenschaften**, **Umweltwissenschaften** sowie **soziale Fragen** ausgewiesen sein muss. Nicht zwingend abgebildet wird hier das besonders klimarelevante Themenfeld des **Verkehrs**, was schon im Gesetzgebungsverfahren vom Bundesrat kritisiert wurde (vgl. BR-Drs. 521/19, S. 6/7; dazu auch *Edenharter* in: Fellenberg/Guckelberger, § 11 Rn. 9). Der Expertenrat soll aber jedenfalls „als Ganzes" eine übergreifende Expertise zu allen **Sektoren nach § 4 Absatz 1** abbilden, so dass im Ergebnis sicherzustellen ist, dass auch der Bereich Verkehr sachverständig begleitet wird. Der Gesetzentwurf differenziert insoweit zwischen den wissenschaftlichen **Disziplinen** (Klima-, Wirtschafts-, Umweltwissenschaften und soziale Fragen), aus denen die Mitglieder des Rates stammen, und den thematisch mit ihrer Expertise abzudeckenden **Themenfeldern**, die die Sektoren nach § 4 Abs. 1 umfassen müssen.

5 Zusätzlich schreibt Abs. 1 für die Besetzung des Expertenrates vor, dass die **gleichberechtigte** Vertretung von Frauen und Männern sicherzustellen ist. Bei einem fünfköpfigen Gremium kann diese Vorgabe nur dahingehend verstanden werden, dass Frauen und Männern gleiche Zugangschancen einzuräumen sind und ein möglichst ausgeglichenes Verhältnis der Geschlechter sicherzustellen ist. Insoweit dürfte es geboten sein, dass in jeder fünfjährigen Amtszeit zwei Mitglieder dem in der aktuellen Berufungsperiode unterrepräsentierten Geschlecht angehören (vgl. auch *Wickel* in: Berliner Kommentar EnR, KSG, § 11 Rn. 10). Ob aus Abs. 1 Satz 4 auch die zwingende Verpflichtung folgt, als fünftes Mitglied alternierend eine Frau oder einen Mann zu benennen (in diese Richtung *Edenharter* in: Fellenberg/Guckelberger, § 11 Rn. 12), ist fraglich, da die Möglichkeit einer einmaligen Wiederernennung unterschiedslos für jedes Mitglied vorgesehen ist. Es dürfte ausreichend sein, über lange Sicht eine paritätische Besetzung zu gewährleisten, indem die Mehrheit der Mitglieder nach ihrem Geschlecht wechselt oder z.B. alternierend eine Frau und einen Mann für den Vorsitz vorgeschlagen werden.

C. Amtszeit, Ausscheiden

Die Ernennung der Mitglieder erfolgt für die **Dauer** von fünf Jahren. Die ExpertenratV bezeichnet diese Tätigkeitsperiode als **„Amtszeit"** (§ 4 ExpertenratV). Nach Abs. 1 Satz 5 ist für jedes Mitglied eine **einmalige Wiederernennung** möglich, so dass eine maximale Tätigkeitsdauer von 10 Jahren denkbar ist. Auf diese Weise wird einerseits sichergestellt, dass die Mitglieder sich in ihre komplexen Aufgaben einfinden und routinierte sowie arbeitsteilige Arbeitsweisen entwickeln können, andererseits Meinungen sich nicht „zementieren" und die Mitglieder ihre Unabhängigkeit wahren (vgl. *Edenharter* in: Fellenberg/Guckelberger, § 11 Rn. 13). Die Amtszeit endet automatisch nach Ablauf der fünf Jahre. Das (vorzeitige) **Ausscheiden** ist in § 11 nicht geregelt. § 4 ExpertenratV sieht vor, dass die Mitglieder ihr Amt durch schriftliche Erklärung gegenüber der Bundesregierung niederlegen können. Das Amt endet dann, ohne dass es einer förmlichen „Entlassung" bedarf, nach dem Ablauf des übernächsten Monats nach Eingang der Mitteilung. Scheidet ein Mitglied vorzeitig aus, wird ein neues Mitglied für die verbleibende Dauer der Amtszeit des ausgeschiedenen Mitglieds durch die Bundesregierung benannt. Auf diese Weise wird sichergestellt, dass der Expertenrat als gesamtes Gremium immer für einheitliche Amtszeiten von 5 Jahren besteht und sich keine überlappenden Amtszeiten der einzelnen Mitglieder ergeben. 6

D. Vorsitz und Organisationsregeln

Gemäß Abs. 2 wählt der Expertenrat aus seiner Mitte in **geheimer Wahl** eine **vorsitzende Person** und eine **Stellvertretung** für die vorsitzende Person. Auch an dieser Stelle ist der Auftrag einer paritätischen Repräsentanz von Frauen und Männern aus Abs. 1 Satz 4 zu berücksichtigen, so dass es sich anbietet, jeweils einen Mann und eine Frau für den Vorsitz und den stellvertretenden Vorsitz vorzuschlagen und den Vorsitz ggf. auch alternierend zu besetzen. Allerdings schreibt § 11 eine geheime Wahl vor, so dass die Parität hier nicht erzwungen werden kann. Geheime Wahl bedeutet, dass die Stimmabgabe unbeobachtet und in anonymer Form erfolgen muss, also regelmäßig auf einem Wahlzettel, anhand dessen die wählende Person nicht identifiziert werden kann. Eine - ggf. von allen Mitgliedern einvernehmlich beschlossene - „offene" Wahl per Handzeichen o.ä. ist nach § 11 gesetzlich verboten. Auf diese Weise will der Gesetzgeber die Freiheit der Wahlentscheidung absichern. Da die Wahl „aus der Mitte" des Expertenrates erfolgen muss und jedes Mitglied stimmberechtigt ist, setzt die Wahl voraus, dass alle Mitglieder die Möglichkeit haben, ihre Stimme abzugeben. Mangels anderslautender Vorgaben ist gewählt, wer die (einfache) Mehrheit der Stimmen erreicht 7

Der Expertenrat hat sich eine **Geschäftsordnung** zu geben, in der weitergehende organisatorische Regelungen und Verfahrensvorschriften zu treffen sind (z.B. Regelungen zur Einberufung/Sitzungsterminen, Tagesordnung, Niederschrift, Abstimmungen o.ä.). Diverse organisatorische Regelungen hat der Verordnungsgeber auch bereits in der gem. § 11 Abs. 5 erlassenen ExpertenratV getroffen (dazu unten). 8

E. Unabhängigkeit

Gemäß § 11 Abs. 5 ist der Expertenrat nur an den durch das KSG begründeten Auftrag gebunden und in seiner Tätigkeit **unabhängig**. Die Mitglieder sollen eine unabhängige 9

Instanz bilden und wissenschaftliche Bewertungen und Empfehlungen abgeben, ohne einseitigen wirtschaftlichen oder gesellschaftlichen Bindungen zu unterliegen. Die Unabhängigkeit wird insbesondere dadurch gewährleistet, dass der Expertenrat nur an den in § 12 **gesetzlich vorgegebenen Auftrag** gebunden ist. Zusätzlich garantieren diverse organisatorische Regelungen die Unabhängigkeit; insbesondere die Anforderungen an die persönliche Eignung der Mitglieder in der Unvereinbarkeitsvorschrift das § 3 ExpertenratV, die Wahrnehmung des Amtes als Ehrenamt (§ 8 Abs. 1 ExpertenratV), die Beschränkung auf eine Aufwandsentschädigung (§ 8 Abs. 2 ExpertenratV), die Finanzierung aus dem Bundeshaushalt (§ 11 Abs. 3 Satz 2), die Beschränkung der Mitglieder auf max. zwei Amtszeiten und die fachliche Unterstellung und Bindung der Geschäftsstelle allein an Weisungen der Mitglieder des Expertenrates (§ 2 Abs. 2 ExpertenratV).

F. Finanzierung

10 Die Finanzierung des Expertenrates erfolgt gem. Abs. 3 Satz 2 ausschließlich aus dem **Bundeshaushalt**. Konkretere Regelungen zu einzelnen Finanzierungsfragen enthält die ExpertenratV. Die Geschäftsstelle wird gem. § 2 ExpertenratV dadurch finanziert, dass das **Umweltbundesamt** ihr zur Wahrnehmung der Aufgaben **Personal und Sachmittel** nach Maßgabe der im Bundeshaushalt veranschlagten Personal- und Sachmittelausgaben zur Verfügung stellt. Die Personal-, Haushalts- und Organisationsangelegenheiten werden vom Umweltbundesamt im Einvernehmen mit dem Expertenrat für Klimafragen auf Basis der jeweils geltenden haushaltsrechtlichen und sonstigen Regelungen wahrgenommen. Demgegenüber wird die Höhe der **Aufwandsentschädigung** der Mitglieder des Expertenrates vom BMU festgesetzt, wobei der Gesetzgeber eine Orientierung an der Aufwandsentschädigung der Mitglieder das nationalen Ethikrates für angemessen erachtet hat (BT-Drs. 19/14337, S. 35). Die Kosten für die Einrichtung der Geschäftsstelle und für den im Gesetzentwurf als unabdingbar erachteten „ausreichend ausgestatteten wissenschaftlichen und geschäftlichen Unterbau zur Bewältigung der umfangreichen und anspruchsvollen Aufgaben" (BT-Drs. 19/14337, S. 35) sind nicht unwesentlich. Der Erfüllungsaufwand wird in der Gesetzesbegründung allein für den Expertenrat mit Sachkosten für die Einrichtung und den Geschäftsbetrieb der Geschäftsstelle von ca. 100.000 EUR, Sachkosten für die Beauftragung externer Dienstleister/Gutachter in Höhe von ca. 4 Mio. EUR und jährlichen Personalkosten in Höhe von ca. 1,6 Mio. EUR geschätzt. Hinzu kommt nicht unerheblicher finanzieller Aufwand beim UBA und beim BMU (zu alledem BT-Drs. 19/14337, S. 22).

G. Geschäftsstelle

11 Gem. Abs. 4 wird der Expertenrat bei der Durchführung seiner Arbeit von einer **Geschäftsstelle** unterstützt. Diese wird durch die Bundesregierung eingesetzt und untersteht fachlich dem Expertenrat.

12 Ähnlich wie andere Beratungsgremien (Sachverständigenrat zur Begutachtung der gesamtwirtschaftlichen Entwicklung, Sachverständigenrat Gesundheit und Pflege etc.) wird auch der Expertenrat für seine **organisatorischen und technischen Aufgaben** von der Geschäftsstelle unterstützt. Zu ihren Aufgaben gehören nach § 2 Abs. 3 ExpertenratV insbesondere die Vorbereitung der **Sitzungen** des Expertenrats, die Vorbereitung der **Anhörung** von Behörden und Sachverständigen und die Koordination der **Übermittlung erforderlicher Daten** von öffentlichen Stellen des Bundes, die wissenschaftliche

Zuarbeit zu den Stellungnahmen, Gutachten und sonstigen Tätigkeiten des Expertenrats sowie die Kommunikations- und Öffentlichkeitsarbeit. Der Leitung der Geschäftsstelle kommt u.a. die Aufgabe zu, Bearbeitungs- und Vorlagetermine für die Aufgaben des Expertenrats mit dem BMUV oder dem Deutschen Bundestag abzustimmen (§ 2 Abs. 6 ExpertenratV). Die Geschäftsstelle ist als Verwaltungseinheit organisatorisch beim Umweltbundesamt aufgehängt. **Sitz** der Geschäftsstelle ist Berlin (§ 2 Abs. 1 Satz 2 ExpertenV). Die Geschäftsstelle wird von einem Generalsekretär geleitet. Bei ihr ist auch ein Stab wissenschaftlicher Mitarbeiter angesiedelt, die den Mitgliedern des Expertenrates fachlich zuarbeiten. Sämtliche Mitarbeiter der Geschäftsstelle sind Beschäftigte des Umweltbundesamtes, bei der Auswahl der Leitung der Geschäftsstelle und der wissenschaftlichen Angehörigen der Geschäftsstelle ist allerdings das **Einvernehmen** des Expertenrates erforderlich (§ 2 Abs. 4 ExpertenV).

Nach Abs. 4 Satz 2 untersteht die Geschäftsstelle (und damit die dort beschäftigten **13**
Mitarbeiter) fachlich allein dem Expertenrat. § 2 Abs. 2 Satz 2 ExpertenV stellt insoweit klar, dass Weisungen zur Aufgabenerfüllung ausschließlich der Expertenrat für Klimafragen erteilen kann. Damit soll die **fachliche Unabhängigkeit** von der Bundesregierung (konkret vom BMUV/UBA) und damit die unbeeinflusste Wahrnehmung der wissenschaftlichen Beratungs- und Überprüfungstätigkeit des Expertenrates abgesichert werden.

H. Verordnungsermächtigung

§ 11 Abs. 5 ermächtigt die Bundesregierung, durch Rechtsverordnung ohne Zustim- **14**
mung des Bundesrates Regelungen zum Sitz, zur Geschäftsstelle, zur pauschalen Entschädigung der Mitglieder, zur Reisekostenerstattung, zur Verschwiegenheit sowie zu sonstigen organisatorischen Angelegenheiten zu bestimmen. Von dieser Ermächtigung hat die Bundesregierung mit Erlass der Verordnung zur Ausgestaltung des unabhängigen Expertenrats für Klimafragen und zur Einsetzung der Geschäftsstelle (ExpertenratV) vom 09.11.2020 Gebrauch gemacht (BGBl. I S. 2386). Die Verordnung trifft nähere Regelungen zum Sitz, zur Geschäftsstelle, zu Unvereinbarkeiten vom Ämtern und Verschwiegenheitspflichten, zum vorzeitigen Ausscheiden von Mitgliedern des Expertenrates, zur Beschlussfassung, zur Anhörung und Befragung von Behörden und Sachverständigen, zur Datenübermittlung, zur Aufwandsentschädigung und Reisekostenerstattung und zu einem schiedsrichterlichen Verfahren.

§ 12 Aufgaben des Expertenrats für Klimafragen

(1) Der Expertenrat für Klimafragen prüft die Emissionsdaten nach § 5 Absatz 1 und 2 und legt der Bundesregierung und dem Deutschen Bundestag innerhalb von einem Monat nach Übersendung durch das Umweltbundesamt eine Bewertung der veröffentlichten Daten vor.

(2) Vor der Erstellung der Beschlussvorlage für die Bundesregierung über die Maßnahmen nach § 8 Absatz 2 prüft der Expertenrat für Klimafragen die den Maßnahmen zugrunde gelegten Annahmen zur Treibhausgasreduktion.

(3) Die Bundesregierung holt zu folgenden Maßnahmen eine Stellungnahme des Expertenrats für Klimafragen im Hinblick auf die diesen zugrunde liegenden Annahmen zur Treibhausgasreduktion ein, bevor sie diese veranlasst:

1. Änderungen oder Festlegungen der Jahresemissionsmengen nach diesem Gesetz;
2. Fortschreibung des Klimaschutzplans;
3. Beschluss von Klimaschutzprogrammen nach § 9.

(4) [1]Der Expertenrat für Klimafragen legt erstmals im Jahr 2022 und dann alle zwei Jahre dem Deutschen Bundestag und der Bundesregierung ein Gutachten zu bisherigen Entwicklungen der Treibhausgasemissionen, Trends bezüglich der Jahresemissionsmengen und Wirksamkeit von Maßnahmen mit Blick auf die Zielerreichung nach diesem Gesetz vor. [2]Darüber hinaus können der Deutsche Bundestag oder die Bundesregierung durch Beschluss den Expertenrat für Klimafragen mit der Erstellung von Sondergutachten beauftragen.

(5) [1]Alle öffentlichen Stellen des Bundes im Sinne des § 2 Absatz 1 des Bundesdatenschutzgesetzes gewähren dem Expertenrat für Klimafragen Einsicht in die zur Wahrnehmung seiner Aufgaben benötigten Daten und stellen diese zur Verfügung. [2]Die Bundesregierung stellt sicher, dass der Schutz von Betriebs- und Geschäftsgeheimnissen Dritter sowie personenbezogener Daten gewährleistet ist. [3]Der Expertenrat für Klimafragen kann zu klimaschutzbezogenen Themen Behörden, sowie Sachverständige, insbesondere Vertreter und Vertreterinnen von Organisationen der Wirtschaft und der Umweltverbände, anhören und befragen.

(Kommentierung folgt)

Abschnitt 5 Vorbildfunktion der öffentlichen Hand

§ 13 Berücksichtigungsgebot

(1) [1]Die Träger öffentlicher Aufgaben haben bei ihren Planungen und Entscheidungen den Zweck dieses Gesetzes und die zu seiner Erfüllung festgelegten Ziele zu berücksichtigen. [2]Die Kompetenzen der Länder, Gemeinden und Gemeindeverbände, das Berücksichtigungsgebot innerhalb ihrer jeweiligen Verantwortungsbereiche auszugestalten, bleiben unberührt. [3]Bei der Planung, Auswahl und Durchführung von Investitionen und bei der Beschaffung auf Bundesebene ist für die Vermeidung oder Verursachung von Treibhausgasemissionen ein CO_2-Preis, mindestens der nach § 10 Absatz 2 Brennstoffemissionshandelsgesetz gültige Mindestpreis oder Festpreis zugrunde zu legen.

(2) [1]Der Bund prüft bei der Planung, Auswahl und Durchführung von Investitionen und bei der Beschaffung, wie damit jeweils zum Erreichen der nationalen Klimaschutzziele nach § 3 beigetragen werden kann. [2]Kommen mehrere Realisierungsmöglichkeiten in Frage, dann ist in Abwägung mit anderen relevanten Kriterien mit Bezug zum Ziel der jeweiligen Maßnahme solchen der Vorzug zu geben, mit denen das Ziel der Minderung von Treibhausgasemissionen über den gesamten Lebenszyklus der Maßnahme zu den geringsten Kosten erreicht werden kann. [3]Mehraufwendungen sollen nicht außer Verhältnis zu ihrem Beitrag zur Treibhausgasminderung stehen. [4]Soweit vergaberechtliche Bestimmungen anzuwenden sind, sind diese zu beachten.

(3) Bei der Anwendung von Wirtschaftlichkeitskriterien sind bei vergleichenden Betrachtungen die dem Bund entstehenden Kosten und Einsparungen über den jeweiligen gesamten Lebenszyklus der Investition oder Beschaffung zugrunde zu legen.

(Kommentierung folgt)

§ 14 Bund-Länder-Zusammenarbeit

(1) [1]**Unbeschadet der Vereinbarkeit mit Bundesrecht können die Länder eigene Klimaschutzgesetze erlassen.** [2]**Die bestehenden Klimaschutzgesetze der Länder gelten unbeschadet der Vereinbarkeit mit Bundesrecht fort.**

(2) **Der Bund und die Länder arbeiten in geeigneter Form zusammen, um die Ziele dieses Gesetzes zu erreichen.**

(Kommentierung folgt)

§ 15 Klimaneutrale Bundesverwaltung

(1) [1]Der Bund setzt sich zum Ziel, die Bundesverwaltung bis zum Jahr 2030 klimaneutral zu organisieren. [2]Zur Verwirklichung dieses Zieles verabschiedet die Bundesregierung spätestens im Jahr 2023 und im Folgenden alle fünf Jahre Maßnahmen, die von den Behörden des Bundes und von sonstigen Bundeseinrichtungen ohne eigene Rechtspersönlichkeit, wenn sie der unmittelbaren Organisationsgewalt des Bundes unterliegen, einzuhalten sind. [3]Sind zur Verwirklichung des in Satz 1 genannten Zieles gesetzliche Regelungen erforderlich, legt die Bundesregierung dem Deutschen Bundestag innerhalb von sechs Monaten nach dem Beschluss der Maßnahmen einen Entwurf vor.

(2) [1]Die Klimaneutralität der Bundesverwaltung soll insbesondere durch die Einsparung von Energie, durch die effiziente Bereitstellung, Umwandlung, Nutzung und Speicherung von Energie sowie durch die effiziente Nutzung erneuerbarer Energien und die Wahl möglichst klimaschonender Verkehrsmittel erreicht werden. [2]Dabei ist auf die effiziente Nutzung natürlicher Ressourcen zu achten. [3]Bei Verwaltungshandeln des Bundes im Ausland, wie etwa der Errichtung oder Sanierung von Gebäuden des Bundes, sind lokale Vorschriften und technische Standards sowie Marktverhältnisse zu berücksichtigen.

(3) Der Bund wirkt in den unter seiner Aufsicht stehenden Körperschaften, Anstalten und Stiftungen, in seinen Sondervermögen sowie in den sich ausschließlich oder zum Teil in seinem Eigentum befindenden juristischen Personen des Privatrechts darauf hin, dass auch diese ihre Verwaltungstätigkeit klimaneutral organisieren.

(4) Die Bundesregierung führt mit den Ländern einen Erfahrungsaustausch durch, um die Länder bei der Prüfung und im Falle der Erstellung von Regelungen, die mit den Regelungen nach den Absätzen 1 bis 3 vergleichbar sind, für ihren Verantwortungsbereich zu unterstützen.

(Kommentierung folgt)

Anlage 1 (zu den §§ 4 und 5)

Sektoren

Die Abgrenzung der Sektoren erfolgt entsprechend der Quellkategorien des gemeinsamen Berichtsformats (Common Reporting Format – CRF) nach der Europäischen Klimaberichterstattungsverordnung oder entsprechend einer auf der Grundlage von Artikel 26 Absatz 7 der Europäischen Governance-Verordnung erlassenen Nachfolgeregelung.

	Sektoren	Beschreibung der Quellkategorien des gemeinsamen Berichtsformats (Common Reporting Formats – CRF)	Quellkategorie CRF
1.	Energiewirtschaft	Verbrennung von Brennstoffen in der Energiewirtschaft;	1.A.1
		Pipelinetransport (übriger Transport);	1.A.3.e
		Flüchtige Emissionen aus Brennstoffen	1.B
2.	Industrie	Verbrennung von Brennstoffen im verarbeitenden Gewerbe und in der Bauwirtschaft;	1.A.2
		Industrieprozesse und Produktverwendung;	2
		CO_2-Transport und -Lagerung	1.C
3.	Gebäude	Verbrennung von Brennstoffen in:	
		Handel und Behörden;	1.A.4.a
		Haushalten.	1.A.4.b
		Sonstige Tätigkeiten im Zusammenhang mit der Verbrennung von Brennstoffen (insbesondere in militärischen Einrichtungen)	1.A.5
4.	Verkehr	Transport (ziviler inländischer Luftverkehr; Straßenverkehr; Schienenverkehr; inländischer Schiffsverkehr) ohne Pipelinetransport	1.A.3.a; 1.A.3.b; 1.A.3.c; 1.A.3.d
5.	Landwirtschaft	Landwirtschaft;	3
		Verbrennung von Brennstoffen in Land- und Forstwirtschaft und in der Fischerei	1.A.4.c
6.	Abfallwirtschaft und Sonstiges	Abfall und Abwasser;	5
		Sonstige	6
7.	Landnutzung, Landnutzungsänderung und Forstwirtschaft	Wald, Acker, Grünland, Feuchtgebiete, Siedlungen; Holzprodukte; Änderungen zwischen Landnutzungskategorien	4

Anlage 2[1] (zu § 4)

Zulässige Jahresemissionsmengen für die Jahre 2020 bis 2030

Jahresemissionsmenge in Millionen Tonnen CO_2-Äquivalent	2020	2021	2022	2023	2024	2025	2026	2027	2028	2029	2030
Energiewirtschaft	280		257								108
Industrie	186	182	177	172	165	157	149	140	132	125	118
Gebäude	118	113	108	102	97	92	87	82	77	72	67
Verkehr	150	145	139	134	128	123	117	112	105	96	85
Landwirtschaft	70	68	67	66	65	63	62	61	59	57	56
Abfallwirtschaft und Sonstiges	9	9	8	8	7	7	6	6	5	5	4

Anlage 3[2] (zu § 4)

Jährliche Minderungsziele für die Jahre 2031 bis 2040

	2031	2032	2033	2034	2035	2036	2037	2038	2039	2040
Jährliche Minderungsziele gegenüber 1990	67 %	70 %	72 %	74 %	77 %	79 %	81 %	83 %	86 %	88 %

[1] Anl. 2 neu gef. mWv 31.8.2021 durch G v. 18.8.2021 (BGBl. I S. 3905).
[2] Anl. 3 angef. mWv 31.8.2021 durch G v. 18.8.2021 (BGBl. I S. 3905).

§ 53 Sammler, Beförderer, Händler und Makler von Abfällen

(1) **Sammler, Beförderer, Händler und Makler von Abfällen haben die Tätigkeit ihres Betriebes vor Aufnahme der Tätigkeit der zuständigen Behörde anzuzeigen, es sei denn, der Betrieb verfügt über eine Erlaubnis nach § 54 Absatz 1. Die zuständige Behörde bestätigt dem Anzeigenden unverzüglich schriftlich den Eingang der Anzeige. Zuständig ist die Behörde des Landes, in dem der Anzeigende seinen Hauptsitz hat.**

(2) **Der Inhaber eines Betriebes im Sinne des Absatzes 1 sowie die für die Leitung und Beaufsichtigung des Betriebes verantwortlichen Personen müssen zuverlässig sein. Der Inhaber, soweit er für die Leitung des Betriebes verantwortlich ist, die für die Leitung und Beaufsichtigung des Betriebes verantwortlichen Personen und das sonstige Personal müssen über die für ihre Tätigkeit notwendige Fach- und Sachkunde verfügen.**

(3) **Die zuständige Behörde kann die angezeigte Tätigkeit von Bedingungen abhängig machen, sie zeitlich befristen oder Auflagen für sie vorsehen, soweit dies zur Wahrung des Wohls der Allgemeinheit erforderlich ist. Sie kann Unterlagen über den Nachweis der Zuverlässigkeit und der Fach- und Sachkunde vom Anzeigenden verlangen. Sie hat die angezeigte Tätigkeit zu untersagen, wenn Tatsachen bekannt sind, aus denen sich Bedenken gegen die Zuverlässigkeit des Inhabers oder der für die Leitung und Beaufsichtigung des Betriebes verantwortlichen Personen ergeben, oder wenn die erforderliche Fach- oder Sachkunde nach Absatz 2 Satz 2 nicht nachgewiesen wurde.**

(4) **Nachweise aus einem anderen Mitgliedstaat der Europäischen Union oder einem anderen Vertragsstaat des Abkommens über den Europäischen Wirtschaftsraum über die Erfüllung der Anforderungen nach Absatz 2 stehen inländischen Nachweisen gleich, wenn aus ihnen hervorgeht, dass die betreffenden Anforderungen oder die auf Grund ihrer Zielsetzung im Wesentlichen vergleichbaren Anforderungen des Ausstellungsstaates erfüllt sind. Gleichwertige Nachweise nach Satz 1 sind auf Verlangen der zuständigen Behörde im Original oder in Kopie vorzulegen. Eine Beglaubigung der Kopie sowie eine beglaubigte deutsche Übersetzung können verlangt werden.**

(5) **Hinsichtlich der Überprüfung der erforderlichen Fach- und Sachkunde nach Absatz 2 Satz 2 eines Anzeigenden aus einem anderen Mitgliedstaat der Europäischen Union oder einem anderen Vertragsstaat des Abkommens über den Europäischen Wirtschaftsraum gilt § 36a Absatz 1 Satz 2, Absatz 2 und 4 Satz 4 der Gewerbeordnung entsprechend; bei vorübergehender und nur gelegentlicher Tätigkeit eines in einem anderen Mitgliedstaat der Europäischen Union oder in einem anderen Vertragsstaat des Abkommens über den Europäischen Wirtschaftsraum niedergelassenen Dienstleistungserbringers gilt hinsichtlich der erforderlichen Fach- und Sachkunde § 13a Absatz 2 Satz 2 bis 5 und Absatz 3 der Gewerbeordnung entsprechend.**

(6) **Die Bundesregierung wird ermächtigt, nach Anhörung der beteiligten Kreise (§ 68) durch Rechtsverordnung mit Zustimmung des Bundesrates für die Anzeige und Tätigkeit der Sammler, Beförderer, Händler und Makler von Abfällen, für Sammler und Beförderer von Abfällen insbesondere unter Berücksichtigung der Besonderheiten der jeweiligen Verkehrsträger, Verkehrswege oder der jeweiligen Beförderungsart,**

1. Vorschriften zu erlassen über die Form, den Inhalt und das Verfahren zur Erstattung der Anzeige, über Anforderungen an die Zuverlässigkeit, die Fach- und Sachkunde und deren Nachweis,
2. anzuordnen, dass das Verfahren zur Erstattung der Anzeige elektronisch zu führen ist und Dokumente in elektronischer Form gemäß § 3a Absatz 2 Satz 2 und 3 des Verwaltungsverfahrensgesetzes vorzulegen sind,
3. bestimmte Tätigkeiten von der Anzeigepflicht nach Absatz 1 auszunehmen, soweit eine Anzeige aus Gründen des Wohls der Allgemeinheit nicht erforderlich ist, sowie
4. Anforderungen an die Anzeigepflichtigen und deren Tätigkeit zu bestimmen, die sich aus Rechtsvorschriften der Europäischen Union ergeben, sowie
5. anzuordnen, dass bei der Beförderung von Abfällen geeignete Unterlagen zum Zweck der Überwachung mitzuführen sind.

Schrifttum: *Beckmann,* Erlaubnis- und Anzeigeerfordernisse für Abfalltransporte öffentlich-rechtlicher Entsorgungsträger nach dem KrWG und dem GüKG, EuRUP 2023, 236; *Beckmann,* Keine gewerbliche Sammlung von Abfällen durch Personenhandelsgesellschaften?, AbfallR 2013, 296; *Doumet,* Der Referentenentwurf der Anzeige- und Erlaubnisverordnung, AbfallR 2013, 98; *Franßen/Homann,* Bodenmaterial, Nebenprodukt und Abfallende – Zum Porr-Urteil des EuGH vom 17.11.2022, ZUR 2023, 93; *Hurst,* Anzeige- und Erlaubnispflichten nach dem neuen Kreislaufwirtschaftsgesetz, AbfallR 2012, 176; *Kropp,* Das elektronische Abfallnachweisverfahren, ZUR 2007, 82; *Kropp,* Durchführung genehmigungspflichtiger Abfalltransporte mit fremdem Personal und fremden Fahrzeugen, UPR 2006, 101; *Kropp,* Novellierung der Nachweisverordnung und Umsetzung des Kohärenzprinzips, AbfallR 2005, 25; *Müggenborg,* Unterfallen Klärschlammtransporte dem Abwasser- oder dem Abfallrecht?, StoffR 2022, 257; *Petersen/Hermanns,* Personengesellschaften als Träger gewerblicher Sammlungen im Sinne des § 3 Abs. 18 KrWG, AbfallR 2014, 62; *Schomerus,* Zur Notwendigkeit einer Novellierung der Regelungen zur Transport- und Vermittlergenehmigung nach §§ 49–51 KrW-/AbfG, AbfallR 2009, 98.

Übersicht

A. Überblick

1 Das in den §§ 53–55 und in der AbfAEV geregelte abfallrechtliche Überwachungssystem für Sammler, Beförderer, Händler und Makler gehört angesichts der hohen wirtschaftlichen Bedeutung und der erheblichen Umweltrelevanz zu den zentralen Regelungsbereichen des KrWG (Brinktrine in Schmehl/Klement, KrWG, 2019, § 53 Rn. 1); es ist mit der Verabschiedung des Kreislaufwirtschaftsgesetzes im Jahre 2012 grundlegend

verändert und an die Anforderungen der Abfallrahmenrichtlinie angepasst worden (siehe dazu die Begründung des Gesetzes BT-Drs. 17/6052, S. 97).

Nach § 72 Abs. 4 waren § 53 Abs. 1–5 in Bezug auf Sammler und Beförderer, die 2 Abfälle im Rahmen wirtschaftlicher Unternehmen sammeln oder befördern, erst 2 Jahre nach Inkrafttreten des Gesetzes am 1. Juli 2012, d.h. ab dem 1. Juni 2014 anzuwenden. Grund für diese **Übergangsvorschrift** war, dass die genannten Personengruppen bis zum Inkrafttreten der Neuregelung noch nicht anzeige- oder erlaubnispflichtig waren. Ihnen sollte ein hinreichender Zeitraum zur Einstellung auf die Neuregelung eingeräumt werden. Außerdem sollte die Übergangsfrist genutzt werden, um im Wege einer neuen Verordnung gemäß Abs. 6 das Anzeige- und Erlaubnisverfahren näher zu konkretisieren. Die Verordnung über das Anzeige- und Erlaubnisverfahren für Sammler, Beförderer, Händler und Makler von Abfällen (AbfAEV) ist am 1. Juni 2014 in Kraft getreten.

Zentrales Überwachungsinstrument für die Sammler, Beförderer, Händler und Makler 3 von Abfällen ist die in § 53 vorgesehene **Anzeigepflicht.** Sie dient dazu, der zuständigen Behörde Informationen über die beabsichtigten Tätigkeiten zu verschaffen, um sie in die Lage zu versetzen, die Akteure zur Wahrung des Allgemeinwohls zu überwachen und gegebenenfalls gegen ihre Tätigkeit einzuschreiten (Brinktrine in Schmehl/Klement, KrWG, 2019, § 53 Rn. 17). Außerdem ermöglicht die Anzeigepflicht **statistische Erhebungen.** § 14 Abs. 1 S. 1 AbfAEV verpflichtet die Länder, ein bundesweit einheitliches **elektronisches Register** über die nach § 53 Abs. 1 S. 1 angezeigten Tätigkeiten zu führen. Das Nähere über die Einrichtung und Führung des Registers regeln die Länder nach § 14 Abs. 1 S. 2 AbfAEV durch Vereinbarung. Die Länder sind nach § 14 Abs. 2 AbfAEV befugt, Daten zu erheben, zu speichern und zu nutzen, soweit dies zur Registerführung erforderlich ist. Im Register gespeicherte Daten sind allerdings unverzüglich zu löschen, wenn sie zur Registerführung nicht mehr erforderlich sind.

Soweit sich die Tätigkeiten der Sammler, Beförderer, Händler und Makler auf **gefährliche Abfälle** beziehen, reicht eine Anzeige nach § 53 nicht aus. Vielmehr bedürfen 4 die genannten Akteure für gefährliche Abfälle einer **Erlaubnis** nach § 54 (Brinktrine in Schmehl/Klement, KrWG, 2019, § 53 Rn. 22). Mit der Differenzierung zwischen nicht gefährlichen Abfällen (Anzeigepflicht) und gefährlichen Abfällen (Erlaubnispflicht) macht der Gesetzgeber den Umfang der Überwachung von den Gefährlichkeitsmerkmalen der Abfälle bzw. dem Risikopotenzial der jeweiligen Abfallbewirtschaftungsmaßnahme abhängig (Begründung des Gesetzes, BT-Drs. 17/6052, S. 97).

§ 53 beruht auf einer Neubewertung der Überwachungsbedürftigkeit einzelner Tätig- 5 keiten durch den Gesetzgeber. Auf der einen Seite verzichtet der Gesetzgeber auf die früher erforderliche Transportgenehmigung für nicht gefährliche Abfälle zur Beseitigung angesichts ihres eher geringeren Gefährdungspotenzials. Der behördliche Kontrollaufwand sollte mit dem Verzicht auf die Transportgenehmigung zu Gunsten einer Anzeige verringert werden. Dasselbe gilt für den bürokratischen Aufwand des Anzeigepflichtigen. Auf der anderen Seite wurde mit der Neuregelung des § 53 der Transport nicht gefährlicher Abfälle zur Verwertung, der bis zur Neuregelung weder genehmigungs- noch anzeigepflichtig war, anzeigepflichtig. Mit der umfassenden, auch für den Bereich der nicht gefährlichen Abfälle geltenden Anzeigepflicht setzt der Gesetzgeber die in Art. 26a und b AbfRRL geforderten Registrierungspflichten für Sammler, Beförderer, Händler und Makler um (Doumet in Jarass/Petersen, KrWG, 2022, § 53 Rn. 6).

In der Gesetzesbegründung wird ausdrücklich darauf hingewiesen, dass trotz der erheb- 6 lichen Erleichterungen beim Kontrollaufwand durch die teilweise Reduzierung der Erlaubnispflicht auf eine Anzeigepflicht die Effektivität der behördlichen Überwachung gesichert bleiben soll. Die schon bis zur Neufassung des Gesetzes geltenden materiellen Anforderungen an die Zuverlässigkeit und Sach- und Fachkunde für Sammler und Beförderer blieben bestehen; sie wurden auf Händler und Makler erstreckt. Für die behördliche Überwachung führte die Rückführung der Genehmigungspflicht auf eine Anzeigepflicht zu einer höheren Flexibilität. Die Vollzugsbehörde kann im Rahmen ihres **Entschließungsermessens** entscheiden, ob und in welchem Umfang sie die Anforderungen an die Zuverlässigkeit und die Sach- und Fachkunde der Beteiligten bei nicht gefährlichen Abfällen überprüft und inwieweit dazu entsprechende Nachweise von den Behörden angefordert werden. Kein Ermessen steht der Behörde allerdings zu, soweit es um die Frage geht, ob eine angezeigte Tätigkeit nach § 53 Abs. 3 S. 3 untersagt werden muss.

7 § 53 steht in engem Zusammenhang zu § 54, wobei § 54 insoweit spezieller ist, als zunächst geprüft werden muss, ob eine bestimmte abfallwirtschaftliche Tätigkeit nach § 54 erlaubnispflichtig ist. Eine Erlaubnis nach § 54 befreit in ihrem Anwendungsbereich von der Anzeigepflicht, weitere abfallwirtschaftliche Tätigkeiten, die nicht von der Erlaubnis gedeckt sind, bleiben trotz einer Erlaubnis jedoch anzeigepflichtig (Doumet in Jarass/Petersen, KrWG, 2022, § 53 Rn. 3; Brinktrine in Schmehl/Klement, KrWG, 2019, § 53 Rn. 22). Die Anzeigepflicht nach § 53 besteht neben und unabhängig von der nach § 18 für gewerbliche und gemeinnützige Sammlungen bestehenden Anzeigepflicht (Brinktrine in Schmehl/Klement, KrWG, 2019, § 53 Rn. 49; Dippel in Schink/Versteyl, KrWG, 2016, § 53 Rn. 13).

B. Anwendbarkeit des KrWG auf Abfalltransporte

8 Voraussetzung für Anzeige- und Erlaubnispflichten nach dem KrWG ist, dass das KrWG anwendbar ist. Nach § 2 Abs. 1 gilt das KrWG für die Vermeidung, die Verwertung und die Beseitigung von Abfällen und für sonstige Maßnahmen der Abfallbewirtschaftung. Dazu gehören auch die Sammlung und Beförderung von Abfällen. Es gibt allerdings auch Abfalltransporte, auf die das KrWG mit seinen Erlaubnis- und Anzeigepflichten nicht anwendbar ist.

9 Das betrifft z.B. **radioaktive Abfälle**, die in den Anwendungsbereich des AtG fallen, und Abfälle, die unmittelbar beim Aufsuchen, Gewinnen und Aufbereiten sowie bei der damit zusammenhängenden Lagerung von **Bodenschätzen** in Betrieben anfallen, die der Bergaufsicht unterstehen und die nach dem BBergG und den auf Grund des BBergG erlassenen Rechtsverordnungen unter Bergaufsicht entsorgt werden (§ 2 Abs. 2 Nr. 6 und 7). Auch auf **nicht kontaminiertes Bodenmaterial** und andere natürlich vorkommende Materialien, die bei Bauarbeiten ausgehoben wurden, ist das KrWG nicht anwendbar, sofern sichergestellt ist, dass die Materialien in ihrem natürlichen Zustand an dem Ort, an dem sie ausgehoben wurden, für Bauzwecke verwendet werden (§ 2 Abs. 2 Nr. 11 KrWG).

10 **Unbelasteter Bodenhaushub** ist nach der Rechtsprechung des EuGH unter Umständen ohnehin kein Abfall, so dass eine Anwendung abfallrechtlicher Vorschriften des KrWG schon deshalb ausscheidet (siehe EuGH Urt. v. 17.11.2022 – C.238/21; dazu Franßen/Homann ZUR 2023, 93).

11 Klärungsbedürftig war bis vor kurzem außerdem die Anwendbarkeit des KrWG auf den straßengebundenen **Transport von Klärschlamm**. Bei Klärschlamm handelt es sich um flüssigen Abfall; dieser unterliegt dem KrWG auch dann, wenn vor und nach dieser Beförderung eine Abwasserbeseitigung stattfindet und insoweit das WHG gilt. Abwässer unterfallen nur dann nicht dem KrWG, wenn sie von anderen Unionsrechtsvorschriften als der AbfRRL abgedeckt sind, die genaue Bestimmungen über deren Bewirtschaftung - hier den Transport - enthalten und ein zumindest gleichwertiges Schutzniveau gewährleisten (BVerwG Urt. v. 23.06.2022 – 7 C 3/21, juris Rn. 19; a.A. noch VGH BW Urt.

ler und deren Bevollmächtigte enthält. Ebenso enthält § 6 Abs. 2 S. 2 Nr. 1 ElektroG eine dem § 3 Abs. 4 vergleichbare Regelung, die auch eine Zugangsbeschränkung für Vertreiber enthält.

IV. EU-Recht

Abs. 1 dient der Umsetzung von Erwägungsgrund 1 S. 4, Erwägungsgrund 5 S. 1, Erwägungsgrund 30, Art. 4 Abs. 1 lit. a, Art. 4 Abs. 2, Art. 6 Abs. 2 der RL 2006/66/EG (BT-Drs. 16/12227, 25). 9

Abs. 2 soll der Umsetzung von Erwägungsgrund 1 S. 4, Erwägungsgrund 5 S. 1, Erwägungsgrund 30, Art. 4 Abs. 1 lit. b, Art. 4 Abs. 3, Art. 6 Abs. 2 der RL 2006/66/EG dienen. (BT-Drs. 16/12227, 25). 10

Für die Regelungen in Abs. 3 finden sich unionsrechtlichen Anknüpfungspunkte in Erwägungsgrund 19 S. 3, Erwägungsgrund 23, Art. 8, Art. 16 Abs. 1, Art. 17 S. 1 RL 2006/66/EG (BT-Drs. 16/12227, 25). 11

Abs. 4 knüpft an Erwägungsgrund 23, Art. 8 Abs. 1 lit. b RL 2006/66/EG an (BT-Drs. 16/12227, 25). 12

Abs. 5 dient der Umsetzung von Erwägungsgrund 23, Erwägungsgrund 1 S. 4, Art. 6 Abs. 2 RL 2006/66/EG (BT-Drs. 16/12227, 25). 13

B. Verkehrsverbote

Abs. 1 regelt ein Verkehrsverbot für Batterien mit einem Quecksilberanteil von mehr als 0,0005 Gewichtsprozent. Maßgeblich ist dabei der tatsächliche Schwermetallgehalt, also die Summe aus dem in den Ausgangsstoffen bereits enthaltenen und dem aus technischen Gründen zusätzlich beigefügten Quecksilber (BT-Drs. 16/12227, 25). 14

Abs. 2 regelt in S. 1 ein Verkehrsverbot für Gerätebatterien mit einem Cadmiumanteil von mehr als 0,002 Gewichtsprozent. S. 2 trifft eine Ausnahme für bestimmte Gerätebatterien und Geräteakkumulatoren, die für den Einsatz in Not- und Alarmsystemen, Notbeleuchtungen, oder medizinischer Ausrüstung bestimmt sind. Die Ausnahme nach S. 2 betrifft schnurlose Elektrowerkzeuge nicht mehr, da sie zum 31. Dezember 2016 ausgelaufen ist (siehe Rn. 4). Die Regelung entfiel, da davon auszugehen war, dass über 3 Jahre nach Auslaufen der Ausnahme keine entsprechenden Batterien mehr in Verkehr gebracht werden (BR-Drs. 265/20, 41). Ebenso wie in Abs. 1 ist der tatsächliche Schwermetallgehalt dabei maßgeblich, also die Summe aus dem in den Ausgangsstoffen bereits enthaltenen und dem aus technischen Gründen zusätzlich beigefügten Cadmium (BT-Drs. 16/12227, 25). Vom Verkehrsverbot nicht erfasst werden gem. S. 3 Batterien, die nach Anhang II der Richtlinie 2000/53/EG vom Cadmiumverbot des Art. 4 Abs. 2 lit. a dieser Richtlinie ausgenommen sind. 15

C. Zugangsbeschränkungen

Abs. 3 regelt die Voraussetzungen, nach denen Hersteller Batterien in Verkehr bringen dürfen. Kriterien dafür sind nach Nr. 1 die ordnungsgemäße Registrierung nach § 4 Abs. 1 S. 1 bei der zuständigen Behörde und nach Nr. 2 die Einhaltung der Rücknahmepflichten aus §§ 5,7 bzw. 8. Soweit diese Voraussetzungen durch den Hersteller oder deren Bevollmächtigte eingehalten werden, sind diese nach Abs. 5 (siehe ausführlich zu Abs. 5 Rn. 22 f.) wieder vom Markt zu nehmen. Abs. 3 beschränkt damit den Zugang zum deutschen Markt auf Hersteller, die diese Kriterien erfüllen. Für die Hersteller von Gerä- 16 tebatterien bedeutet dies den Betrieb eines eigenen Rücknahmesystems nach § 7 und für Hersteller von Fahrzeug- und Industriebatterien die Erfüllung der Rücknahmepflichten nach § 8. Dieses Inverkehrbringensverbot hat seinen Grund darin, dass die Registrierung der Hersteller eine unabdingbare Voraussetzung für die Wahrnehmung ihrer Produktverantwortung ist. Das Verbot, die Geräte in Verkehr zu bringen, tritt nach Abs. 3 als Sanktion für das Fehlverhalten von Herstellern bereits kraft Gesetzes ein. In den Grenzen des Inverkehrbringensverbots nach Abs. 3 werden damit die Registrierungs- und Rücknahmepflichten aus §§ 4 und 5 zu selbstausführenden Normen.

17 Hinsichtlich der neu geschaffenen Möglichkeit zur Bestellung eines Bevollmächtigten gemäß Abs. 3 ist zu berücksichtigen, dass allein der Hersteller Batterien in Verkehr bringt. Der Bevollmächtigte nimmt lediglich die Pflichten des Herstellers in diesem Zusammenhang im eigenen Namen wahr, bringt Batterien aber selbst nicht in Verkehr. Andernfalls wäre er selbst als Hersteller anzusehen (BR-Drs. 265/20, 41).

18 Das Inverkehrbringensverbot aus Abs. 3 hat auch Bedeutsamkeit für einen Unterlassungsanspruch nach § 8 UWG. Denn der BGH hat bereits in seinem Urteil v. 28. November 2019 (Az. I ZR 23/19) noch unter Geltung der bloßen Anzeigepflicht festgestellt, dass das in § 3 Abs. 3 a.F. geregelte Verbot des Vertriebs von Batterien ohne vorangegangene Anzeige gegenüber dem Umweltbundesamt eine dem Schutz der Mitbewerber dienende Marktverhaltensregelung im Sinne des § 3a UWG darstellt. Die Bedeutung des (seinerzeit an die Anzeige anknüpfenden) Verkehrsverbots aus § 3 Abs. 3 aF erschöpfte sich bereits nach diesem Urteil nicht darin, eine Marktzugangsvoraussetzung zu errichten, sondern sie stellt zudem eine Marktverhaltensregelung dar (BGH, NJW-RR 2020, 361, 363, Rn. 25 f.). Dies gilt für die nunmehr in Abs. 3 Nr. 1 geforderte ordnungsgemäße Registrierung erst recht.

19 Abs. 4 enthält in Ergänzung zu dem in § 2 Abs. 14 neugefassten Vertreiberbegriffs das Verbot für Vertreiber, Batterien anzubieten, die von ihren jeweiligen Herstellern entgegen § 4 Abs. 1 S. 1 nicht oder nicht ordnungsgemäß angezeigt wurden. Abs. 4 S. 1 beschränkt den Zugang zum deutschen Endnutzermarkt auf Vertreiber, die gemäß den Vorgaben aus § 9 dem Endnutzer die Rückgabe von Altbatterien ermöglichen (BT-Drs. 16/12227, 25). Abs. 4 S. 1 regelt damit das Verbot an die Vertreiber, Batterien anzubieten, sofern sie nicht auch die Rücknahme von Altbatterien sicherstellen (BT-Drs. 18/5759, 10).

20 Abs. 4 S. 2 enthält das Verbot, Batterien nicht oder nicht ordnungsgemäß angezeigter Hersteller anzubieten (BT-Drs. 18/5759, 10). Damit wurde der vormalige Abs. 4 S. 1 in zwei Regelungen unterteilt. Mit S. 2 soll eine Gesetzeslücke geschlossen werden, die durch eine zu eng gefasste Nachweispflicht der Vertreiber entstand. Denn nach §§ 4 Abs. 1 S. 1, 2 Abs. 14 S. 2 konnten Vertreiber, die Batterien nicht oder nicht ordnungsgemäß angezeigter Hersteller weitervertreiben, bislang nur bei konkretem Nachweis des Inverkehrbringens dieser Batterien – also der tatsächlich erfolgten Abgabe an Dritte – zur Verantwortung gezogen werden. Ein entsprechender Nachweis kann durch die zuständige Vollzugsbehörde (Umweltbundesamt) aber regelmäßig nur mit unverhältnismäßigem Aufwand (Testkäufe) geführt werden (entsprechend zu § 6 Abs. 2 ElektroG: BT-Drs. 17/6052, 108).

21 Diese Ausdifferenzierung von Abs. 4 in S. 1 und S. 2 berücksichtigt die unterschiedlichen Vollzugszuständigkeiten (vgl. § 29 Abs. 3 sowie BT-Drs. 18/5759, 10) und spiegelt sich in der Aufteilung der Bußgeldbewehrung auf Einführung des (nun) § 29 Abs. 1 Nr. 3 und Nr. 3a. Für die Verfolgung von Ordnungswidrigkeiten nach Nr. 3 (Anbieten von Batterien trotz fehlender Rückgabemöglichkeit) sind demnach die fachlich zuständige Landesbehörde zuständig ist. Für den Vollzug der Nr. 3a (Anbieten von Batterien nicht oder nicht ordnungsgemäß angezeigter Hersteller) bleibt hingegen das UBA zuständige Vollzugsbehörde (vgl. BT-Drs. 18/5759, 12).

v. 20.04.2012 – 10 S 2566/19, juris; siehe auch EuGH, Urt. v. 14.10.2020 - C-629/19, Rn. 34; dazu Hamacher AbfallR 2023, 96; Dieckmann NVwZ 2023, 101; Müggenborg StoffR 2022, 257).

C. Anzeigepflicht (Abs. 1)

Abs. 1 S. 1 verpflichtet Sammler, Beförderer, Händler und Makler von Abfällen, die Tätigkeit ihres Betriebs **vor dessen Aufnahme** gegenüber der zuständigen Behörde anzuzeigen. Entscheidend ist nicht, zu welchem Zeitpunkt ein Betrieb begonnen wird (zB durch die Büroeinrichtung nach Unternehmensgründung), sondern der Zeitpunkt des Beginns der konkreten, die Anzeigepflicht auslösenden Tätigkeit, d.h. des tatsächlichen Sammelns, Beförderns, Handelns oder Makelns von Abfällen (Dippel in Schink/Versteyl, KrWG, 2016, Rn. 10; Kropp in Beck OK Umweltrecht, § 53 Rn. 4). 12

Diese Verpflichtung besteht jedoch nicht, soweit für den Betrieb eine Erlaubnis nach § 54 Abs. 1 erteilt worden ist, die wirksam und nicht widerrufen oder zurückgenommen ist. Ist die Erlaubnis rechtswidrig, aber wirksam, bleibt es bei der Anzeigefreiheit. Umstritten ist, ob eine Anzeige für nicht gefährliche Abfälle erforderlich ist, wenn der Betrieb über eine Erlaubnis für gefährliche Abfälle verfügt (verneinend Kropp in BeckOK Umweltrecht, § 53 KrWG Rn. 3; Dippel in Schink/Versteyl, KrWG, 2016, § 53 Rn. 11; bejahend Schomerus in Versteyl/Mann/Schomerus, KrWG. 2019, § 53 Rn. 22). Ist die Erlaubnis nur für das Sammeln und Befördern erteilt worden, bleibt eine Anzeige für andere anzeigepflichtige Tätigkeiten ggfls. anzeigepflichtig. 13

Soweit Hersteller oder Vertreiber auf Grund einer Rechtsverordnung nach § 25 nicht gefährliche Abfälle als im Rahmen wirtschaftlicher Unternehmen tätige Sammler, Beförderer, Händler und Makler von Abfällen zurücknehmen, sind sie gem. § 7 Abs. 8 AbfAEV von der Anzeigepflicht ausgenommen. Sammler und Beförderer, die Abfälle im Rahmen wirtschaftlicher Unternehmen, aber nicht gewöhnlich und nicht regelmäßig sammeln oder befördern, sind gem. § 7 Abs. 8 S. 1 AbfAEV ebenfalls von der Anzeigepflicht ausgenommen. Es ist nach gem. § 7 Abs. 8 S. 2 AbfAEV anzunehmen, dass das Sammeln oder Befördern gewöhnlich und regelmäßig erfolgt, wenn die Summe der während eines Kalenderjahres gesammelten oder beförderten Abfallmengen bei nicht gefährlichen Abfällen 20 Tonnen oder bei gefährlichen Abfällen zwei Tonnen übersteigt. 14

Nach § 53 Abs. 1 S. 2 bestätigt die zuständige Behörde dem Anzeigenden unverzüglich und schriftlich den Eingang der Anzeige. Der Gesetzgeber hält eine unverzügliche, schriftliche Bestätigung des Eingangs der Anzeige für notwendig, damit das Unternehmen im Fall einer behördlichen Kontrolle nachweisen kann, dass es seine Tätigkeit ordnungsgemäß angezeigt hat (BT-Drs. 17/6052, S. 98). 15

Die Wirkung der Anzeige gilt grds. unbefristet. wenn sich nach Erstattung der Anzeige wesentliche Angaben ändern, ist die Anzeige allerdings gemäß § 7 Abs. 7 AbfAEV erneut zu erstatten. 16

Die Anzeigepflicht nach § 53 Abs. 1 erstreckt sich nur auf die berufliche Tätigkeit der in § 53 Abs. 1 genannten Akteure. Sie besteht neben und unabhängig von der nach § 18 Abs. 1 für eine Sammeltätigkeit notwendigen Anzeige. Diese Anzeige nach § 18 Abs. 1 bezieht sich auf eine konkrete Sammeltätigkeit im Gebiet eines bestimmten öffentlich-rechtlichen Entsorgungsträgers. Die Pflicht zu einer solchen Anzeige einer gewerblichen Sammlung besteht unabhängig von der Anzeigepflicht nach § 53 und muss deshalb zusätzlich erfüllt werden. 17

Fraglich ist, auf welcher Grundlage die zuständige Behörde eine Beachtung der Anzeigepflicht durchsetzen kann. § 53 Abs. 1 enthält dazu keine ausdrückliche Regelung. Dazu 18 wird die Auffassung vertreten, § 53 Abs. 1 S. 1 enthalte konkludent die Ermächtigung für die zuständige Behörde, Sammler, Beförderer, Händler und Makler von Abfällen durch einen Verwaltungsakt zur Einreichung einer versäumten Anzeige zu verpflichten (Brinktrine in Schmehl/Klment, 2019, § 53 Rn. 39). Angesichts der Ermächtigungsgrundlage des § 62 ist eine solche vom Wortlaut der Regelung nicht gedeckte Konstruktion aber wohl nicht erforderlich.

I. Anzeigepflichtige

19 Die nach Abs. 1 S. 1 anzeigepflichtigen Akteure sind in § 3 Abs. 10–13 definiert.

20 Anzeigepflichtig sind grundsätzlich auch **öffentlich-rechtliche Entsorgungsträger**, soweit sie gewerbsmäßig Abfälle sammeln, befördern, handeln oder makeln. Anders als bei der Händler- und Maklerdefinition in § 3 Abs. 12 und 13 fehlt bei der Sammler- und Befördererdefinition das Tatbestandsmerkmal „oder im Rahmen öffentlicher Einrichtungen". Aufgrund dessen werden öffentlich-rechtliche Entsorgungsträger, die im Rahmen der ihnen übertragenen Aufgaben tätig werden, grundsätzlich nicht von der Legaldefinition des Sammlers und Beförderers erfasst (Doumet in Jarass/Petersen, KrWG, 2022, § 3 Rn. 260; Vollzugshilfe des BMUB zum Anzeigen- und Erlaubnisverfahren nach den §§ 53, 54 und AbfAEV, Stand: 29.01.2014, Rn. 137). Wenn ein kommunaler Abfallwirtschaftsbetrieb Entsorgungsaufgaben mit Gewinnerzielungsabsicht übernimmt, die nicht im Zusammenhang mit der Erfüllung seiner gesetzlichen Pflichten als öffentlich-rechtlicher Entsorgungsträger einhergehen, soll, wird verschiedentlich vertreten, dass für den Fall einer nicht vorhandenen Erlaubnis nach § 54 eine gewerbsmäßige Tätigkeit und damit eine Anzeigepflicht nach § 53 in Betracht kommt (Doumet in Jarass/Petersen, KrWG, 2022, § 3 Rn. 260; Jacobj in Versteyl/Mann/Schomerus, KrWG, 2019, § 3 Rn. 74: „Keine Anzeigepflicht für die Tätigkeit öffentlich-rechtlicher Entsorgungsträger im Rahmen ihrer Pflichtaufgaben.").

21 Das ist jedoch zweifelhaft. Dagegen spricht, dass es sich bei der Wahrnehmung solcher Aufgaben auch wenn sie mit Gewinnerzielungsabsicht durchgeführt werden, weiterhin um die Erfüllung einer (freiwilligen) Selbstverwaltungsaufgabe handelt. Unternehmen und Einrichtungen der Gemeinden sind nach § 109 Abs. 1 S. 1 GemO NRW so zu führen, zu steuern und zu kontrollieren, dass der öffentliche Zweck nachhaltig erfüllt wird. Nach § 109 Abs. 1 S. 2 GemO NRW sollen Unternehmen einen Ertrag für den Haushalt der Gemeinde abwerfen, soweit dadurch die Erfüllung des öffentlichen Zwecks nicht beeinträchtigt wird. Der Gesetzgeber erwartet insoweit grundsätzlich nur von wirtschaftlichen Unternehmen der Gemeinden und nicht von ihren kommunalen Einrichtungen, dass sie einen Ertrag für den kommunalen Haushalt abwerfen. Auch die kommunalen Einrichtungen sind nach § 107 Abs. 2 S. 2 GemO NRW, soweit es mit ihrem öffentlichen Zweck vereinbar ist, nach wirtschaftlichen Gesichtspunkten zu verwalten. Dementsprechend steht zwar bei den kommunalen Einrichtungen die Erfüllung des öffentlichen Zwecks noch stärker im Vordergrund als bei den kommunalen Unternehmen. Das ändert jedoch nichts daran, dass auch die kommunalen Einrichtungen oder eigenbetriebsähnlichen Einrichtungen, soweit es mit dem öffentlichen Zweck, dem sie dienen, vereinbar ist, nach wirtschaftlichen Gesichtspunkten verwaltet werden müssen, dass sie insoweit durchaus gewinnorientiert sein, zumindest aber eine Kostendeckung anstreben sollen (Kastor in Dietlein/Heusch, Kommunalrecht Nordrhein-Westfalen, 2020, § 107 Rn. 39). Die im Vordergrund stehende Verfolgung öffentlicher Zwecke bei der freiwilligen Erfüllung von Selbstverwaltungsaufgaben spricht dagegen, die Sammlung und Beförderung von nicht überlassungspflichtigen Abfällen als eine gewerbliche Tätigkeit im Sinne von § 3 Abs. 10, 11 einzuordnen, für die nach § 53 eine Anzeigepflicht besteht.

Nach § 7 Abs. 8 AbfAEV sind **Hersteller** oder **Vertreiber**, die aufgrund einer Rechtsverordnung nach § 25 nicht gefährliche Abfälle als im Rahmen wirtschaftlicher Unternehmen tätige Sammler, Beförderer, Händler und Makler von Abfällen zurücknehmen, von der Anzeigepflicht ausgenommen. Gerechtfertigt wird diese Ausnahme mit dem Erwägungsgrund 17 der Abfallrahmenricht-linie, wonach Abfallsammelsysteme, die nicht gewerbsmäßig betrieben werden, nicht registriert werden müssen. Ob sich daraus allerdings eine hinreichende Rechtfertigung für den Ausnahmetatbestand ableiten lässt, wird bezweifelt (Ockenfels in Kopp-Assenmacher § 53 Rn. 51; Kropp in von Lersner/Wendenburg Recht der Abfallbeseitigung § 7 AbfAEV Rn. 49). 22

Sammler von Abfällen ist nach 3 Abs. 10 jede natürliche oder juristische Person, die gewerbsmäßig oder im Rahmen wirtschaftlicher Unternehmen, das heißt, aus Anlass einer anderweitigen gewerblichen oder wirtschaftlichen Tätigkeit, die nicht auf die Sammlung von Abfällen gerichtet ist, Abfälle sammelt. Abfälle können im Wege eines Holsystems, bei dem die Abfälle am Anfallort abgeholt werden, oder im Rahmen eines Bringsystems, bei dem die Abfälle zu einer Annahmestelle gebracht werden, gesammelt werden. Die Vollzugshinweise der LAGA vom 18. Mai 2012 weisen in diesem Zusammenhang darauf hin, dass im Rahmen der Anzeigepflicht nach § 53 mit Blick auf Bringsysteme eine teleologische Reduktion notwendig ist. Bei einer Auslegung nach dem reinen Wortlaut wären nämlich auch Abfallbehandlungsanlagen, die Abfälle in einem Bringsystem annehmen, Sammler im Sinne des § 53. Eine solche Sichtweise würde jedoch zu einer aus Überwachungsgesichtspunkten nicht erforderlichen Ausdehnung der Anzeige- und Erlaubnispflicht führen und dem EU-rechtlich geprägten Zweck der Vorschrift widersprechen. Ausweislich der Gesetzesbegründung (BT-Drs. 17/6052, S. 97) dienten die §§ 53, 54 der Umsetzung von Anforderungen der Abfallrahmenrichtlinie (Art. 26 AbfRRL). Nach dieser Vorschrift seien nur solche Tätigkeiten eines Sammlers registrierungsbedürftig, die nicht einer Genehmigung gegen Art. 23 AbfRRL unterfielen. Nach Art. 23 AbfRRL müssten alle Abfallbehandlungsanlagen durch die Mitgliedstaaten einer Genehmigungspflicht unterworfen werden. Daraus ergebe sich, dass in dem Fall einer nach Abfallrecht bzw. Immissionsschutzrecht genehmigten Abfallbehandlungsanlage dem abfallrechtlichen Überwachungsbedürfnis bereits hinreichend Rechnung getragen sei, so dass es einer zusätzlichen Anzeige nach § 53 nicht mehr bedürfe. Dieser Bewertung ist zu folgen. 23

Beförderer von Abfällen ist nach § 3 Abs. 11 jede natürliche oder juristische Person, die gewerbsmäßig oder im Rahmen wirtschaftlicher Unternehmen Abfälle befördert. **Händler** von Abfällen ist jede natürliche oder juristische Person, die gewerbsmäßig oder im Rahmen wirtschaftlicher Unternehmen oder öffentliche Einrichtungen in eigener Verantwortung Abfälle erwirbt und weiterveräußert. Die Erlangung der tatsächlichen Sachherrschaft über die Abfälle ist hierfür nicht erforderlich (§ 3 Abs. 12). **Makler** von Abfällen ist schließlich jede natürliche oder juristische Person, die gewerbsmäßig oder im Rahmen wirtschaftlicher Unternehmen oder öffentliche Einrichtungen für die Bewirtschaftung von Abfällen für Dritte sorgt. Auch hierfür ist die Erlangung der tatsächlichen Sachherrschaft über die Abfälle nicht erforderlich (§ 3 Abs. 13). 24

Auch **Personengesellschaften** können Sammler, Beförderer, Händler oder Makler im Sinne dieser gesetzlichen Definitionen sein, obwohl der Wortlaut des Gesetzes nur von natürlichen oder juristischen Personen spricht, zu denen Personengesellschaften nicht gehören (BVerwG Urt. v. 1.10.2015 – 8 B 75/14; siehe dazu auch Petersen/Hermanns AbfallR 2014, 62; Beckmann AbfallR 2013, 296). 25

Gewerbsmäßig ist die Tätigkeit solcher Unternehmen, deren Unternehmenszweck ganz oder teilweise darin besteht, Abfälle entgeltlich zu sammeln, zu befördern, bzw. mit ihnen zu handeln oder zu makeln. Gewerbsmäßigkeit setzt eine auf Dauer angelegte 26 selbstständige Tätigkeit voraus, die auf die Erzielung von Gewinn gerichtet ist (Brinktrine in Schmehl/Klement, KrWG, 2019, § 53 Rn. 30; Tünnesen-Harmes in Landmann/Rohmer, Umweltrecht, § 2 AbfAEV, 5/2021, Rn. 7).

27 **Wirtschaftliche Unternehmen** sind solche Unternehmen, die aus Anlass einer anderweitigen gewerblichen oder wirtschaftlichen Tätigkeit, die nicht auf die Sammlung, die Beförderung, den Handel oder das Makeln von Abfällen gerichtet ist, vorgenommen werden (Tünnesen-Harmes in Landmann/Rohmer, Umweltrecht, § 2 AbfAEV, 5/2021, Rn. 8). Die Einführung des Begriffs der wirtschaftlichen Unternehmen beruht auf der Rechtsprechung des EuGH (Urt. vom 9. Juni 2005 – Rs. C-270/03), wonach die gewerbsmäßige Abfallbeförderung nicht nur den erfasst, der im Rahmen seines Gewerbes als Transportunternehmer von Dritten erzeugte Abfälle befördert, sich dementsprechend auf die Abfallbeförderung spezialisiert hat, sondern auch den, der, ohne das Gewerbe des Transportunternehmers auszuüben, im Rahmen einer anderweitigen gewerblichen Tätigkeit von ihm selbst erzeugte Abfälle befördert. Einschränkend führt der EuGH allerdings aus, dass eine gewerbliche Tätigkeit bei einer Abfallbeförderung nur dann anzunehmen ist, wenn die Abfallbeförderung zumindest eine gewöhnliche und regelmäßige Tätigkeit des Unternehmens darstellt.

28 Sammler und Beförderer, die Abfälle im Rahmen wirtschaftlicher Unternehmen, aber nicht gewöhnlich und nicht regelmäßig sammeln oder befördern, sind nach § 7 Abs. 9 S. 1 AbfAEV ausdrücklich von der Anzeigepflicht ausgenommen. Nach § 7 Abs. 9 S. 2 AbfAEV ist anzunehmen, dass das Sammeln oder Befördern gewöhnlich und regelmäßig erfolgt, wenn die Summe der während eines Kalenderjahres gesammelten oder beförderten Abfallmengen bei nicht gefährlichen Abfällen 20 t oder bei gefährlichen Abfällen 2 t übersteigt.

II. Anzeigeverfahren

29 Nach § 7 Abs. 1 S. 1 AbfAEV ist die Anzeige bei der Aufnahme der betrieblichen Tätigkeit durch Sammler, Beförderer, Händler und Makler von Abfällen bei der zuständigen Behörde zu erstatten. **Zuständig** ist nach § 53 Abs. 1 S. 3 die Behörde des Landes, in dem der Anzeigende seinen **Hauptsitz** hat. Welche Behörde zuständig ist, ergibt sich aus dem jeweiligen Landesrecht. Anzuzeigen ist die Tätigkeit in dem Bundesland, in dem das Unternehmen seinen Hauptsitz hat. Hat das Unternehmen verschiedene Betriebsstätten in unterschiedlichen Bundesländern, bedarf es insoweit nicht mehrerer Anzeigen. Etwas anderes gilt allerdings für selbständige Tochtergesellschaften, die eine eigene Anzeige einzureichen haben (*Hurst* in Jarass/Petersen § 53 Rn. 15) Hat der Anzeigende seinen Hauptsitz nicht im Inland, ist nach § 8 Abs. 2 AbfAEV die Behörde des Landes zuständig, in dessen Bezirk die Abfälle erstmalig gesammelt, befördert, gehandelt oder gemakelt werden.

30 Bei der Anzeige ist nach § 7 Abs. 1 S. 1 AbfAEV ein Formular nach Anl. 2 der AbfAEV zu verwenden. **Entsorgungsfachbetriebe,** die nach § 54 Abs. 3 Nr. 2 von der Erlaubnispflicht nach § 54 Abs. 1 S. 1 ausgenommen sind, haben der Anzeige das aktuell gültige Zertifikat nach § 56 Abs. 3 beizufügen (§ 7 Abs. 1 S. 2 AbfAEV). Sammler, Beförderer, Händler und Makler von gefährlichen Abfällen, die einen **EMAS-Standort** betreiben, der von der Erlaubnispflicht nach § 54 Abs. 1 S. 1 ausgenommen ist, haben der Anzeige nach § 7 Abs. 1 S. 3 AbfAEV die aktuell gültige Registrierungsurkunde beizufügen. Folgezertifikate und Folgeregistrierungsurkunden sind der zuständigen Behörde nach § 7 Abs. 1 S. 4 AbfAEV unaufgefordert vorzulegen.

31 Nach Eingang der Anzeige überprüft die zuständige Behörde gemäß § 8 Abs. 3 S. 1 AbfAEV deren **Vollständigkeit.** Sofern die Anzeige unvollständig ist, fordert die zustän-

dige Behörde den Anzeigenden nach § 8 Abs. 4 AbfAEV unverzüglich nach Eingang der unvollständigen Anzeige auf, die Angaben zu ergänzen. Die Bestätigung des Eingangs der vollständigen Anzeige durch die zuständige Behörde erfolgt durch Übersendung des ausgefüllten und unterschriebenen Anzeigevordrucks nach Anl. 2 der Verordnung an den Anzeigenden (§ 8 Abs. 5 AbfAEV). Ändern sich wesentliche Angaben, muss der Anzeigepflichtige nach § 8 Abs. 7 S. 1 AbfAEV die Anzeige erneut erstatten.

Lehnt die Behörde einen Erlaubnisantrag ab, weil die Erlaubnisvoraussetzungen nicht 32 erfüllt sind, insbesondere weil es an der erforderlichen Zuverlässigkeit fehlt, so kann der Antragsteller, ggfls. nach einem Widerspruchsverfahren, versuchen, die Erlaubnis mit Hilfe einer Verpflichtungsklage beim zuständigen Verwaltungsgericht einzuklagen.

Bei der Erlaubnis handelt es sich um einen begünstigenden Verwaltungsakt. Werden 33 nachträglich Tatsachen bekannt, aus denen sich die Unzuverlässigkeit des Antragstellers bereits zum Zeitpunkt der Erlaubniserteilung ergibt, dann ist die Erlaubnis rechtswidrig; sie kann von der zuständigen Behörde nach Maßgabe von § 48 Abs. 1 Satz 1, Satz 2 VwVfG zurückgenommen werden (Tünnesen-Harmes in Landmann/Rohmer, Umweltrecht, § 2 AbfAEV, 5/2021, Rn. 5). Ergibt sich eine Unzuverlässigkeit des Erlaubnisinhabers erst aus Tatsachen nach Erteilung der Erlaubnis, bleibt die Erlaubnis rechtmäßig, sie kann aber unter den gesetzlichen Voraussetzungen nach § 49 VwVfG widerrufen werden (Tünnesen-Harmes in Landmann/Rohmer, Umweltrecht, § 2 AbfAEV, 5/2021, Rn. 5).

III. Mitführungspflicht

Nach § 13 Abs. 1 S. 1 AbfAEV haben Sammler und Beförderer von Abfällen bei Aus- 34 übung ihrer Tätigkeit eine Kopie und im Falle einer elektronischen Anzeige einen Ausdruck der von der Behörde bestätigten Anzeige mitzuführen. Sofern die Behörde die Anzeige noch nicht bestätigt hat, ist dies von dem Anzeigenden auf der Kopie oder dem Ausdruck der Anzeige zu vermerken. In diesem Fall ist die mit dem Vermerk versehene Kopie oder der mit dem **Vermerk** versehene Ausdruck der Anzeige mitzuführen (§ 13 Abs. 1 S. 2 und 3 AbfAEV).

Als Entsorgungsfachbetriebe zertifizierte Sammler und Beförderer von gefährlichen 35 Abfällen, die nach § 54 Abs. 1 S. 1 von der Erlaubnispflicht ausgenommen sind, haben gemäß § 13 Abs. 1 S. 4 AbfAEV zudem eine **Kopie** des aktuell gültigen Zertifikats nach § 56 Abs. 3 mitzuführen. Sammler und Beförderer von gefährlichen Abfällen, die einen EMAS-Standort betreiben und nach § 12 Abs. 1 Nr. 4 AbfAEV von der Erlaubnispflicht nach § 54 Abs. 1 S. 1 ausgenommen sind, haben zudem eine Kopie der aktuell gültigen Registrierungsurkunde mitzuführen.

D. Anforderungen an Betriebsinhaber und verantwortliche Personen (Abs. 2)

Abs. 2 stellt Anforderungen an den Inhaber eines Betriebs im Sinne von § 53 Abs. 1 36 sowie an die für die Leitung und Beaufsichtigung des Betriebs verantwortlichen Personen.

I. Betriebsinhaber und verantwortliche Person

Inhaber eines Betriebs ist diejenige natürliche oder juristische Person oder Personen- 37 vereinigung, die den die Sammler-, Beförderer-, Händler- oder Maklertätigkeit ausübenden Betrieb betreibt (§ 2 Abs. 1 S. 1 AbfAEV). Sofern es sich bei dem Inhaber um eine **juristische Person oder Personenvereinigung** handelt, kommt es nach § 2 Abs. 1 S. 2 AbfAEV für die Erfüllung der personenbezogenen Anforderungen an den Inhaber auf die nach Gesetz, Satzung oder Gesellschaftsvertrag zur Vertretung oder Geschäftsführung des Betriebes berechtigten Personen an (siehe dazu VG München Urt. v. 26. 1. 2012 – M 17 K 11.3422). In Betracht kommen z.B. Geschäftsführer einer GmbH, geschäftsführende Gesellschafter und Vorstände von AG, nicht aber Prokuristen und sonstige lediglich rechtsgeschäftlich bevollmächtigte Personen. Sind für ein Unternehmen mehrere Geschäftsführer bestellt worden, kommt es für die Zuverlässigkeit bzw. die Fachkunde auf die Verteilung der Aufgaben und Verantwortlichkeiten an. Wird von einem **Hintermann** Einfluss auf die Unternehmensführung ausgeübt, kann sich auch die Frage nach der Zuverlässigkeit dieses Hintermanns stellen (Doumet in Jarass/Petersen, KrWG, 2022, § 53 Rn. 18).

38 Für die Leitung und Beaufsichtigung des Betriebs verantwortliche Personen sind diejenigen, die vom Inhaber mit der fachlichen Leitung, Überwachung und Kontrolle der vom Betrieb durchgeführten Tätigkeiten, insbesondere im Hinblick auf die Beachtung der hierfür geltenden Vorschriften und Anordnungen beauftragt worden sind (§ 2 Abs. 2 S. 2 AbfAEV). Die Beauftragung setzt gem. § 2 Abs. 2 S. 2 AbfAEV die Übertragung der für die in § 2 Abs. 2 S. 1 AbfAEV beschriebenen Aufgaben erforderlichen Entscheidungs- und Mitwirkungsbefugnisse voraus. Ein wesentlicher Unterschied zwischen der ersten und der zweiten Verantwortungsebene liegt darin, dass die Personen der ersten Verantwortungsebene ihre Befugnisse aus Gesetz, Satzung oder Gesellschaftsvertrag ableiten, während die Personen der zweiten Verantwortungsebene von Personen der ersten Verantwortungsebene **delegierte Aufgaben** wahrnehmen (Tünnesen-Harmes in Landmann/Rohmer, Umweltrecht, § 2 AbfAEV, 5/2021, Rn. 13). Eine besondere Form ist für die rechtsgeschäftliche Delegation nicht vorgeschrieben.

39 **Sonstiges Personal** im Sinne von § 53 Abs. 2 S. 2 sind diejenigen Arbeitnehmerinnen und Arbeitnehmer und andere im Betrieb des Sammlers, Beförderers, Händlers oder Maklers beschäftigte **Personen, die bei der Ausübung dieser betrieblichen Tätigkeit mitwirken** (§ 2 Abs. 3 AbfAEV). Dabei kann es sich auch um **Fremdpersonal** handeln, das organisatorisch in die Betriebsabläufe eingebunden, den Weisungen der Unternehmensleitung unterworfen und von dessen fachkundigen Leitungspersonal überwacht werden muss (*Schomerus* in Versteyl/Mann/Schomerus KrWG, 2019, § 53 Rn. 16). Überträgt das Unternehmen Aufgaben und Verantwortung im Zusammenhang mit den anzeigepflichtigen Tätigkeiten vollständig auf ein Fremdunternehmen, trifft dieses Unternehmen ebenfalls eine Anzeigepflicht (Schomerus in Versteyl/Mann/Schomerus, KrWG, 2019, § 53 Rn. 16).

40 Nach § 53 Abs. 2 S. 1 müssen die Sammler, Beförderer, Händler und Makler **zuverlässig** sein. Nach § 53 Abs. 2 S. 2 müssen der Inhaber, soweit er für die Leitung des Betriebs verantwortlich ist, die für die Leitung und Beaufsichtigung des Betriebs verantwortlichen Personen und das sonstige Personal über die für ihre Tätigkeit notwendige Fach- und Sachkunde verfügen.

41 Diese Anforderungen entsprechen teilweise dem früheren Recht. Dies gilt für die Beförderer, die schon nach § 49 Abs. 2 KrW-/AbfG zuverlässig und hinreichend fach- und sachkundig sein mussten. Für die Abfallmakler sind allerdings die Anforderungen gestiegen. Denn sie müssen nicht mehr nur – wie zuvor – zuverlässig sein, sondern auch über die notwendige Fach- und Sachkunde verfügen. Für die Tätigkeit der Händler sind mit der Neuregelung des § 53 im Jahre 2012 erstmalig materielle Anforderungen an die Qualifikation der verantwortlichen Personen gestellt worden. Der Gesetzgeber geht davon aus, dass Sammler, Beförderer, Händler und Makler in durchaus vergleichbarer Weise in die Abfallentsorgung eingebunden sind, so dass ihre Tätigkeit auch in vergleichbarer Weise umweltrelevant ist. Angesichts eines vom Gesetzgeber als vergleichbar hoch eingeschätzten Risikopotenzials ihrer abfallwirtschaftlichen Tätigkeiten sind die materiellen

Anforderungen an die persönliche Qualifikation gleich. Das persönliche Qualitätsniveau der verantwortlichen Sammler, Beförderer, Händler und Makler ist somit mit der Neuregelung vereinheitlicht und insgesamt besser überwachbar geworden (BT-Drs. 17/6052, S. 98).

II. Zuverlässigkeit

Der Gesetzgeber stellt seine Anforderungen an die Zuverlässigkeit und an die Fachkunde sowie Sachkunde ebenenspezifisch. Der Inhaber eines Betriebs sowie die für die Leitung und Beaufsichtigung des Betriebs verantwortlichen Personen müssen nach § 53 Abs. 2 S. 1 zuverlässig sein. Abhängig von der jeweiligen Tätigkeit müssen nach § 53 Abs. 2 S. 2 der Inhaber, soweit er für die Leitung des Betriebs verantwortlich ist, sowie die für die Leitung und Beaufsichtigung des Betriebs verantwortlichen Personen und das sonstige Personal die notwendige Fach- und Sachkunde besitzen. Der Umfang dieser Fach- und Sachkunde hängt somit von dem jeweiligen **Verantwortungsbereich** ab. Die konkreten Anforderungen orientieren sich an den Erfordernissen des jeweiligen Verantwortungsbereichs. Bei der Konkretisierung dieser Anforderungen kommt es vor allem auf den Betriebsumfang, die Gefährlichkeit der Abfälle und nicht zuletzt auf die Umweltrelevanz der Tätigkeit an (BT-Drs. 17/6052, S. 98; zur erforderlichen Zuverlässigkeit von gewerblichen Sammlern siehe z.B. VG Neustadt Urt. v. 28. 5. 2015 –4 K 1115/14.NW; OVG NRW Beschl. v. 7. 5. 2015 – 20 A 316/14 –, juris). 42

Nach § 3 Abs. 1 AbfAEV ist die erforderliche Zuverlässigkeit gegeben, wenn der Inhaber des Betriebs und die für die Leitung und Aufschwung des Betriebs verantwortlichen Personen aufgrund ihrer persönlichen Eigenschaften, ihres Verhaltens und ihrer Fähigkeiten zur ordnungsgemäßen Erfüllung der ihnen obliegenden Aufgaben geeignet sind. Für die Beurteilung der Zuverlässigkeit bedarf es einer **Prognose** der zuständigen Behörde auf der Basis der ihr bekannten Tatsachen (Brinktrine in Schmehl/Klement, KrWG, 2019, § 53 Rn. 54). Der Begriff der Zuverlässigkeit unterliegt vollständiger gerichtlicher Kontrolle; die zuständigen Behörden haben insoweit **keinen Beurteilungsspielraum** (Brinktrine in Schmehl/Klement, KrWG, 2019, § 53 Rn. 72; a.A. Dippel in Schink/Versteyl, KrWG 2016, § 53 Rn. 23; Schomerus in Versteyl/Mann/Schomerus, KrWG, 2019, § 53 Rn. 29). 43

Die erforderliche Zuverlässigkeit ist nach § 3 Abs. 2 AbfAEV in der Regel nicht gegeben, wenn eine der verantwortlichen Personen wegen Verletzung von Vorschriften des Strafrechts über gemeingefährliche Delikte oder Delikte gegen die Umwelt, des Immissionsschutz-, Abfall-, Wasser-, Natur- und Landschaftsschutz-, Chemikalien-, Gentechnik- oder Atom- und Strahlenschutzrechts, des Lebensmittel-, Arzneimittel-, Pflanzenschutz- oder Infektionsschutzrechts, des Gewerbe-, Arbeitsschutz- oder Gefahrgutrechts oder des Betäubungsmittel-, Waffen- oder Sprengstoffrechts innerhalb der letzten fünf Jahre vor Anzeige der Aufnahme der betrieblichen Tätigkeit oder der Beantragung der Erlaubnis mit einer Geldbuße in Höhe von mehr als zweitausendfünfhundert Euro belegt oder zu einer Strafe verurteilt worden ist oder **wiederholt** oder **grob pflichtwidrig** gegen die genannten Vorschriften verstoßen hat. 44

Angesichts der erheblichen Konsequenzen, die sich daraus ergeben können, dass bereits bei zwei Verstößen der genannten Strafvorschriften mit einer Geldbuße von mehr als 2500 EUR oder bei strafrechtlicher Verurteilung, ergeben können, wird einer **verhältnismäßigen Begrenzung** das Wort geredet. Ein Verstoß im Sinne von § 3 Abs. 2 Nr. 2 Alt. 1 AbfAEV könne von vornherein nur dann gegeben sein, wenn hierfür durch Tatsachen belegte Anhaltspunkte sprächen. Außerdem sei bei Bejahung des negativen Regelbeispiels des § 3 Abs. 2 Nr. 2 Alt. 1 AbfAEV im zweiten Prüfungsschritt die Anzahl und 45 das Gewicht der Verstöße sowie die Art ihres Zustandekommens zu berücksichtigen. Seien einer Person etwa nur zwei geringfügige Verstöße anzulasten, liege die Annahme nahe, dass die Person auch bei Vorliegen des Regelbeispiels noch zur ordnungsgemäßen Erfüllung der ihr obliegenden Aufgaben geeignet sei (Tünnesen-Harmes in Landmann/Rohmer, Umweltrecht, § 2 AbfAEV, 5/2021, Rn. 10).

46 Grob pflichtwidrig handelt nach der Verordnungsbegründung (BR-Drs. 665/13, S. 52), wer die sich aus einem Rechtssatz ergebenden Pflichten zu einem bestimmten Tun oder Unterlassen in besonders schwerem Maße verletzt oder wer gegen besonders gewichtige Pflichten verstößt. Die **grobe Pflichtwidrigkeit** des Verstoßes kann sich daraus ergeben, dass der Betroffene sich mit seinem Tun oder Unterlassen besonders weit von dem geltenden Recht entfernt hat oder daraus, dass sich der Verstoß auf eine ihrer Funktion nach besonders bedeutsame Regelung bezieht (Tünnesen-Harmes in Landmann/Rohmer, Umweltrecht, § 2 AbfAEV, 5/2021, Rn. 12).

47 Bei der Prüfung der Zuverlässigkeit sind auch diejenigen tätigkeitsbezogenen Anforderungen einzubeziehen, die nicht aus abfallrechtlichen Vorschriften abzuleiten sind. Insbesondere können auch solche **Straftaten** in Form von Diebstählen Berücksichtigung finden, durch die sich der Betreffende in den Besitz von werthaltigen, nicht gefährlichen Abfällen zur Verwertung gebracht hat (OVG NRW Beschl. v. 6. 5. 2015 – 20 A 1488/13, juris Rn. 20, 21). Die Regelvermutung des § 3 Abs. 2 AbfAEV ist insoweit nicht abschließend. Allerdings dürfte sich aus der ausdrücklichen Aufzählung verschiedener Straftatbestände durch den Verordnungsgeber ergeben, dass eben nicht jede Straftat für sich genommen geeignet ist, die Zuverlässigkeit in Frage zu stellen. Es muss vielmehr ein rechtsrelevanter Zusammenhang mit der anzuzeigenden Tätigkeit bestehen oder zumindest ein negativer Einfluss auf die Kreislaufwirtschaft zu befürchten sein (Brinktrine in Schmehl/Klement, KrWG, 2019, § 53 Rn. 56).

48 Nach der Rechtsprechung (BVerwG Beschl. v. 25.11.2021 – 7 B 7/21 –, juris Rn. 6; Urt. v. 08.07.2020, BVerwGE 169, 131 Rn. 27) können **Verstöße gegen straßenrechtliche und privatrechtliche Vorschriften** über die Aufstellung von Abfallcontainern zur umfassenden Untersagung einer Sammlungstätigkeit führen (kritisch dazu Brinktrine in Schmehl/Klement, KrWG, 2019, § 53 Rn. 56). Zu dem mit Blick auf die Konkretisierung von § 53 Abs. 2 durch § 3 AbfAEV angeführten Verweis auf den in § 3 Abs. 2 AbfAEV geregelten Katalog von Rechtsverstößen, nach denen in der Regel die erforderliche Zuverlässigkeit nicht gegeben ist, hat das BVerwG festgestellt, dass aus dem Umstand, dass dieser Katalog nicht auch die wiederholte oder grob pflichtwidrige Verletzung straßenrechtlicher Vorschriften umfasst, wegen des bloßen Regelbeispielcharakters der nicht abschließenden Aufzählung des § 3 Abs. 2 AbfAEV nicht auf die Unbeachtlichkeit derartiger straßenrechtlicher Verstöße geschlossen werden kann. Insoweit gilt danach grundsätzlich nicht anders als für § 18 Abs. 5 Satz 2, dass Verstöße gegen straßenrechtliche oder privatrechtliche Vorschriften über die Nutzung von Flächen zum Aufstellen von Sammelcontainern, deren Beachtung eine Voraussetzung einer störungsfreien und verlässlichen Sammlung von Abfällen ist, Bedenken gegen die Zuverlässigkeit des Sammlers oder des für die Betriebsleitung und -beaufsichtigung Verantwortlichen begründen können (BVerwG Beschl. v. 25.11.2021 – 7 B 7/21 –, juris Rn. 6; BVerwG Urt. v. 08.07.2020, BVerwGE 169, 131 Rn. 22; siehe auch Schümer AbfallR 2021, 242).

III. Fachkunde von Anzeigepflichtigen

49 Die Fachkunde von Personen der ersten Verantwortungsebene und sämtlicher Personen der zweiten Verantwortungsebene, sowie die Sachkunde der Personen der dritten Verantwortungsebene ist neben der Zuverlässigkeit Erlaubnisvoraussetzung (§ 54 Abs. 1

Satz 2 Nr. 2). Die §§ 4, 5 AbfAEV regeln die Fachkunde für bestimmte Personen der ersten und sämtliche Personen der zweiten Verantwortungsebene (Betriebsinhaber bzw. Leitungspersonal) verfügen müssen. § 6 AbfAEV regelt die Anforderungen an die Sachkunde, über die das sonstige Personal verfügen muss. § 5 AbfAEV regelt die Fachkunde bei erlaubnispflichtigen Tätigkeiten, § 4 AbfAEV die Fachkunde bei anzeigepflichtigen Tätigkeiten.

Im Falle einer gewerbsmäßigen Tätigkeit des anzeigenden Sammlers, Beförderers, Händlers oder Maklers von Abfällen setzt die nach Abs. 2 S. 2 notwendige Fachkunde des Inhabers, soweit er für die Leitung des Betriebes verantwortlich ist, und der für die Leitung und Beaufsichtigung des Betriebes verantwortlichen Personen gemäß § 4 Abs. 1 S. 1 AbfAEV während einer **zweijährigen praktischen Tätigkeit** erworbene Kenntnisse über die vom Betrieb angezeigte Tätigkeit voraus. Abweichend davon reichen gem. § 4 Abs. 1 S. 2 AbfAEV während einer einjährigen praktischen Tätigkeit erworbene Kenntnisse über die vom Betrieb angezeigte Tätigkeit aus, wenn die betroffene Person auf einem Fachgebiet, dem der Betrieb hinsichtlich seiner Betriebsvorgänge zuzuordnen ist, ein Hochschul- oder Fachhochschulstudium abgeschlossen hat, eine kaufmännische oder technische Fachschul- oder Berufsausbildung besitzt oder eine Qualifikation als Meister vorweisen kann. Die notwendige Fachkunde liegt gemäß § 4 Abs. 2 AbfAEV auch vor, wenn sich im Falle der Anzeige einer gewerbsmäßigen Tätigkeit des Sammelns oder Beförderns von Abfällen die erworbenen Kenntnisse des Betroffenen nicht auf die angezeigte, sondern auf die jeweils andere Tätigkeit beziehen, im Falle der Anzeige des Handelns mit Abfällen die erworbenen Kenntnisse des Betroffenen nicht auf die angezeigte, sondern auf die Tätigkeit des Sammelns oder Beförderns beziehen oder im Falle der Anzeige des Makelns von Abfällen die erworbenen Kenntnisse des Betroffenen sich nicht auf die angezeigte, sondern auf die Tätigkeit des Sammelns, Beförderns oder Handelns von Abfällen beziehen. 50

Liegen die Voraussetzungen der § 4 Absätze 1 und 2 AbfAEV nicht vor, kann die notwendige Fachkunde auch durch den Besuch eines Lehrgangs, in dem Kenntnisse entsprechend der Anl. 1 der AbfAEV vermittelt werden, erworben werden. Der Lehrgang muss allerdings vor Aufnahme der Tätigkeit abgeschlossen sein. 51

Bei im Rahmen wirtschaftlicher Unternehmen tätigen Sammlern, Beförderern, Händlern und Maklern von Abfällen setzt die notwendige Fachkunde des Inhabers, soweit er für die Leitung des Betriebes verantwortlich ist, und der für die Leitung und Beaufsichtigung des Betriebes verantwortlichen Personen gemäß § 4 Abs. 4 AbfAEV voraus, dass die betroffene Person über die für die vom Unternehmen im Hauptzweck ausgeübte Tätigkeit erforderliche berufliche Qualifikation verfügt. Soweit es zur Wahrung des Wohls der Allgemeinheit erforderlich ist, kann die zuständige Behörde gemäß § 4 Abs. 5 AbfAEV zusätzlich in den Fällen der § 4 Absätze 1 bis 4 AbfAEV die Teilnahme an einem von der zuständigen Behörde anerkannten Lehrgang, in dem Kenntnisse entsprechend der Anl. 1 der Verordnung vermittelt werden, und eine regelmäßige entsprechende Fortbildung anordnen. 52

E. Befugnisse der Behörde (Abs. 3)

Nach Abs. 3 S. 1 kann die zuständige Behörde die angezeigte Tätigkeit von Bedingungen abhängig machen, sie zeitlich befristen oder Auflagen für sie vorsehen, soweit dies zur Wahrung des Wohls der Allgemeinheit erforderlich ist. Vorbild für diese Regelung war § 12 Abs. 6 GenTG (Brinktrine in Schmehl/Klement, KrWG, 2019, § 53 Rn. 63). Auf die Anzeige ergeht kein Bescheid, mit dem die Tätigkeit von der Behörde zugelassen 53 wird. In der Gesetzesbegründung wird deshalb zu Recht darauf hingewiesen, dass es sich bei diesen Regelungen mangels eines Hauptverwaltungsakts nicht um Nebenbestimmungen im Sinne des § 36 VwVfG, sondern um **eigenständige Verwaltungsakte** handelt, gegen die die **Anfechtungsklage** erhoben werden kann (Kropp in BeckOK Umweltrecht, § 53 KrWG Rn. 12). Diese Regelungstechnik erinnert an § 18 Abs. 5 S. 1. Voraussetzung für die Anordnung von Bedingungen, Befristungen oder Auflagen ist die Erforderlichkeit mit Blick auf eine Wahrung des Wohls der Allgemeinheit.

54 Der Erlass solcher beschränkenden Regelungen steht im **Ermessen** der zuständigen Behörde. Dieses Ermessen wird allerdings dadurch, dass der Gesetzgeber den Erlass solcher Regelungen nur zur Wahrung des Wohls der Allgemeinheit zulässt, eingeschränkt. Die Behörde hat im Rahmen ihrer Ermessensausübung auch das zu befürchtende Ausmaß der Beeinträchtigungen des Allgemeinwohls zu berücksichtigen. In diesem Zusammenhang ist nicht nur die Erforderlichkeit mit Blick auf das Allgemeinwohl, sondern insbesondere auch die Verhältnismäßigkeit im engeren Sinne, d.h. die **Angemessenheit** mit Blick auf die Beeinträchtigungen für den Anzeigepflichtigen zu berücksichtigen (siehe dazu *Dippel* in Schink/Versteyl, KrWG, 2016, § 53 Rn. 21).

55 Nach Abs. 3 S. 2 kann die zuständige Behörde Unterlagen über den Nachweis der Zuverlässigkeit und der Fach- und Sachkunde vom Anzeigenden verlangen. Die Verpflichtung der Anzeigepflichtigen zur **Vorlage von Unterlagen** über den Nachweis der Zuverlässigkeit und der Fach- und Sachkunde steht ebenfalls im Ermessen der zuständigen Behörde (Brinktrine in Schmehl/Klement, KrWG, 2019, § 53 Rn. 67). Die Einräumung von Ermessen soll es der zuständigen Behörde ermöglichen, einerseits die Effektivität der abfallrechtlichen Überwachung zu sichern, andererseits aber auch den damit für sie verbundenen bürokratischen Aufwand in Grenzen halten zu können (BT-Drs. 17/6052, S. 98).

56 Nach Abs. 3 S. 3 hat die zuständige Behörde die angezeigte Tätigkeit zu **untersagen**, wenn Tatsachen bekannt sind, aus denen sich Bedenken gegen die Zuverlässigkeit des Inhabers oder der für die Leitung und Beaufsichtigung des Betriebs verantwortlichen Personen ergeben, oder wenn die erforderliche Fach- oder Sachkunde nach Abs. 2 S. 2 nicht nachgewiesen wurde. Abs. 3 S. 3 ist eine gegenüber § 62 speziellere Eingriffsgrundlage. Die Entscheidung, ob die angezeigte Tätigkeit untersagt werden soll, steht nicht im Ermessen der zuständigen Behörde. Da es sich bei der Untersagung um einen besonders schwerwiegenden Grundrechtseingriff handelt, ist sie jedoch nur zulässig, wenn sich die Bedenken gegen die Zuverlässigkeit nicht anderweitig ausräumen lassen oder der fehlende Nachweis der erforderlichen Fach- und Sachkunde nicht erbracht werden kann. Als im Vergleich zur Untersagung milderes Mittel kommen z.B. Auflagen in Betracht, verantwortliche Personen innerhalb einer bestimmten Frist nachschulen zu lassen oder die Aufgaben und Verantwortungsbereiche nicht hinreichend fachkundiger Personen zu verändern. Eine Untersagung der Tätigkeit ist nicht nur im unmittelbaren zeitlichen Zusammenhang mit der Anzeige, sondern auch zu einem späteren Zeitpunkt möglich, wenn die Bedenken gegen die Zuverlässigkeit oder Hinweise auf eine fehlende Fach- und Sachkunde sich erst im Nachhinein ergeben. Die Behörde hat die Darlegungs- und Beweislast für das Vorliegen der Voraussetzungen für eine Untersagung (Kropp in Beck OK, Umweltrecht, § 53 KrWG Rn. 14).

F. Nachweis aus anderen Mitgliedstaaten (Abs. 4, 5)

57 Abs. 4 regelt die Anforderungen an die Gleichwertigkeit von Nachweisen aus einem anderen Mitgliedstaat der Europäischen Union oder einem Vertragsstaat des Abkommens

über den europäischen Wirtschaftsraum mit inländischen Nachweisen. Mit Abs. 4 wird Art. 5 Abs. 3 EU-Dienstleistungsrichtlinie umgesetzt. Nach Art. 5 Abs. 3 dieser Richtlinie stehen Nachweise zur Zuverlässigkeit, Sach- und Fachkunde aus den genannten Mitglieds- und Vertragsstaaten entsprechenden inländischen Nachweisen gleich, wenn sie mit diesen inländischen Nachweisen gleichwertig sind oder wenn aus ihnen hervorgeht, dass die betreffenden Anforderungen erfüllt sind. Nach Abs. 4 S. 1 stehen Nachweise aus einem anderen Mitgliedstaat der Europäischen Union oder einem anderen Vertragsstaat des Abkommens über den europäischen Wirtschaftsraum über die Erfüllung der Anforderungen nach Abs. 2 inländischen Nachweisen gleich, wenn aus ihnen hervorgeht, dass die betreffenden Anforderungen oder die aufgrund ihrer Zielsetzung im Wesentlichen vergleichbaren Anforderungen des Ausstellungsstaates erfüllt sind.

Nach Abs. 4 S. 2 sind **gleichwertige Nachweise** nach Abs. 4 S. 1 auf Verlangen der zuständigen Behörde im Original oder in Kopie vorzulegen. Die zuständige Behörde kann auch eine Beglaubigung der Kopie sowie eine beglaubigte deutsche Übersetzung verlangen (Abs. 4 S. 3). **58**

Abs. 5 sieht vor, dass zur Überprüfung der erforderlichen Fach- und Sachkunde nach Abs. 2 S. 2 eines Anzeigenden aus einem anderen Mitgliedstaat der Europäischen Union oder einem anderen Vertragsstaat des Abkommens über den europäischen Wirtschaftsraum § 36a Abs. 1 S. 2, Abs. 2 und 4 S. 4 Gewerbeordnung entsprechend gelten. Bei vorübergehender und nur gelegentlicher Tätigkeit eines in einem anderen Mitgliedstaat der Europäischen Union oder in einem anderen Vertragsstaat des Abkommens über den Europäischen Wirtschaftsraum niedergelassenen Dienstleistungserbringers gilt hinsichtlich der erforderlichen Fach- und Sachkunde § 13a Abs. 2 S. 2–5 und Abs. 3 GewO entsprechend. Die genannten Bestimmungen der Gewerbeordnung dienen der Umsetzung von Anforderungen der Art. 4, 11 und 13 der EU-Richtlinie über die Anerkennung von Berufsqualifikationen, die insoweit spezieller sind als die allgemeineren Vorgaben der EU-Dienstleistungsrichtlinie (BT-Drs. 17/6052, S. 99). **59**

G. Verordnungsermächtigung (Abs. 6)

Abs. 6 ermächtigt die Bundesregierung, im Wege einer Rechtsverordnung die Anzeigepflicht zu konkretisieren. Danach kann die Bundesregierung Vorschriften erlassen über die Form, den Inhalt und das Verfahren zur Erstattung der Anzeige, über Anforderungen an die Zuverlässigkeit, die Fach- und Sachkunde und der Nachweis. Sie kann außerdem durch Rechtsverordnung anordnen, dass das Verfahren zur Erstattung der Anzeige elektronisch zu führen ist und Dokumente in elektronischer Form gemäß § 3a Abs. 2 S. 2 und 3 VwVfG vorzulegen sind, dass bestimmte Tätigkeiten von der Anzeigepflicht auszunehmen sind, soweit eine Anzeige aus Gründen des Wohls der Allgemeinheit nicht erforderlich ist. Schließlich kann die Bundesregierung im Wege einer Rechtsverordnung auch Anforderungen an die Anzeigepflichten und deren Tätigkeit festlegen, die sich aus Rechtsvorschriften Europäischen Union ergeben. Die Verordnungsregelungen müssen die Besonderheiten der jeweiligen Verkehrsträger, Verkehrswege oder Beförderungsart berücksichtigen. Solche Besonderheiten können sich z.B. für die Binnenschifffahrt, für Seeschiffe in deutschen Hoheitsgewässern oder auch für Seeschiffe, die deutsche Seehäfen anlaufen, sowie für den schienengebundenen Verkehr ergeben (BT-Drs. 17/6052, S. 99). **60**

H. Ordnungswidrigkeiten

61 Nach § 69 Abs. 2 Nr. 1 handelt ordnungswidrig, wer eine erforderliche Anzeige nicht, nicht richtig, nicht vollständig oder nicht rechtzeitig erstattet. Eine solche Ordnungswidrigkeit kann mit einer Geldbuße von bis zu 10 000 € geahndet werden. Soweit eine vollziehbare Anordnung zur Vorlage von Sachkundenachweisen oder eine Untersagungsverfügung nicht beachtet werden, liegt eine Ordnungswidrigkeit nach bei 69 Abs. 1 Nr. 4, Nr. 6 vor, die sogar mit einer Geldbuße von bis zu 100 000 € geahndet werden kann.

§ 54 Sammler, Beförderer, Händler und Makler von gefährlichen Abfällen

(1) **Sammler, Beförderer, Händler und Makler von gefährlichen Abfällen bedürfen der Erlaubnis. Die zuständige Behörde hat die Erlaubnis zu erteilen, wenn**

1. keine Tatsachen bekannt sind, aus denen sich Bedenken gegen die Zuverlässigkeit des Inhabers oder der für die Leitung und Beaufsichtigung des Betriebes verantwortlichen Personen ergeben, sowie

2. der Inhaber, soweit er für die Leitung des Betriebes verantwortlich ist, die für die Leitung und Beaufsichtigung des Betriebes verantwortlichen Personen und das sonstige Personal über die für ihre Tätigkeit notwendige Fach- und Sachkunde verfügen.

Zuständig ist die Behörde des Landes, in dem der Antragsteller seinen Hauptsitz hat. Die Erlaubnis nach Satz 1 gilt für die Bundesrepublik Deutschland.

(2) **Die zuständige Behörde kann die Erlaubnis mit Nebenbestimmungen versehen, soweit dies zur Wahrung des Wohls der Allgemeinheit erforderlich ist.**

(3) **Von der Erlaubnispflicht nach Absatz 1 Satz 1 ausgenommen sind**

1. öffentlich-rechtliche Entsorgungsträger sowie

2. Entsorgungsfachbetriebe im Sinne von § 56, soweit sie für die erlaubnispflichtige Tätigkeit zertifiziert sind.

(4) **Erlaubnisse aus einem anderen Mitgliedstaat der Europäischen Union oder einem anderen Vertragsstaat des Abkommens über den Europäischen Wirtschaftsraum stehen Erlaubnissen nach Absatz 1 Satz 1 gleich, soweit sie ihnen gleichwertig sind. Bei der Prüfung des Antrags auf Erlaubnis nach Absatz 1 Satz 1 stehen Nachweise aus einem anderen Mitgliedstaat der Europäischen Union oder einem anderen Vertragsstaat des Abkommens über den Europäischen Wirtschaftsraum inländischen Nachweisen gleich, wenn aus ihnen hervorgeht, dass der Antragsteller die betreffenden Anforderungen des Absatzes 1 Satz 2 oder die auf Grund ihrer Zielsetzung im Wesentlichen vergleichbaren Anforderungen des Ausstellungsstaates erfüllt. Unterlagen über die gleichwertige Erlaubnis nach Satz 1 und sonstige Nachweise nach Satz 2 sind der zuständigen Behörde vor Aufnahme der Tätigkeit im Original oder in Kopie vorzulegen. Eine Beglaubigung der Kopie sowie eine beglaubigte deutsche Übersetzung können verlangt werden.**

(5) **Hinsichtlich der Überprüfung der erforderlichen Fach- und Sachkunde nach Absatz 1 Satz 2 Nummer 2 eines Antragstellers aus einem anderen Mitgliedstaat der Europäischen Union oder einem anderen Vertragsstaat des Abkommens über den Europäischen Wirtschaftsraum gilt § 36a Absatz 1 Satz 2, Absatz 2 und 4 Satz 4 der Gewerbeordnung entsprechend; bei vorübergehender und nur gelegentlicher Tätigkeit eines in einem anderen Mitgliedstaat der Europäischen Union oder in einem anderen Vertragsstaat des Abkommens über den Europäischen Wirtschaftsraum niedergelassenen Dienstleistungserbringers gilt hinsichtlich der erforderlichen Fach- und Sachkunde § 13a Absatz 2 Satz 2 bis 5 und Absatz 3 der Gewerbeordnung entsprechend.**

(6) **Erlaubnisverfahren nach Absatz 1 und 4 können über eine einheitliche Stelle abgewickelt werden. § 42a des Verwaltungsverfahrensgesetzes findet für das Verfahren nach den Absätzen 1 und 4 Anwendung, sofern der Antragsteller Staatsangehöriger eines Mitgliedstaates der Europäischen Union oder eines anderen Vertragsstaates des Abkommens über den Europäischen Wirtschaftsraum ist oder als juristische Person in einem dieser Staaten seinen Sitz hat.**

(7) **Die Bundesregierung wird ermächtigt, nach Anhörung der beteiligten Kreise (§ 68) durch Rechtsverordnung mit Zustimmung des Bundesrates für die Erlaubnispflicht und Tätigkeit der Sammler, Beförderer, Händler und Makler von gefährlichen Abfällen, für Sammler und Beförderer von gefährlichen Abfällen, insbesondere unter Berücksichtigung der Besonderheiten der jeweiligen Verkehrsträger, Verkehrswege oder Beförderungsart,**

1. **Vorschriften zu erlassen über die Antragsunterlagen, die Form, den Inhalt und das Verfahren zur Erteilung der Erlaubnis, die Anforderungen an die Zuverlässigkeit, Fach- und Sachkunde sowie deren Nachweis, die Fristen, nach denen das Vorliegen der Voraussetzungen erneut zu überprüfen ist,**
2. **anzuordnen, dass das Erlaubnisverfahren elektronisch zu führen ist und Dokumente in elektronischer Form gemäß § 3a Absatz 2 Satz 2 und 3 des Verwaltungsverfahrensgesetzes vorzulegen sind,**
3. **bestimmte Tätigkeiten von der Erlaubnispflicht nach Absatz 1 auszunehmen, soweit eine Erlaubnis aus Gründen des Wohls der Allgemeinheit nicht erforderlich ist,**
4. **Anforderungen an die Erlaubnispflichtigen und deren Tätigkeit zu bestimmen, die sich aus Rechtsvorschriften der Europäischen Union ergeben, sowie**
5. **anzuordnen, dass bei der Beförderung von Abfällen geeignete Unterlagen zum Zweck der Überwachung mitzuführen sind.**

Schrifttum: *Abraham/Denkhaus,* Abwassertransport gleich Klärschlammtransport? – Ein Spagat zwischen Abwasser- und Abfallrecht , ZfW 2020, 153; *Beckmann,* Erlaubnis- und Anzeigeerfordernisse für Abfalltransporte öffentlich-rechtlicher Entsorgungsträger nach dem KrWG und dem GüKG, EuRUP 2023, 236, *Beckmann/Gruber,* Gefahrgutrechtliche Rahmenbedingungen der Kontrolle von Abfall-Gefahrguttransporten im Straßenverkehr, AbfallR 2016, 279; *Beckmann,* Keine gewerbliche Sammlung von Abfällen durch Personenhandelsgesellschaften?, AbfallR 2013, 296; *Doumet,* Der Referentenentwurf der Anzeige- und Erlaubnisverordnung, AbfallR 2013, 98; *Hurst,* Anzeige- und Erlaubnispflichten nach dem neuen Kreislaufwirtschaftsgesetz, AbfallR 2012, 176; *Kropp,* Das elektronische Abfallnachweisverfahren, ZUR 2007, 82; *Kropp,* Durchführung genehmigungspflichtiger Abfalltransporte mit fremdem Personal und fremden Fahrzeugen, UPR 2006, 101; *Kropp,* Novellierung der Nachweisverordnung und Umsetzung des Kohärenzprinzips, AbfallR 2005, 25; *Petersen/Hermanns,* Personengesellschaften als Träger gewerblicher Sammlungen im Sinne des § 3 Abs. 18 KrWG, AbfallR 2014, 62; *Schomerus,* Zur Notwendigkeit einer Novellierung der Regelungen zur Transport- und Vermittlergenehmigung nach §§ 49–51 KrW-/AbfG, AbfallR 2009, 98.

Übersicht

A. Überblick

§ 54 bestimmt eine einheitliche Erlaubnispflicht für Sammler, Beförderer, Händler und Makler, soweit diese mit **gefährlichen Abfällen** umgehen. Nach Abs. 1 S. 1 bedürfen Sammler, Beförderer, Händler und Makler von gefährlichen Abfällen einer Erlaubnis. Ausweislich der Gesetzesbegründung soll das **erhöhte Risikopotenzial** der gefährlichen Abfälle es rechtfertigen, für diese – im Übrigen in ihrer Umweltrelevanz und logistischen Verantwortung vergleichbaren – Tätigkeitsbereiche die mit der präventiven Zuverlässigkeits- und Fachkundeüberprüfung verbundene **verstärkte Kontrolldichte** rechtfertigen (BT-Drs. 17/6052, S. 99; Brinktrine in Schmehl/Klement, KrWG, 2019, § 54 Rn. 2). § 54 setzt Art. 26 AbfRRL um. Der Gesetzgeber geht jedoch über die danach notwendige Registrierung mit der von ihm vorgesehenen Erlaubnispflicht für gefährliche Abfälle hinaus. Bedenken hinsichtlich der Vereinbarkeit der Regelung mit Art. 26 AbfRRL bestehen insoweit nicht (zutreffend *Schomerus* in Versteyl/Mann/Schomerus, KrWG, 2019, § 54 Rn. 2). 1

§ 54 steht in einem engen systematischen Zusammenhang zu § 53, mit dem gemeinsam die Vorschrift den rechtlichen Rahmen für die abfallrechtliche Überwachung der Tätigkeit von Sammlern, Beförderern, Händlern und Maklern bildet. Nach § 53 Abs. 1 S. 1 müssen die genannten Akteure ihre Tätigkeit anzeigen, es sei denn, der Betrieb verfügt über eine Erlaubnis nach § 54. Bedarf es einer solchen Erlaubnis nicht, z.B. weil es sich bei dem Betrieb um einen **Entsorgungsfachbetrieb** handelt, der für die erlaubnispflichtige Tätigkeit zertifiziert ist (Abs. 3 Nr. 2), muss die Tätigkeit nach § 53 Abs. 1 S. 1 angezeigt werden. § 54 ist insoweit gegenüber § 53 die speziellere Vorschrift. 2

Konkretisiert werden die Anforderungen durch die unter anderem auch auf der Grundlage des Abs. 7 erlassenen Verordnung über das Anzeige- und Erlaubnisverfahren für Sammler, Beförderer, Händler und Makler von Abfällen (**AbfAEV** siehe dazu die Kommentierung von Tünnesen-Harmes im Landmann/Rohmer und von Brinktrine in Schmehl/Klement, KrWG, 2019**)**. 3

Die Erlaubnis nach § 54 Abs. 1 S. 1 ersetzt nicht eine Nachweisführung für konkrete Entsorgungsvorgänge im **Nachweisverfahren** für gefährliche Abfälle. Denn die Erlaubnisprüfung beschränkt sich auf die personenbezogenen Anforderungen des Abs. 1 S. 2 und hat nicht die Zulässigkeit einer vorgesehenen Entsorgung bestimmter gefährlicher Abfälle zum Gegenstand, die nach § 3 Abs. 1 S. 1 NachwV nachzuweisen ist. 4

Anders als die abfallrechtliche Planfeststellung und Plangenehmigung nach § 35 handelt es sich bei der Erlaubnis nach § 54 um eine **gebundene Kontrollerlaubnis**. Die zuständige Behörde ist verpflichtet, die beantragte Erlaubnis zu erteilen, wenn die in Abs. 1 S. 2 genannten Voraussetzungen vorliegen. Nach Abs. 1 S. 2 ist die Erlaubnis zu erteilen, wenn die dort genannten Anforderungen an die Zuverlässigkeit, Sachkunde und Fachkunde erfüllt werden. Die Erlaubnispflicht dient insoweit ausschließlich der Prüfung dieser personenbezogenen Anforderungen. Da die Erlaubnis an personengebundene Voraussetzun- 5 gen geknüpft ist, kann sie nicht übertragen werden (Doumet in Jarass/Petersen, KrWG, 2022, § 54 Rn. 1; Schomerus in Versteyl/Mann/Schomerus, KrWG, 2019, § 54 Rn. 15).

6 Die Erlaubnispflicht nach § 54 gilt außerdem unabhängig davon, ob und inwieweit für eine Abfallbeförderung eine **Erlaubnis nach § 3 GüKG** benötigt wird (Doumet in Jarass/Petersen, KrWG, 2022, § 54 Rn. 3). Soweit Abfälle zugleich **Gefahrgüter** sind, muss zusätzlich das GGBefG beachtet werden (Siehe dazu Beckmann/Gruber AbfallR 2016, 279; Kropp in Beck OK, Umweltrecht, § 54 KrWG Rn. 7).

7 Eine Erlaubnis nach § 54 hat **keine Konzentrationswirkung** (Doumet in Jarass/Petersen, KrWG, 2022, § 54 Rn. 3; Beckmann/Gruber AbfallR 2016, 279; Ley in Schink/Vertseyl, KrWG, 2016, § 54 Rn. 26). Auch die **Anzeigepflicht des § 18 Abs. 1** für gewerbliche und gemeinnützige Sammlungen i.S.v. § 17 Abs. 2 S. 1 Nr. 3, 17 Abs. 2 S. 1 Nr. 4 besteht neben der Anzeigepflicht des § 53 Abs. 1 Satz 1 bzw. neben der Erlaubnispflicht nach § 54 Abs. 1 Satz 1 (*Karpenstein/Dingemann* in Jarass/Petersen, KrWG, 2022, § 18 Rn. 8; Tünnesen-Harmes in Landmann/Rohmer, Umweltrecht, Werkstand: 9/2022, Vorbemerkung AbfAEV Rn. 5; Ockenfels in Kopp-Assenmacher, KrWG, 2015, § 53 Rn. 13; Hurst AbfallR 2012, 176).

8 Abs. 2 sieht vor, dass die zuständige Behörde die Erlaubnis mit **Nebenbestimmungen** versehen kann, soweit dies zur Wahrung des Wohls der Allgemeinheit erforderlich ist. **Öffentlich-rechtliche Entsorgungsträger** sowie Entsorgungsfachbetriebe, soweit sie für die erlaubnispflichtige Tätigkeit zertifiziert sind, nimmt der Gesetzgeber nach Abs. 3 von der Erlaubnispflicht aus.

9 Abs. 4 und 5 enthalten Sonderregelungen für Erlaubnisse aus einem anderen Mitgliedstaat der Europäischen Union oder einem anderen Vertragsstaat des Abkommens über den Europäischen Wirtschaftsraum. Abs. 6 bestimmt, das Erlaubnisverfahren über eine einheitliche Stelle nach den Vorschriften des Verwaltungsverfahrensgesetzes abgewickelt werden können, wobei § 42a VwVfG Anwendung findet. Abs. 7 schließlich ermächtigt die Bundesregierung, durch Rechtsverordnung die Erlaubnispflicht und die Tätigkeit der Sammler, Beförderer, Händler und Makler von gefährlichen Abfällen näher zu regeln.

B. Erlaubnispflicht (Abs. 1)

10 Nach Abs. 1 S. 1 bedürfen Sammler, Beförderer, Händler und Makler von gefährlichen Abfällen der Erlaubnis. Der **räumliche Geltungsbereich** der Erlaubnis ist nach Abs. 1 S. 4 das Gebiet der Bundesrepublik Deutschland. Nach § 1 Abs. 2 AbfAEV gilt die Verordnung auch für anzeige- und erlaubnispflichtige Tätigkeiten, die auf dem Gebiet der Bundesrepublik Deutschland durchgeführt werden im Rahmen einer Verbringung von Abfällen im Sinne der VVA. Das ändert jedoch nichts daran, dass der Geltungsbereich sowohl der Verordnung als auch der erteilten Erlaubnis sich auf das Bundesgebiet beschränkt und dass insoweit mit dem Überschreiten der Grenze die rechtlichen Anforderungen der VVA und des Abfallverbringungsgesetzes gelten.

11 **Gefährlich** im Sinne des Abs. 1 S. 1 sind die Abfälle, die durch die AVV als gefährlich bestimmt worden sind (§ 3 Abs. 5 S. 1). Nicht gefährlich sind gemäß § 3 Abs. 5 S. 2 alle übrigen Abfälle. Nach § 3 Abs. 1 S. 1 AVV sind die mit einem (*) versehenen Abfallarten im Abfallverzeichnis gefährlich im Sinne des § 48 und damit auch im Sinne des § 54.

I. Erlaubnispflichtige

12 Die nach Abs. 1 S. 1 anzeigepflichtigen Akteure sind in § 3 Abs. 10–13 definiert: **Sammler** von Abfällen ist nach 3 Abs. 10 jede natürliche oder juristische Person, die gewerbsmäßig oder im Rahmen wirtschaftlicher Unternehmen, das heißt aus Anlass einer

anderweitigen gewerblichen oder wirtschaftlichen Tätigkeit, die nicht auf die Sammlung von Abfällen gerichtet ist, Abfälle sammelt (so auch Schomerus in Versteyl/Mann/Schomerus, KrWG, 2019, § 54 Rn. 10).

Abfälle können im Wege eines **Holsystems**, bei dem die Abfälle am Anfallort abgeholt werden, oder im Rahmen eines **Bringsystems**, bei dem die Abfälle zu einer Annahmestelle gebracht werden, gesammelt werden. Die Vollzugshinweise der LAGA vom 18. Mai 2012 weisen in diesem Zusammenhang zutreffend darauf hin, dass im Rahmen der Erlaubnispflicht nach § 54 mit Blick auf Bringsysteme eine teleologische Reduktion notwendig ist. Bei einer Auslegung nach dem reinen Wortlaut wären nämlich auch Abfallbehandlungsanlagen, die Abfälle in einem Bringsystem annehmen, Sammler im Sinne des § 54. Eine solche Sichtweise würde jedoch zu einer aus Überwachungsgesichtspunkten nicht erforderlichen Ausdehnung der Erlaubnispflicht führen und dem EU-rechtlich geprägten Zweck der Vorschrift widersprechen. Ausweislich der Gesetzesbegründung (BT-Drs. 17/6052, S. 97) dienten die §§ 53, 54 der Umsetzung von Anforderungen der Abfallrahmenrichtlinie (Art. 26 AbfRRL). Nach dieser Vorschrift seien nur solche Tätigkeiten eines Sammlers registrierungsbedürftig, die nicht einer Genehmigung gegen Art. 23 AbfRRL unterfielen. Nach Art. 23 AbfRRL müssten alle Abfallbehandlungsanlage durch die Mitgliedstaaten einer Genehmigungspflicht unterworfen werden. Daraus ergebe sich, dass in dem Fall einer nach dem Kreislaufwirtschaftsrecht bzw. Immissionsschutzrecht genehmigten Abfallbehandlungsanlage dem abfallrechtlichen Überwachungsbedürfnis bereits hinreichend Rechnung getragen sei, so dass es einer zusätzlichen Erlaubnis nach § 54 nicht mehr bedürfe. 13

Beförderer von Abfällen ist nach § 3 Abs. 11 jede natürliche oder juristische Person, die gewerbsmäßig oder im Rahmen wirtschaftlicher Unternehmen Abfälle befördert. **Händler** von Abfällen ist jede natürliche oder juristische Person, die gewerbsmäßig oder im Rahmen wirtschaftlicher Unternehmen oder öffentliche Einrichtungen in eigener Verantwortung Abfälle erwirbt und weiterveräußert. Die Erlangung der tatsächlichen Sachherrschaft über die Abfälle ist hierfür nicht erforderlich (§ 3 Abs. 12). **Makler** von Abfällen ist schließlich jede natürliche oder juristische Person, die gewerbsmäßig oder im Rahmen wirtschaftlicher Unternehmen oder öffentlicher Einrichtungen für die Bewirtschaftung von Abfällen für Dritte sorgt. Auch hierfür ist die Erlangung der tatsächlichen Sachherrschaft über die Abfälle nicht erforderlich (§ 3 Abs. 13). 14

Auch **Personengesellschaften** können Sammler, Beförderer, Händler oder Makler im Sinne dieser gesetzlichen Definitionen sein, obwohl der Wortlaut des Gesetzes nur von natürlichen oder juristischen Personen spricht, zu denen Personengesellschaften nicht gehören (BVerwG Urt. v. 1. 10. 2015 – 8 B 75/14, juris; so auch *Petersen/Hermanns* AbfallR 2014, 62; *Beckmann* AbfallR 2013, 296; a.A. VGH München Urt. v. 26. 9. 2013 - 20 BV 13.428- und 20 BV 13.516 –, juris; Beschl. v. 11. 3. 2014 – 20 ZB 13.1838 –, juris; VGH BW Beschl. v. 21. 10. 2013 – 10 S 1201/13 –, GewArch 2014, 29; OVG NRW Beschl. v. 9. 12. 2013 – 20 B 219/13 –, juris; OVG Lüneburg Beschl v. 22. 5. 2015 – 7 ME 15/15). 15

Gewerbsmäßig ist die Tätigkeit solcher Unternehmen, deren Unternehmenszweck ganz oder teilweise darin besteht, Abfälle entgeltlich zu sammeln, zu befördern, bzw. mit ihnen zu handeln oder zu makeln. Gewerbsmäßigkeit setzt eine auf Dauer angelegte selbstständige Tätigkeit voraus, die auf die Erzielung von Gewinn gerichtet ist. 16

Wirtschaftliche Unternehmen sind solche Unternehmen, die aus Anlass einer anderweitigen gewerblichen oder wirtschaftlichen Tätigkeit, die nicht auf die Sammlung, die Beförderung, den Handel oder das Makeln von Abfällen gerichtet ist, vorgenommen werden. Die Einführung des Begriffs der wirtschaftlichen Unternehmen beruht auf der Rechtsprechung des EuGH (Urt. v. 9. 6.2005 – Rs. C-270/03), wonach die gewerbsmä- 17 ßige Abfallbeförderung nicht nur den erfasst, der im Rahmen seines Gewerbes als Transportunternehmer von Dritten erzeugte Abfälle befördert und sich dementsprechend auf die Abfallbeförderung spezialisiert hat, sondern auch den, der, ohne das Gewerbe des Transportunternehmers auszuüben, im Rahmen einer anderweitigen gewerblichen Tätigkeit von ihm selbst erzeugte Abfälle befördert. Einschränkend führt der EuGH allerdings aus, dass eine gewerbliche Tätigkeit bei einer Abfallbeförderung nur dann anzunehmen ist, wenn die Abfallbeförderung zumindest eine gewöhnliche und regelmäßige Tätigkeit des Unternehmens darstellt.

II. Erlaubnisvoraussetzungen

18 Die zuständige Behörde hat nach § 54 Abs. 1 S. 2 die Erlaubnis zu erteilen, wenn die im Gesetz geregelten Anforderungen an die Zuverlässigkeit und an die notwendige Fach- und Sachkunde erfüllt werden.

19 **1. Maßgebliche Personen.** Die persönlichen Anforderungen an die Zuverlässigkeit und an die Fach- und Sachkunde richten sich an den Inhaber des Betriebs und an die zur Leitung und Beaufsichtigung des Betriebs verantwortlichen Personen. Anforderungen an die Fach- und Sachkunde richten sich auch an das sonstige Personal.

20 **a) Inhaber des Betriebs.** Inhaber eines Betriebs ist diejenige natürliche oder juristische Person oder Personenvereinigung, die den die Sammler-, Beförderer-, Händler- oder Maklertätigkeit ausübenden Betrieb betreibt (§ 2 Abs. 1 S. 1 AbfAEV). Sofern es sich bei dem Inhaber um eine juristische Person oder Personenvereinigung handelt, kommt es nach § 2 Abs. 1 S. 2 AbfAEV für die Erfüllung der personenbezogenen Anforderungen an den Inhaber auf die nach Gesetz, Satzung oder Gesellschaftsvertrag zur Vertretung oder Geschäftsführung der zum Betrieb berechtigten Personen an (siehe dazu VG München Urt. v. 26. 1. 2012 – M 17 K 11.3422). Sind für ein Unternehmen mehrere Geschäftsführer bestellt worden, kommt es für die Zuverlässigkeit bzw. die Fachkunde auf die Verteilung der Aufgaben und Verantwortlichkeiten an. Wird von einem **Hintermann** Einfluss auf die Unternehmensführung ausgeübt, kann sich auch die Frage nach der Zuverlässigkeit dieses Hintermanns stellen (Doumet in Jarass/Petersen, KrWG, 2022, § 53 Rn. 21).

21 **b) Verantwortliche Personen.** Für die Leitung und Beaufsichtigung des Betriebs verantwortliche Personen sind diejenigen, die vom Inhaber mit der fachlichen Leitung, Überwachung und Kontrolle der vom Betrieb durchgeführten Tätigkeiten insbesondere im Hinblick auf die Beachtung der hierfür geltenden Vorschriften und Anordnungen beauftragt worden sind (§ 2 Abs. 2 S. 2 AbfAEV). Die Beauftragung setzt die Übertragung der für die in § 2 Abs. 2 S. 1 AbfAEV beschriebenen Aufgaben erforderlichen Entscheidungs- und Mitwirkungsbefugnisse voraus.

22 **c) Sonstiges Personal.** Sonstiges Personal im Sinne von § 54 Abs. 1 S. 2 Nr. 2 sind diejenigen Arbeitnehmerinnen und Arbeitnehmer und andere im Betrieb des Sammlers, Beförderers, Händlers oder Maklers beschäftigte Personen, die bei der Ausübung dieser betrieblichen Tätigkeit mitwirken (§ 2 Abs. 3 AbfAEV). Dabei kann es sich auch um **Fremdpersonal** handeln, das organisatorisch in die Betriebsabläufe eingebunden den Weisungen der Unternehmensleitung unterworfen und von dessen fachkundigem Leitungspersonal überwacht werden muss (Schomerus in Versteyl/Mann/Schomerus, KrWG, 2019, § 53 Rn. 17). Überträgt das Unternehmen Aufgaben und Verantwortung im Zusammenhang mit den anzeigepflichtigen Tätigkeiten vollständig auf ein Fremdunternehmen, trifft dieses Unternehmen ebenfalls eine Anzeigepflicht.

2. Zuverlässigkeit. Voraussetzung für die Erteilung der Erlaubnis ist es, dass keine Tatsachen bekannt sind, aus denen sich Bedenken gegen die Zuverlässigkeit des Inhabers oder der für die Leitung und Beaufsichtigung des Betriebes verantwortlichen Personen ergeben. Gem. § 3 Abs. 1 AbfAEV ist die erforderliche Zuverlässigkeit gegeben, wenn der Inhaber des Betriebs und die für die Leitung und Beaufsichtigung des Betriebs verantwortlichen Personen aufgrund ihrer persönlichen Eigenschaften, ihres Verhaltens und ihrer Fähigkeiten zur ordnungsgemäßen Erfüllung der ihnen obliegenden Aufgaben geeignet sind. 23

Für die Beurteilung der Zuverlässigkeit bedarf es einer **Prognose** der zuständigen Behörde auf der Basis der ihr bekannten Tatsachen. Der Begriff der Zuverlässigkeit unterliegt gleichwohl vollständiger gerichtlicher Kontrolle; die zuständigen Behörden haben insoweit **keinen Beurteilungsspielraum** (Brinktrine in Schmehl/Klement, KrWG, 2019, § 53 Rn. 72; VG Berlin Urt. v. 14.09.2005, NVwZ 2006, 1325; VG Düsseldorf Urt. v. 13.01.2004, AbfallR 2004, 139, juris Rn. 31; Tünnesen-Harmes in Landmann/Rohmer, Umweltrecht, § 2 AbfAEV, 5/2021, Rn. 9; a.A. VG München Urt. v. 26. 1. 2012 – M 17 K 11.3422, juris Rn. 17; VG Koblenz Urt. 17.11.2009, AbfallR 2010, 110, Schomerus in Versteyl/Mann/Schomerus KrWG, 2019, § 53 Rn. 29 Dippel in Schink/Versteyl, KrWG 2016, § 53 Rn. 23). 24

Die erforderliche Zuverlässigkeit ist nach § 3 Abs. 2 AbfAEV in der Regel nicht gegeben, wenn eine der verantwortlichen Personen wegen Verletzung von **Vorschriften des Strafrechts** über gemeingefährliche Delikte oder Delikte gegen die Umwelt, des Immissionsschutz-, Abfall-, Wasser-, Natur- und Landschaftsschutz-, Chemikalien-, Gentechnik- oder Atom- und Strahlenschutzrechts, des Lebensmittel-, Arzneimittel-, Pflanzenschutz- oder Infektionsschutzrechts, des Gewerbe-, Arbeitsschutz- oder Gefahrgutrechts oder des Betäubungsmittel-, Waffen- oder Sprengstoffrechts innerhalb der letzten fünf Jahre vor Anzeige der Aufnahme der betrieblichen Tätigkeit oder der Beantragung der Erlaubnis mit einer Geldbuße in Höhe von mehr als zweitausendfünfhundert Euro belegt oder zu einer Strafe verurteilt worden ist oder wiederholt oder grob pflichtwidrig gegen die genannten Vorschriften verstoßen hat. 25

Bei der Prüfung der Zuverlässigkeit sind auch diejenigen tätigkeitsbezogenen Anforderungen einzubeziehen, die nicht aus abfallrechtlichen Vorschriften abzuleiten sind. Insbesondere können auch Diebstähle Berücksichtigung finden, durch sich der Betreffende in den Besitz von werthaltigen Abfällen zur Verwertung gebracht hat (OVG NRW Beschl. v. 6. 5. 2015 – 20 A 1488/13, juris Rn. 20, 21). Die **Regelvermutung** des § 3 Abs. 2 AbfAEV ist insoweit nicht abschließend. Allerdings dürfte sich aus der ausdrücklichen Aufzählung verschiedener Straftatbestände durch den Verordnungsgeber ergeben, dass eben nicht jede Straftat für sich genommen geeignet ist, die Zuverlässigkeit in Frage zu stellen. Es muss vielmehr ein rechtsrelevanter Zusammenhang mit der anzuzeigenden Tätigkeit bestehen oder zumindest ein negativer Einfluss auf die Kreislaufwirtschaft zu befürchten sein (Brinktrine in Schmehl § 53 Rn. 46). 26

3. Fach- und Sachkunde. Die nach § 54 Abs. 1 S. 2 Nr. 2 notwendige Fachkunde des Inhabers, soweit er für die Leitung des Betriebes verantwortlich ist, und der für die Leitung und Beaufsichtigung des Betriebes verantwortlichen Personen setzt nach § 5 Abs. 1 S. 1 AbfAEV Kenntnisse über die Tätigkeit, für die der Betrieb die Erlaubnis beantragt, voraus, die in einer zweijährigen praktischen Tätigkeit erworben worden sind. Weitere Voraussetzung ist die Teilnahme an einem oder mehreren von der zuständigen Behörde anerkannten Lehrgängen, in denen Kenntnisse entsprechend der Anl. 1 der Verordnung vermittelt werden. Abweichend von § 5 Abs. 1 S. 1 Nr. 1 AbfAEV reichen während einer einjährigen praktischen Tätigkeit erworbene Kenntnisse über die vom Betrieb bean- 27 tragte Tätigkeit aus, sofern die betroffene Person auf einem Fachgebiet, dem der Betrieb hinsichtlich seiner Betriebsvorgänge zuzuordnen ist, ein Hochschul- oder ein Fachhochschulstudium abgeschlossen hat, eine kaufmännische oder technische Fachschul- oder Berufsausbildung besitzt oder eine Qualifikation als Meister vorweisen kann.

28 Die Voraussetzungen des § 5 Abs. 1 S. 1 Nr. 1 AbfAEV sind nach § 5 Abs. 2 AbfAEV auch erfüllt, wenn sich im Falle der Beantragung einer Erlaubnis für die Tätigkeit des *Sammelns oder Beförderns* von gefährlichen Abfällen die erworbenen Kenntnisse des Betroffenen nicht auf die beantragte, sondern auf die jeweils andere Tätigkeit beziehen, im Falle der Anzeige des *Handelns* mit gefährlichen Abfällen die erworbenen Kenntnisse des Betroffenen nicht auf die beantragte, sondern auf die Tätigkeit des Sammelns oder Beförderns von gefährlichen Abfällen beziehen oder im Falle der Anzeige des *Makelns* von gefährlichen Abfällen die erworbenen Kenntnisse des Betroffenen nicht auf die beantragte, sondern auf die Tätigkeit des Sammelns, Beförderns oder Handelns von gefährlichen Abfällen beziehen.

29 Nach § 5 Abs. 3 S. 1 AbfAEV müssen der Inhaber, soweit er für die Leitung des Betriebes verantwortlich ist, und die für die Leitung und Beaufsichtigung des Betriebes verantwortlichen Personen durch geeignete Fortbildung über den für ihre Tätigkeit notwendigen aktuellen Wissensstand verfügen. Dazu haben sie regelmäßig, mindestens alle drei Jahre, an von der zuständigen Behörde anerkannten Lehrgängen, in denen Kenntnisse entsprechend der Anl. 1 der Verordnung vermittelt werden, teilzunehmen und dies der zuständigen Behörde unaufgefordert nachzuweisen.

III. Anspruch auf Erteilung der Erlaubnis

30 Liegen die genannten Voraussetzungen für die Erteilung der Erlaubnis vor, dann ist die zuständige Behörde verpflichtet, die Erlaubnis auch zu erteilen. Ein Ermessen steht ihr insoweit nicht zu (Schomerus in Versteyl/Mann/Schomerus, KrWG, 2019, § 54 Rn. 14; VG München Urt. vom 26. 1. 2012 – M 17 K 11.3422). Für den Fall einer rechtswidrigen Versagung der Erlaubnis kann diese, wenn das Vorliegen der Erlaubnisvoraussetzungen zur Überzeugung des Verwaltungsgerichts festgestellt werden kann, mit Hilfe einer **Verpflichtungsklage** bei dem zuständigen Verwaltungsgericht eingeklagt werden. Bei der Erlaubnis handelt es sich um einen Verwaltungsakt. Für den Fall, dass zwischen der zuständigen Behörde und einem Akteur im Sinne von § 54 Abs. 1 streitig ist, ob eine Erlaubnispflicht besteht oder ob möglicherweise eine Ausnahme eingreift, kann eine solche Streitigkeit auch auf der Grundlage einer **Feststellungsklage** nach § 43 VwGO geklärt werden.

31 Die Erlaubnis wird dem erlaubnispflichtigen Sammler, Beförderer, Händler oder Makler erteilt. Handelt es sich dabei um eine juristische Person oder um eine Personengesellschaft, dann wird die Erlaubnis an diese adressiert. Die Erlaubnis kann nur von dem Erlaubnisinhaber genutzt werden. Geprüft werden vor Erteilung der Erlaubnis personenbezogene Anforderungen an den Inhaber des Betriebs und die verantwortlichen Personen bzw. an das sonstige Personal. Ändern sich die im Antrag angegebenen und mit der Leitung und Beaufsichtigung des Betriebs beauftragten Personen, bedarf es keiner neuen Erlaubnis; vielmehr ist dieser Umstand nach § 10 Abs. 6 S. 2 AbfAEV (lediglich) anzuzeigen.

32 Die Erlaubnispflicht bedeutet nicht, dass sich der Erlaubnisinhaber zur Durchführung der erlaubten Tätigkeiten nicht eines Unternehmers bedienen darf (*Schomerus in* Versteyl/Mann/Schomerus, KrWG, 2019, § 54 Rn. 16). Der **Dritte** muss dann die für die jeweils wahrgenommene Sammlungs- oder Beförderungstätigkeit notwendige Fach- und Sachkunde besitzen und der Sammler und Beförderer hat die Informationen und Weisungen zu erteilen, die zur Sicherstellung einer fach- und sachgerechten Ausführung erforderlich sind (Schomerus in Versteyl/Mann/Schomerus, KrWG, 2019, § 54 Rn. 16). Die zivilrechtliche Haftung für den Sammlungs- oder Beförderungsvorgang verbleibt beim Auftraggeber (Kropp UPR 2006, 101; Schomerus in Versteyl/Mann/Schomerus, KrWG, 2019, § 54 Rn. 16).

IV. Erlaubnisverfahren

Zuständig für die Erteilung der Erlaubnis ist nach § 54 Abs. 1 S. 3 die Behörde des Landes, in dem der Antragsteller seinen **Hauptsitz** hat. Hat der Antragsteller seinen Hauptsitz nicht im Inland, ist nach § 9 Abs. 2 AbfAEV diejenige Behörde des Landes zuständig, in dessen Bezirk das Sammeln, Befördern, Handeln oder Makeln von gefährlichen Abfällen erstmals vorgenommen wird. 33

Der **Antrag** ist nach § 9 Abs. 1 AbfAEV schriftlich bei der zuständigen Behörde unter Verwendung des Vordrucks nach Anl. 3 der Verordnung zu stellen. Dem Antrag sind **Unterlagen** beizufügen, die in § 9 Abs. 3 S. 1 AbfAEV abschließend aufgelistet sind. Die Pflicht zur Beifügung von Unterlagen entfällt, wenn die jeweiligen Unterlagen auf Veranlassung des Antragstellers von einem Dritten an die zuständige Behörde übersendet werden (§ 9 Abs. 3 S. 2 AbfAEV). 34

Dass der Antrag vor Aufnahme der erlaubnispflichtigen Tätigkeit zu stellen ist, ergibt sich schon daraus, dass die erlaubnispflichtige Tätigkeit ohne Erlaubnis nicht aufgenommen werden darf (siehe dazu Doumet in Jarass/Petersen, KrWG 2022, § 54 Rn. 24). 35

Nach Eingang des Antrags überprüft die zuständige Behörde gemäß § 10 Abs. 1 S. 1 AbfAEV die **Vollständigkeit** des Antrags. Sie stellt dem Antragsteller gemäß § 10 Abs. 1 S. 2 AbfAEV gemäß § 71b Abs. 3 S. 1 VwVfG eine **Empfangsbestätigung** aus, die den Vorgaben des § 71b Abs. 3 S. 2 VwVfG zu entsprechen und bestimmte Angaben zu enthalten hat, die in § 10 Abs. 1 S. 3 AbfAEV im Einzelnen aufgelistet werden. 36

Sofern der Antrag unvollständig ist, teilt die zuständige Behörde dem Antragsteller dies nach § 71b Abs. 4 S. 1 VwVfG unverzüglich mit, welche Unterlagen nachzureichen sind (§ 10 Abs. 2 S. 1 AbfAEV). Die Mitteilung muss den Hinweis enthalten, dass die Frist für die **Genehmigungsfiktion** nach § 54 Abs. 6 S. 2 i.V.m. 42 a VwVfG erst mit der Übersendung des vollständigen Antrags beginnt (§ 10 Abs. 2 S. 2 AbfAEV). 37

Die Erlaubnis nach § 54 Abs. 1 S. 1 wird gem. § 10 Abs. 3 S. 1 AbfAEV schriftlich unter Verwendung eines Vordrucks nach Anl. 4 der Verordnung und unter Vergabe einer Kennnummer nach § 28 NachwV, soweit eine solche Kennnummer noch nicht zugewiesen wurde, erteilt. 38

Ändern sich wesentliche Umstände, die der Erlaubnis zu Grunde liegen, ist gem. § 10 Abs. 6 S. 1 AbfAEV eine neue Erlaubnis erforderlich. Ändern sich die im Antrag angegebenen mit der Leitung und Beaufsichtigung des Betriebs beauftragten Personen, so ist dies gem. § 10 Abs. 6 S. 2 AbfAEV der zuständigen Behörde anzuzeigen. 39

Besondere Regelungen enthält § 11 AbfAEV für das **elektronische Verfahren** zur Erlaubniserteilung. 40

C. Nebenbestimmungen (Abs. 2)

Nach Abs. 2 kann die zuständige Behörde die Erlaubnis mit Nebenbestimmungen versehen, soweit dies zur Wahrung des Wohls der Allgemeinheit erforderlich ist. Als Nebenbestimmungen kommen grundsätzlich Befristungen, Bedingungen und Auflagen im Sinne von § 36 Abs. 2 VwVfG in Betracht. Zwar ist nach dem Wortlaut der Vorschrift davon auszugehen, dass der zuständigen Behörde hinsichtlich der Beifügung von Neben- 41 bestimmungen ein **Ermessen** zusteht. Allerdings kommen Nebenbestimmungen nur in Betracht, wenn dies zur Wahrung des Wohls der Allgemeinheit erforderlich ist, so dass bereits insoweit das Ermessen erheblich eingeschränkt ist. Umgekehrt kommt die Beifügung von Nebenbestimmungen zur Erlaubnis nicht in Betracht, wenn solche Nebenbestimmungen zur Wahrung des Wohls der Allgemeinheit nicht erforderlich sind. Auch insoweit ist kaum Raum für Ermessenserwägungen für die Entschließung, die Erlaubnis mit Nebenbestimmungen zu versehen. Das Ermessen erstreckt sich insoweit eher auf die Auswahl einzelner Nebenbestimmungen, mit denen das Wohl der Allgemeinheit gesichert werden soll.

42 Nach der Rechtsprechung des BVerwG ist eine **isolierte Anfechtung** einer Nebenbestimmung grundsätzlich zulässig, wenn der Erlaubnisinhaber durch den Erlass solcher Nebenbestimmungen in seinen Rechten verletzt sein kann (BVerwG Urt. v. 22. 11. 2000, BVerwGE 112, 221). Ob eine solche isolierte Anfechtungsklage begründet ist, hängt davon ab, ob die Nebenbestimmung rechtswidrig ist und ob bei isolierter Aufhebung dieser Nebenbestimmung die ohne Nebenbestimmung verbleibende Erlaubnis im Übrigen rechtmäßig ist (siehe dazu Brinktrine in Schmehl/Klement, KrWG, 2019, § 54 Rn. 46).

D. Ausnahmen von der Erlaubnispflicht (Abs. 3)

43 Abs. 3 sieht Ausnahmen von der Erlaubnispflicht für die **öffentlich-rechtlichen Entsorgungsträger** sowie für **Entsorgungsfachbetriebe** vor (siehe dazu Beckmann, EuRUP 2023,).

I. Öffentlich-rechtliche Entsorgungsträger

44 Bei den öffentlich-rechtlichen Entsorgungsträgern, die von der Erlaubnispflicht ausgenommen sind, handelt es sich nach § 17 Abs. 1 S. 1 um die nach Landesrecht zur Entsorgung verpflichteten juristischen Personen.

45 Die Ausnahme von der Überlassungspflicht gilt für die öffentlich-rechtlichen Entsorgungsträger allerdings nur für Tätigkeiten genau in dieser Funktion. Nicht entscheidend ist, ob die den öffentlich-rechtlichen Entsorgungsträgern überlassenen Abfälle in einer Anlage entsorgt werden sollen, die außerhalb des Gebiets des öffentlich-rechtlichen Entsorgungsträgers liegt (Beckmann EuRUP 2023, 236, 242). Soweit sich öffentlich-rechtliche Entsorgungsträger etwa mit Hilfe kommunaler Unternehmen gewerblich betätigen, sind diese auch erlaubnispflichtig. Handelt es sich nicht um eine gewerbliche oder wirtschaftliche Tätigkeit, dann kann die Erlaubnispflicht auch daran scheitern, dass überhaupt keine erlaubnispflichtige Tätigkeit im Sinne der gesetzlichen Definitionen des § 3 Abs. 10–13 vorliegt, soweit dort nämlich für die Annahme einer solchen Tätigkeit eine gewerbsmäßige Tätigkeit oder eine Tätigkeit im Rahmen wirtschaftlicher Unternehmen vorausgesetzt wird. Deshalb bedarf es auch für andere öffentliche Stellen und Behörden, die Abfälle sammeln oder befördern, keiner Erlaubnis, wenn es sich dabei nicht um eine gewerbsmäßige Tätigkeit oder eine Tätigkeit im Rahmen wirtschaftlicher Unternehmen handelt.

46 Fraglich ist, ob die Erlaubnisfreiheit der öffentlich-rechtlichen Entsorgungsträger nach § 54 Abs. 3 Nr. 1 für die Beförderung gefährlicher Abfälle nur für eine Beförderung von Abfällen gilt, zu der der öffentlich-rechtliche Entsorgungsträger verpflichtet ist. Dazu wird die Ansicht vertreten, dass, anders als für das Handeln und Makeln mit gefährlichen Abfällen, das Sammeln und Befördern von gefährlichen Abfällen eines öffentlich-rechtlichen Entsorgungsträgers schon wegen der gesetzlichen Definition des Sammlers im § 3

Abs. 10 und des Beförderers in § 3 Abs. 11 weder anzeige- noch erlaubnispflichtig sind. Insoweit stelle der Ausnahmetatbestand des § 54 Abs. 3 Nr. 1 für das Sammeln und Befördern von gefährlichen Abfällen durch öffentlich-rechtliche Entsorgungsträger nur eine deklaratorische Klarstellung dessen dar, was auch ohne diesen Ausnahmetatbestand ohnehin gelten würde (Vollzugshilfe des BMUB zum Anzeigen- und Erlaubnisverfahren nach den §§ 53, 54 KrWG und AbfAEV, Stand: 29.01.2014, Rn. 137; Ley in Schink/Versteyl, KrWG, 2016, § 54 Rn. 11; Jacobj in Versteyl/Mann/Schomerus, KrWG, 2019, § 54 Rn. 26; von Janson/Schäfer in Jahn/Deifuß-Kruse/Brandt, KrWG, 2014, § 54 Rn. 18; Ockenfels in Kop-Assenmacher, KrWG, 2015, § 53 Rn. 13; Kropp in BeckOK Umweltrecht, Stand: 1/2023, § 54 KrWG Rn. 27).

Die Ausnahme in § 54 Abs. 3 Nr. 1 soll damit grundsätzlich nur Relevanz für das Handeln und Makeln von gefährlichen Abfällen durch öffentlich-rechtliche Entsorgungsträger haben, weil die diesbezüglichen Begriffsbestimmungen in § 3 Abs. 13 – anders als die Definitionen des Sammlers und Beförderers – auch öffentliche Einrichtungen, z.B. Verkehrs- und Entsorgungsbetriebe, erfassen. Allerdings wird zugleich gefordert, diese pauschale Einschränkung der Erlaubnispflicht für öffentlich-rechtliche Entsorgungsträger auf der Grundlage der Legaldefinitionen des Sammlers und Beförderers solle sich nur auf den Fall beziehen, dass **Pflichtaufgaben** des öffentlich-rechtlichen Entsorgungsträgers erfüllt werden (so z.B. Doumet in Jarass/Petersen, KrWG, 2022, § 3 Rn. 260; Jacobj in Versteyl/Mann/Schomerus, KrWG, 2019, § 3 Rn. 74: „Keine Anzeigepflicht für die Tätigkeit öffentlich-rechtlicher Entsorgungsträger im Rahmen ihrer Pflichtaufgaben."). Bei der freiwilligen Übernahme von Entsorgungsaufgaben soll nach dieser Ansicht im Einzelfall auch eine gewerbsmäßige Tätigkeit in Betracht kommen (Doumet in Jarass/Petersen, KrWG, 2022, § 3 Rn. 260; von Janson/Schäfer in Jahn/Deifuß-Kruse/Brandt, KrWG, 2014, § 54 Rn. 18; Schomerus in Versteyl/Mann/Schomerus, KrWG, 2019, § 54 Rn. 27; Kropp in BeckOK Umweltrecht, Werkstand: 1/2023, § 54 KrWG Rn. 27; Brinktrine in Schmehl/Klement, KrWG, 2019, § 54 Rn. 14; Hurst AbfallR 2012, 176, 179 mit Hinweisen zu weiteren Ausnahmen von der Erlaubnispflicht nach § 2 Abs. 3 ElektroG und § 1 Abs. 3 BattG) und somit auch eine Erlaubnis nach § 54 erforderlich bleiben. 47

Überzeugend ist diese Ansicht nicht. Eine entsprechende Einschränkung enthält der Wortlaut des § 54 Abs. 3 Nr. 1 nicht. Dort heißt es lediglich, dass öffentlich-rechtliche Entsorgungsträger von der Erlaubnispflicht nach § 54 Abs. 1 S. 1 ausgenommen sind. Der Gesetzgeber stellt demnach nicht auf bestimmte Tätigkeiten, etwa auf die Erfüllung von Pflichtaufgaben, sondern allein auf die Person des öffentlich-rechtlichen Entsorgungsträgers ab. Ihm wird nach dem insoweit eindeutigen Wortlaut unabhängig davon, in welchem Zusammenhang er gefährliche Abfälle befördert, das Einholen einer Erlaubnis nach § 54 Abs. 1 S. 1 erspart. Dahinter dürfte die Erwartung des Gesetzgebers stehen, dass ein öffentlich-rechtlicher Entsorgungsträger schon aufgrund seiner umfassenden Pflichtaufgaben nach § 20 die Gewähr dafür bietet, dass die erforderliche Zuverlässigkeit und die notwendige Fach- und Sachkunde vorhanden sind. Würden diese fehlen, könnte es, was die Pflichtaufgaben des öffentlich-rechtlichen Entsorgungsträgers angeht, ohnehin nicht darum gehen, eine Erlaubnis zu verweigern. Vielmehr müsste der öffentlich-rechtliche Entsorgungsträger im Zweifel ordnungsbehördlich verpflichtet werden, die erforderliche Zuverlässigkeit und die notwendige Fach- und Sachkunde sicherzustellen und gegenüber den Aufsichtsbehörden nachzuweisen, damit er seinen gesetzlichen Pflichtaufgaben nachkommen kann. Ein öffentlich-rechtlicher Entsorgungsträger muss insoweit von Gesetzes wegen schon die erforderliche Zuverlässigkeit und die notwendige Fach- und Sachkunde zur Erfüllung seiner Pflichtaufgaben besitzen. Ein zusätzliches Erlaubnisverfahren für gefährliche Abfälle, die ihm nicht überlassen werden müssen, die er aber im Rahmen seiner nicht wirtschaftlichen Tätigkeit freiwillig befördert, ist insoweit entbehrlich. 48

49 Dafür, dass es für die Befreiung von der Erlaubnispflicht nach § 54 Abs. 3 Nr. 1 für öffentlich-rechtliche Entsorgungsträger lediglich auf die Rechtsstellung und Funktion eines öffentlich-rechtlich Entsorgungsträgers, nicht jedoch darauf ankommt, ob die gefährlichen Abfälle im Zusammenhang mit der Erfüllung von Entsorgungspflichten nach § 20 Abs. 1 oder bei der Wahrnehmung freiwilliger Selbstverwaltungsaufgaben befördert werden, spricht auch der Vergleich mit § 54 Abs. 3 Nr. 2. Denn dort sieht der Gesetzgeber für Entsorgungsfachbetriebe keine pauschale Befreiung von der Erlaubnispflicht vor; vielmehr macht er sie davon abhängig, dass die erlaubnispflichtige Tätigkeit auch zertifiziert ist. Öffentlich-rechtliche Entsorgungsträger sind daher durch § 54 Abs. 3 Nr. 1 unabhängig davon, in welchem Zusammenhang sie gefährliche Abfälle einsammeln oder befördern, von der Erlaubnispflicht des § 54 Abs. 1 S. 1 befreit, weil der Gesetzgeber unterstellt, dass sie als die nach Landesrecht zuständigen juristischen Personen des öffentlichen Rechts die notwendigen Voraussetzungen für eine Beförderung gefährlicher Abfälle mitbringen (Beckmann EuRUP 2023, 236, 242).

II. Entsorgungsfachbetriebe

50 Nach Abs. 3 Nr. 2 sind auch Entsorgungsfachbetriebe im Sinne von § 56 von der Erlaubnispflicht ausgenommen. Entsorgungsfachbetrieb ist nach § 56 Abs. 2 ein Betrieb, der gewerbsmäßig, im Rahmen wirtschaftlicher Unternehmen oder öffentlicher Einrichtungen Abfälle sammelt, befördert, lagert, behandelt, verwertet, beseitigt, mit diesen handelt oder makelt und in Bezug auf eine oder mehrere der genannten Tätigkeiten durch eine technische Überwachungsorganisation oder eine Entsorgergemeinschaft als Entsorgungsfachbetrieb zertifiziert ist. In dem Zertifikat sind nach § 56 Abs. 3 S. 2 die zertifizierten Tätigkeiten des Betriebs, insbesondere bezogen auf seine Standorte und Anlagen sowie die Abfallarten, genau zu bezeichnen.

51 Hintergrund dieser Privilegierung ist, dass die Erlaubnisvoraussetzungen als Anforderungen an die Zertifizierung kontinuierlich von den Sachverständigen der technischen Überwachungsorganisation oder der Entsorgergemeinschaft überprüft werden (Doumet in Jarass/Petersen, KrWG, 2022, § 54 Rn. 13). Für Entsorgungsfachbetriebe gilt diese Ausnahme aber eben nur, soweit und solange sie für die jeweilige Tätigkeit, d.h. jeweils als Sammler, Beförderer, Händler oder Makler zertifiziert sind. Denn eine Freistellung von der Erlaubnispflicht ist für einen Betrieb nur gerechtfertigt, wenn dieser über die Zertifizierung den Nachweis der erforderlichen Zuverlässigkeit sowie der Sach- und Fachkunde gerade auch für die sonst erlaubnispflichtige Tätigkeit erbracht hat (Kropp in BeckOK Umweltrecht, Werkstand: 1/2023, § 54 KrWG Rn. 28 unter Verweis auf die Gesetzesbegründung, BR-Drs. 216/11, S. 235).

52 Der Gesetzgeber wollte mit der Ausnahme für Entsorgungsfachbetriebe eine Doppelprüfung vermeiden, soweit nämlich schon die Anerkennung als Entsorgungsfachbetrieb eine persönliche Zuverlässigkeit und die notwendige Sach- und Fachkunde der verantwortlichen Personen voraussetzt (Kropp in BeckOK Umweltrecht, Werkstand: 1/2023, § 54 KrWG Rn. 28.1). Sind kommunale Eigenbetriebe oder eigenbetriebsähnliche Einrichtungen als Entsorgungsfachbetrieb zertifiziert und erstreckt sich die Zertifizierung auch auf die Beförderung gefährlicher Abfälle, entfällt für sie auch insoweit eine Erlaubnispflicht.

53 Die Privilegierung des Entsorgungsfachbetriebs durch den Verzicht des Gesetzgebers auf eine Erlaubnispflicht für seine Tätigkeiten, erstreckt sich aber nur auf die Tätigkeiten, für die er zertifiziert ist. In der Gesetzesbegründung wird darauf hingewiesen, dass eine Freistellung von der Erlaubnispflicht nur für einen Betrieb gerechtfertigt ist, wenn dieser

über die **Zertifizierung** zum Entsorgungsfachbetrieb den Nachweis der erforderlichen Zuverlässigkeit sowie Sach- und Fachkunde erbracht hat.

Soweit der Entsorgungsfachbetrieb nicht erlaubnispflichtig ist, muss er seine Tätigkeit anzeigen, wenn es sich dabei um eine **anzeigepflichtige Tätigkeit** im Sinne von § 53 Abs. 1 handelt. 54

III. Weitere Ausnahmen

Nach § 2 Abs. 3 S. 1 **ElektroG** ist zwar im Anwendungsbereich des ElektroG das Kreislaufwirtschaftsgesetz grundsätzlich zu beachten. Dies gilt ausdrücklich jedoch nicht für § 54, so dass für Tätigkeiten im Anwendungsbereich des ElektroG eine Erlaubnispflicht nach § 54 nicht besteht. Die Anzeigepflicht des § 53 gilt allerdings auch hier. Auch im Anwendungsbereich des Batteriegesetzes gilt nach § 1 Abs. 3 S. 1 BattG die Regelung des § 54 ausdrücklich nicht, so dass es auch für Tätigkeiten im Anwendungsbereich des BattG keiner Erlaubnis nach § 54, jedoch gleichwohl einer Anzeige nach § 53 bedarf. 55

Ungeachtet des § 54 Abs. 3, des § 2 Abs. 3 S. 1 ElektroG und des § 1 Abs. 3 S. 1 BattG listet **§ 12 Abs. 1 AbfAEV** eine Reihe weiterer Ausnahmen auf. Allerdings kann die zuständige Behörde nach § 12 Abs. 2 AbfAEV abweichend davon die Durchführung eines Erlaubnisverfahrens nach § 54 anordnen, soweit dies zur Wahrung des Wohls der Allgemeinheit erforderlich ist. Zu den weiteren Ausnahmen des § 12 Abs. 1 zählen folgende Fälle: 56

1. Sammler, Beförderer, Händler und Makler von gefährlichen Abfällen, die im Rahmen wirtschaftlicher Unternehmen tätig sind,
2. Sammler, Beförderer, Händler und Makler von gefährlichen Abfällen, die solche Abfälle sammeln, befördern, mit diesen handeln oder diese makeln, die von einem Hersteller oder Vertreiber freiwillig oder auf Grund einer Rechtsverordnung zurückgenommen werden,
3. Sammler, Beförderer, Händler und Makler von gefährlichen Abfällen, die Altfahrzeuge im Rahmen ihrer Überlassung nach § 4 Abs. 1–3 der Altfahrzeug-Verordnung in der jeweils geltenden Fassung, sammeln, befördern, mit diesen handeln oder diese makeln,
4. Sammler, Beförderer, Händler und Makler von gefährlichen Abfällen, die einen EMAS-Standort betreiben und bei denen der EMAS-registrierte Tätigkeitsbereich in Klasse 38.12 (Sammlung gefährlicher Abfälle), Klasse 38.22 (Behandlung und Beseitigung gefährlicher Abfälle) oder Klasse 46.77 (Großhandel mit Altmaterialien und Reststoffen) des Anhangs I der Verordnung (EG) Nr. 1893/2006 des Europäischen Parlaments und des Rates vom 20. Dezember 2006 zur Aufstellung der statistischen Systematik der Wirtschaftszweige NACE Revision 2 und zur Änderung der Verordnung (EWG) Nr. 3037/90 des Rates sowie einiger Verordnungen der EG über bestimmte Bereiche der Statistik (Abl. L 393 vom 30. 12. 2006, S. 1), die durch die Verordnung (EG) Nr. 295/2008 (Abl. L 97 vom 9. 4. 2008, S. 13) geändert worden ist, in der jeweils geltenden Fassung, eingeordnet ist, wobei die Ausnahme jeweils nur für den Tätigkeitsbereich gilt, für den die EMAS-Registrierung vorliegt,
5. Sammler und Beförderer von gefährlichen Abfällen, die Abfälle mit Seeschiffen sammeln oder befördern, sowie
6. Sammler und Beförderer von gefährlichen Abfällen, die Abfälle im Rahmen von Paket-, Express- und Kurierdiensten sammeln oder befördern, soweit diese in ihren Beförderungsbedingungen Rechtsvorschriften berücksichtigen, die aus Gründen der Sicherheit im Zusammenhang mit der Beförderung gefährlicher Güter erlassen sind.

Nach § 12 Abs. 2 AbfAEV kann die zuständige Behörde in begründeten Einzelfällen 57
und soweit es zur Wahrung des Wohls der Allgemeinheit erforderlich ist, abweichend

von § 12 Abs. 1 AbfAEV die Durchführung eines Erlaubnisverfahrens nach § 54 KrWG anordnen. Das unterscheidet diese Ausnahmen des Verordnungsgebers von denen, die der Gesetzgeber selbst vorgesehen hat.

E. Erlaubnisse aus anderen Staaten (Abs. 4, 5)

58 Nach Abs. 4 S. 1 stehen Erlaubnisse aus einem anderen Mitgliedstaat der Europäischen Union oder einem anderen Vertragsstaat des Abkommens über den Europäischen Wirtschaftsraum Erlaubnissen nach Abs. 1 S. 1 gleich, soweit sie ihnen gleichwertig sind. Nach Abs. 4 S. 2 stehen bei der Prüfung des Antrags auf Erlaubnis nach Abs. 1 S. 1 Nachweise aus einem anderen Mitgliedstaat der Europäischen Union oder einem anderen Vertragsstaat des Abkommens über den Europäischen Wirtschaftsraum inländischen Nachweisen gleich, wenn aus ihnen hervorgeht, dass der Antragsteller die betreffenden Anforderungen des Abs. 1 S. 2 oder die aufgrund ihrer Zielsetzung im Wesentlichen vergleichbaren Anforderungen des Ausstellungsstaats erfüllt. Unterlagen über die gleichwertige Erlaubnis nach Abs. 4 S. 1 und sonstige Nachweise nach Abs. 4 S. 2 sind der zuständigen Behörde vor Aufnahme der Tätigkeit im Original oder in Kopie vorzulegen. Nach Abs. 4 S. 4 können eine Beglaubigung der Kopie sowie eine beglaubigte deutsche Übersetzung verlangt werden.

59 Abs. 5 ordnet hinsichtlich der Überprüfung der erforderlichen Fach- und Sachkunde die Anwendung der dort genannten Bestimmungen der Gewerbeordnung an.

F. Einheitliche Stelle (Abs. 6 S. 1)

60 Nach Abs. 6 können Erlaubnisverfahren über eine Einheitliche Stelle nach den Vorschriften des Verwaltungsverfahrensgesetzes abgewickelt werden. § 42a VwVfG gilt entsprechend.

61 Nach § 42a Abs. 1 S. 1 VwVfG gilt eine beantragte Genehmigung nach Ablauf einer für die Entscheidung festgelegten Frist als erteilt, wenn dies durch Rechtsvorschrift angeordnet und der Antrag hinreichend bestimmt ist. Die Vorschriften über die Bestandskraft von Verwaltungsakten und über das Rechtsbehelfsverfahren gelten gem. § 42a Abs. 1 S. 2 VwVfG entsprechend. § 42a VwVfG setzt Art. 13 Abs. 4 der Dienstleistung-Richtlinie um und führt insbesondere eine Genehmigungsfiktion ein für den Fall, dass innerhalb einer bestimmten Frist nicht über den gestellten Antrag entschieden worden ist. Die Wirksamkeit der fingierten Erlaubnis tritt mit Fristablauf ohne Rücksicht darauf ein, ob die erteilte Erlaubnis rechtmäßig gewesen wäre.

62 Die Frist für die **Genehmigungsfunktion** beträgt nach § 42a Abs. 1 S. 1 VwVfG 3 Monate, soweit durch Rechtsvorschriften nichts anderes bestimmt ist. Sie beginnt gem. § 42a Abs. 2 S. 2 VwVfG mit Eingang der vollständigen Unterlagen. Sie kann einmal angemessen verlängert werden, wenn dies wegen der Schwierigkeit der Angelegenheit gerechtfertigt ist. Die Fristverlängerung ist zu begründen und rechtzeitig mitzuteilen. Auf Verlangen ist nach § 42a Abs. 3 VwVfG demjenigen, dem der Verwaltungsakt nach § 41 Abs. 1 VwVfG hätte bekannt gegeben werden müssen, der Eintritt der Genehmigungsfiktion schriftlich zu bestätigen.

G. Verordnungsermächtigung (Abs. 7)

63 Abs. 7 ermächtigt die Bundesregierung, durch Rechtsverordnung – unter Berücksichtigung der Besonderheiten der jeweiligen Verkehrsträger, Verkehrswege oder Beförderungsart – das Verfahren und die materiellen Anforderungen der Erlaubnispflicht näher zu regeln. In der Gesetzesbegründung wird darauf hingewiesen, dass in diesem Zusammenhang von besonderer Bedeutung ist, dass auch Ausnahmen von der Erlaubnispflicht für bestimmte Bereiche der Abfallbeförderung festgelegt werden können, soweit für deren Tätigkeit eine Erlaubnispflicht aus Gründen des Wohls der Allgemeinheit nicht erforderlich ist. Damit könnten etwa auch Sammler und Beförderer geringfügiger Abfallmengen von der Erlaubnispflicht freigestellt werden. Die Pflicht zur Anzeige nach § 53 Abs. 1 bleibe bei einer Freistellung von der Erlaubnispflicht jedoch unberührt, so dass eine Kontrolle durch die Behörde in vollem Umfang möglich sei (BT-Drs. 17/6052, S. 100).

H. Mitführungspflicht

64 Soweit die Tätigkeit erlaubnispflichtig ist, haben Sammler und Beförderer von gefährlichen Abfällen gem. § 13 Abs. 2 S. 1 AbfAEV eine Kopie oder einen Ausdruck der Erlaubnis mitzuführen. Im Falle des Eintritts der Genehmigungsfiktion nach § 54 Abs. 6 S. 2 ist eine Kopie des Antrags nach § 9 Abs. 1 AbfAEV oder ein Ausdruck des Antrags nach § 11 Abs. 1 AbfAEV und sofern die Behörde eine Bestätigung nach § 10 Absatz ein S. 2 AbfAEV, auch i.V.m. § 11 Abs. 2 S. 2 AbfAEV, ausgestellt hat, auch diese als Kopie oder Ausdruck mitzuführen. Die Pflicht, Unterlagen nach § 13 Abs. 1, Abs. 2 AbfAEV mitzuführen, entfällt, wenn Abfälle mittels schienengebundener Fahrzeuge gesammelt oder befördert werden (§ 13 Abs. 3 AbfAEV). Die Pflicht, Unterlagen mitzuführen, entfällt auch für den Landwirt, der Gülle von seinem landwirtschaftlichen Betrieb zu einer Biogasanlage führt (§ 13 Abs. 4 AbfAEV).

I. Rechtsfolgend unerlaubter Transporte

65 Fehlt es an der erforderlichen Anzeige und/oder Erlaubnis für die Abfallbeförderung, dann können Aufsichtsbehörden dagegen entweder ordnungsbehördlich oder kommunalaufsichtlich einschreiten.

66 Das für einen unter Verletzung bußgeldbewehrter verkehrsrechtlicher Vorschriften durchgeführten Transport vereinbarte Entgelt stellt als Vermögenswert das aus bzw. für die Tat Erlangte dar und unterliegt der **Einziehung** (OLG Karlsruhe Beschl. v. 28.07.2021 – 2 Rb 35 Ss 414/21, juris Rn. 14). Bei der Bestimmung des Werts des Erlangten sind nach § 29a OwiG die Aufwendungen des Täters oder des anderen abzuziehen. Außer Betracht bleibt jedoch das, was für die Begehung der Tat oder für ihre Vorbereitung aufgewendet oder eingesetzt worden ist.

67 Nachteilige Konsequenzen einer unerlaubten Abfallbeförderung ergeben sich für die persönliche Zuverlässigkeit, die für eine Führung von Entsorgungsbetrieben gefordert wird. Nach § 56 Abs. 3 S. 1 darf das Zertifikat für einen Entsorgungsfachbetrieb nur erteilt werden, wenn der Betrieb die für die ordnungsgemäße Wahrnehmung seiner Aufgaben erforderlichen Anforderungen an seine Organisation, seine personelle, gerätetechnische und sonstige Ausstattung, seine Tätigkeit sowie die Zuverlässigkeit und Fach- und Sachkunde seines Personals erfüllt. Nach § 8 Abs. 1 S. 1 EfbV müssen der Inhaber und die für

die Leitung und Beaufsichtigung des Betriebes verantwortlichen Personen zuverlässig sein. Sind sie das nicht, kann die Anerkennung als Entsorgungsfachbetrieb verloren gehen. Die erforderliche Zuverlässigkeit ist nach § 8 Abs. 1 S. 2 EfbV nur gegeben, wenn die betroffene Person auf Grund ihrer persönlichen Eigenschaften, ihres Verhaltens und ihrer Fähigkeiten zur ordnungsgemäßen Erfüllung der ihr obliegenden Aufgaben geeignet ist. Eine Missachtung der Anzeige- und Erlaubniserfordernisse der §§ 53, 54, § 3 GüKG kann insoweit die Zuverlässigkeit der für die Betriebsleitung verantwortlichen Personen gefährden (VGH Kassel Beschl. v. 04.01.2021 – 5 A 976/18, juris Rn. 35 ff.).

68 Fraglich ist, ob auch **Unterlassungsansprüche von Wettbewerbern** nach dem UWG in Betracht kommen, wenn Abfälle ohne die erforderliche Erlaubnis befördert werden. Nach § 1 S. 1 UWG dient das UWG dem Schutz der Mitbewerber, der Verbraucher sowie der sonstigen Marktteilnehmer vor unlauteren geschäftlichen Handlungen. Es schützt zugleich das Interesse der Allgemeinheit an einem unverfälschten Wettbewerb. Unlautere geschäftliche Handlungen sind nach § 3 Abs. 1 UWG unzulässig. Unlauter handelt nach § 4 Nr. 4 UWG, wer Mitbewerber gezielt behindert. Eine unlautere Behinderung von Mitbewerbern setzt eine Beeinträchtigung der wettbewerblichen Entfaltungsmöglichkeiten der Mitbewerber voraus, die über die mit jedem Wettbewerb verbundene Beeinträchtigung hinausgeht und bestimmte Unlauterkeitsmerkmale aufweist (OLG Nürnberg Beschl. v. 26.11.2021 – 3 U 2473/21, juris Rn. 33). Unlauter ist die Beeinträchtigung im Allgemeinen dann, wenn gezielt der Zweck verfolgt wird, Mitbewerber an ihrer Entfaltung zu hindern und sie dadurch zu verdrängen, oder wenn die Behinderung dazu führt, dass die beeinträchtigten Mitbewerber ihre Leistung am Markt durch eigene Anstrengung nicht mehr in angemessener Weise zur Geltung bringen können. Ob diese Voraussetzungen erfüllt sind, lässt sich nur auf Grund einer Gesamtwürdigung der Umstände des jeweiligen Einzelfalls unter Berücksichtigung der Interessen der Mitbewerber, Verbraucher und sonstiger Marktteilnehmer sowie der Allgemeinheit beurteilen (OLG Nürnberg Beschl. v. 26.11.2021 – 3 U 2473/21, juris Rn. 33; BGH Urt. v. 22.01.2014, GRUR 2014, 393, Rn. 28; BGH Urt. v. 23.06.2016, GRUR 2017, 92, Rn. 14; Ohly in Ohly/Sosnitza, UWG, 2023, § 4.4 Rn. 4/10). Außerdem muss die beanstandete Handlung zu einer Beeinträchtigung der wettbewerblichen Handlungsmöglichkeiten eines Mitwettbewerbers führen, die über die mit jedem Wettbewerb verbundenen Beeinträchtigung hinausgeht Ohly in Ohly/Sosnitza, UWG, 2023, § 4.4 Rn. 4,10).

69 Unlauter handelt nach § 3a UWG außerdem, wer einer gesetzlichen Vorschrift zuwiderhandelt, die auch dazu bestimmt ist, im Interesse der Marktteilnehmer das Marktverhalten zu regeln, und der Verstoß geeignet ist, die Interessen von Verbrauchern, sonstigen Marktteilnehmern oder Mitbewerbern spürbar zu beeinträchtigen. Entscheidend ist, dass die verletzte Vorschrift zumindest sekundäre, wettbewerbsbezogene, d.h. auf die Lauterkeit bezogene Schutzfunktion aufweist (Ohly in Ohly/Sosnitza, UWG, 2023, § 3a Rn. 4; BGH Urt. v. 05.10.2000, GRUR 2001, 354, 356; BGH Urt. v. 25.04.2002, GRUR 2002, 825, 826; BGH Beschl. v. 04.07.2001, GRUR 2002, 164, 165; siehe auch die Gesetzesbegründung vom 22.08.2003, BT-Drs. 15/1487, S. 19). Ein Verstoß gegen marktverhaltensregelnde Vorschriften des Verwaltungsrechts kann lauterkeitsrechtliche Ansprüche auslösen. Die Möglichkeit der zuständigen Behörden, wegen eines Verstoßes Sanktionen zu verhängen, steht dem nicht entgegen (Ohly in Ohly/Sosnitza, UWG, 2023, § 3a Rn. 11). Wenn ein Zivilgericht verwaltungsrechtliche Normen anwendet, kann seine Auslegung von derjenigen eines Verwaltungsgerichts abweichen (Ohly in Ohly/Sosnitza, UWG, 2023, § 3a Rn. 11; Köhler in Köhler/Bornkamm/Feddersen, UWG, 2023, § 3a Rn. 1.44). Auch die Rechtsauffassung einer zuständigen Verwaltungsbehörde ist für das Wettbewerbsgericht nicht bindend. Etwas anderes gilt, wenn ein bestimmtes Marktverhalten ausdrücklich durch einen Verwaltungsakt erlaubt wird, der nicht

nichtig und allenfalls anfechtbar ist (Ohly in Ohly/Sosnitza, UWG, 2023, § 3a Rn. 11; Köhler in Köhler/Bornkamm/Feddersen, UWG, 2023, § 3a Rn. 1.48). Nach § 8 Abs. 1 Satz 1 UWG kann, wer eine nach § 3 oder § 7 UWG unzulässige geschäftliche Handlung vornimmt, bei Wiederholungsgefahr auf Unterlassung in Anspruch genommen werden. Einen solchen Unterlassungsanspruch können nach § 8 Abs. 3 UWG unter anderem Mitbewerber geltend machen, die Waren oder Dienstleistungen in nicht unerheblichem Maße und nicht nur gelegentlich vertreiben oder nachfragen. Vorschriften des Umweltrechts regeln aber nicht das Wettbewerbsgeschehen auf einem bestimmten Markt, sondern schützen in erster Linie Interessen der Allgemeinheit und der Nachbarn (Ohly in Ohly/Sosnitza, UWG, 2023, § 3a Rn. 17).

Vorschriften des Straßenverkehrsrechts und des Straßenrechts dienen der Sicherheit **70** und Leichtigkeit des Verkehrs im Interesse der Verkehrsteilnehmer. Die Regelung des Marktverhaltens ist auch nicht Aufgabe dieser Gesetze. Kommunalrechtliche Vorschriften über die erwerbswirtschaftliche Tätigkeit von Gemeinden regeln lediglich die Voraussetzungen, unter denen die Gemeinden Waren und Dienstleistungen zu Erwerbszwecken anbieten dürfen; sie enthalten keine Bestimmungen über die Art und Weise dieser Erwerbstätigkeit. Der Umstand, dass diese Vorschriften auch den Zweck verfolgen, die Privatwirtschaft vor dem Marktzutritt der Gemeinden zu schützen, ändert nichts daran, das privatwirtschaftliche Ansprüche weder unter dem Gesichtspunkt des Rechtsbruchs nach § 3a UWG noch gem. § 823 Abs. 2 BGB bestehen (Köhler in Köhler/Bornkamm/Feddersen, UWG, 2023, § 3a Rn. 1.79; Ohly in Ohly/Sosnitza, UWG, 2023, § 3a Rn. 20). Dass derartige Vorschriften in verwaltungsrechtlicher Hinsicht auch den Schutz von Mitwettbewerbern bezwecken können oder sollen und in diesem Sinne verwaltungsrechtlich drittschützend sein können, ist aus Sicht des Lauterkeitsschutzes des UWG unbeachtlich (Köhler in Köhler/Bornkamm/Feddersen, UWG, 2023, § 3a Rn. 1.79). Selbst wenn Landesgesetzgeber in die Begründung des Gesetzes ausdrücklich hineinschreiben, dass ihre Regelungen lauterkeitsrechtliche Ansprüche begründen sollen, ist dies unerheblich, weil ein Landesgesetzgeber mit einer solchen Regelung seine Kompetenz überschreitet (Köhler in Köhler/Bornkamm/Feddersen, UWG, 2023, § 3a Rn. 1.79). Unterlassungsansprüche von Wettbewerbern nach dem UWG drohen bei einer nach den §§ 53, 54, § 3 GüKG unerlaubten oder nicht angezeigten Abfallbeförderung somit nicht (so auch Doumet in Jarass/Petersen, KrWG, 2022, § 54 Rn. 5).

J. Erlaubnispflicht nach § 3 GüKG

Ob und inwieweit für die Einsammlung und Beförderung gewerblicher Abfälle eine **71** Erlaubnis nach § 3 GüKG erforderlich ist, hängt von den Voraussetzungen des Erlaubnistatbestands und vom Anwendungsbereich des GüKG ab.

Nach § 3 Abs. 1 GüKG ist der **gewerbliche Güterkraftverkehr** erlaubnispflichtig, **72** soweit sich nicht aus dem unmittelbar geltenden Unionsrecht etwas anderes ergibt. Güterkraftverkehr ist die geschäftsmäßige oder entgeltliche Beförderung von Gütern mit Kraftfahrzeugen, die einschließlich Anhänger ein höheres zulässiges Gesamtgewicht als 3,5 Tonnen haben (OVG NRW Beschl. v. 26.10.2016 – 9 B 550/16, juris Rn. 14; OVG NRW Urt. v. 23.06.2009 - 9 A 3082/08, juris, Rn. 65; OVG BB Urt. v. 26.03.2009 - 1 B 16/08, juris Rn. 21; Rebler Güterkraftverkehrsrecht, in Lütges/Bachmeier, Straßenverkehr, Loseblatt, Stand 11/2021, S. 9; Milchen in Buschbell/Höke, MAH Straßenverkehrsrecht, 2020, § 57 Rn. 7).

Güter im Sinne des GüKG sind grundsätzlich alle beweglichen Sachen einschließlich **73** wertloser Sachen, das heißt einschließlich auch von Abfällen. Die Beförderung von Abfällen fällt insoweit in den Anwendungsbereich des GüKG (BVerwG Urt. v. 18.10.1963 – VII C 107.61, BVerwGE 17, 34; Knorre in Handbuch Transportrecht, 2022, S. 632; Rebler, Güterkraftverkehrsrecht, in: Lütges/Bachmeier, Straßenverkehr, Loseblatt, Stand 11/2021, S. 11; Milchen in Buschbell/Höke, MAH Straßenverkehrsrecht, 2020, § 57 Rn. 4).

74 Eine **Beförderung** im Sinne des GüKG ist ein Ortwechsel der Güter im Wege eines Trans-ports mit Kraftfahrzeugen. Zur Beantwortung der Frage, was ein Kraftfahrzeug im Sinne des GüKG ist, kann § 1 Abs. 2 StVG herangezogen werden. Als **Kraftfahrzeuge** gelten danach Landfahrzeuge, die durch Maschinenkraft bewegt werden, ohne an Bahngleise gebunden zu sein. Entgeltlich ist eine Beförderung, wenn als Gegenleistung ein Entgelt zwischen dem Auftraggeber und dem Beförderungsunternehmen vereinbart bzw. bezahlt wird, dessen Höhe der freien Vereinbarung der Parteien unterliegt (Rebler Güterkraftverkehrsrecht, in Lütges/Bachmeier, Straßenverkehr, Loseblatt, Stand 11/2021, S. 12).

75 Weitere Voraussetzung des Erlaubnistatbestands des § 3 GüKG ist es, dass es sich bei der Abfallbeförderung um **gewerblichen Güterkraftverkehr** handelt. Nach § 1 Abs. 4 GüKG ist Güterkraftverkehr, der nicht Werkverkehr im Sinne von § 1 Abs. 2 und 3 GüKG darstellt, gewerblicher Güterkraftverkehr. Werkverkehr im Sinne von § 1 Abs. 2 GüKG ist Güterkraftverkehr für eigene Zwecke eines Unternehmens, wenn folgende Voraussetzungen erfüllt sind: 1. Die beförderten Güter müssen Eigentum des Unternehmens oder von ihm verkauft, gekauft, vermietet, gemietet, hergestellt, erzeugt, gewonnen, bearbeitet oder instandgesetzt worden sein. 2. Die Beförderung muss der Anlieferung der Güter zum Unternehmen, ihrem Versand vom Unternehmen, ihrer Verbringung innerhalb oder - zum Eigengebrauch - außerhalb des Unternehmens dienen. 3. Die für die Beförderung verwendeten Kraftfahrzeuge müssen vom eigenen Personal des Unternehmens geführt werden oder von Personal, das dem Unternehmen im Rahmen einer vertraglichen Verpflichtung zur Verfügung gestellt worden ist. Und 4. Die Beförderung darf nur eine Hilfstätigkeit im Rahmen der gesamten Tätigkeit des Unternehmens darstellen. Das OVG NRW führt dazu aus, § 2 GüKG sei für die Bestimmung des Inhalts des Rechtsbegriffs „Güterkraftverkehr" im Sinne des § 1 GüKG ohne Bedeutung. Auch die Beförderung von Gütern durch juristische Personen des öffentlichen Rechts im Rahmen ihrer öffentlichen Aufgaben sei als Güterkraftverkehr im Rechtssinne an-zusehen. § 2 Abs. 1 GüKG nehme seinem Wortlaut nach bestimmte, näher bezeichnete Beförderungsvorgänge von der Anwendung des GüKG aus. Diese Regelungstechnik setze aber voraus, dass es sich dabei um Tatbestände handele, die grundsätzlich als geschäftsmäßiger oder entgeltlicher Güterkraftverkehr nach § 1 Abs. 1 GüKG anzusehen seien und eben deshalb eigentlich - d.h. ohne eine entsprechende Ausnahme - dem sachlichen Anwendungsbereich des Gesetzes unterliegen würden (OVG NRW Beschl. v. 26.10.2016 – 9 B 550/16, juris Rn. 9).

76 Für den Fall, dass der öffentlich-rechtliche Entsorgungsträger die Beförderung der Abfälle nicht mit eigenen Fahrzeugen durchführt, sondern Transportunternehmen beauftragt, stellt sich die Frage, wer erlaubnispflichtiger Beförderer ist. Beförderer bzw. Betreiber im Sinne von § 3 Abs. 1 i.V.m. § 19 Abs. 1 Nr. 1b GüKG ist, wer den Transport in eigener Verantwortung führt und die Verfügungsgewalt über das eingesetzte Fahrzeug hat, wer also bestimmt, ob und wie die Beförderung durchgeführt werden soll (BayOberstLG Beschl. v. 04.05.2020 – 201 ObOWi 499/20, juris Rn. 6). Für die Eigenschaft als Beförderer ist maßgeblich, dass dieser die Abwicklung in der Hand hat, auch wenn er im Rahmen eines sog. **Lohnfuhrvertrags** den Weisungen des Auftraggebers zu folgen hat. Insoweit kommt es entscheidend darauf an, dass der Beförderer über seinen Fahrer den Besitz an dem Fahrzeug hat und die Beförderung beeinflussen kann. Die Beförderung von gewerblichen Abfällen zur Verwertung, die außerhalb der gesetzlichen Überlassungspflichten für Gewerbebetriebe durchgeführt wird, um diese von dazu beauftragten Verwertungs-betrieben verwerten zu lassen, erfüllt den Erlaubnistatbestand des § 3 Abs. 1 GüKG. Eine Erlaubnispflicht nach dem GüKG entfällt dementsprechend nur dann, wenn das GüKG aufgrund des Vorliegens eines Ausnahmetatbestands gar nicht anwendbar ist.

Trotz der Erfüllung der Voraussetzungen des Erlaubnistatbestands des § 3 Abs. 1 GüKG 77
bedarf die Beförderung gewerblicher Abfälle zur Verwertung keiner Erlaubnis nach dem GüKG, wenn das Ge-setz auf diese Abfallbeförderung keine Anwendung findet. § 2 GüKG enthält verschiedene Ausnahmen vom Anwendungsbereich des GüKG. Die für öffentlich-rechtliche Entsorgungsträger entscheidende Ausnahme regelt § 2 Abs. 1 Nr. 2 GüKG. Danach finden die Vorschriften des GüKG keine Anwendung auf die Beförderung von Gütern durch Körperschaften, Anstalten und Stiftungen des öffentlichen Rechts im Rahmen ihrer öffentlichen Aufgaben (sieh dazu Beckmann EuRUP 2023, 236, 245).

von gewerblichen Abfällen zur Verwertung, die außerhalb der gesetzlichen Überlassungspflichten für Gewerbebetriebe durchgeführt wird, um diese von dazu beauftragten Verwertungsbetrieben verwerten zu lassen, erfüllt den Erlaubnistatbestand des § 3 Abs. 1 GüKG. Eine Erlaubnispflicht nach dem GüKG entfällt dementsprechend nur dann, wenn das GüKG aufgrund des Vorliegens eines Ausnahmetatbestands gar nicht anwendbar ist.

Trotz der Erfüllung der Voraussetzungen des Erlaubnistatbestands des § 3 Abs. 1 GüKG bedarf die Beförderung gewerblicher Abfälle zur Verwertung keiner Erlaubnis nach dem GüKG, wenn das Gesetz auf diese Abfallbeförderung keine Anwendung findet. § 2 GüKG enthält verschiedene Ausnahmen vom Anwendungsbereich des GüKG. Die für öffentlich-rechtliche Entsorgungsträger entscheidende Ausnahme regelt § 2 Abs. 1 Nr. 2 GüKG. Danach finden die Vorschriften des GüKG keine Anwendung auf die Beförderung von Gütern durch Körperschaften, Anstalten und Stiftungen des öffentlichen Rechts im Rahmen ihrer öffentlichen Aufgaben (siehe dazu Beckmann EurUP 2023, 236, 245). 77

§ 55 Kennzeichnung der Fahrzeuge

(1) **Sammler und Beförderer haben Fahrzeuge, mit denen sie Abfälle in Ausübung ihrer Tätigkeit auf öffentlichen Straßen befördern, vor Antritt der Fahrt mit zwei rückstrahlenden weißen Warntafeln gemäß Satz 3 zu versehen (A-Schilder). Satz 1 gilt nicht für Sammler und Beförderer, die im Rahmen wirtschaftlicher Unternehmen Abfälle sammeln oder befördern. Hinsichtlich der Anforderungen an die Kennzeichnung der Fahrzeuge gilt § 10 des Abfallverbringungsgesetzes vom 19. Juli 2007 (BGBl. I S. 1462) in der jeweils geltenden Fassung entsprechend.**

(2) **Die Bundesregierung wird ermächtigt, in einer Rechtsverordnung nach § 53 Absatz 6 oder § 54 Absatz 7 Ausnahmen von der Kennzeichnungspflicht nach Absatz 1 Satz 1 vorzusehen.**

(3) **Rechtsvorschriften, die aus Gründen der Sicherheit im Zusammenhang mit der Beförderung gefährlicher Güter erlassen sind, bleiben unberührt.**

Übersicht

A. Überblick

§ 55 Abs. 1 S. 1 verpflichtet zur Anbringung von **Warntafeln** an Fahrzeugen, mit denen Abfälle befördert werden. § 55 dient nicht der Umsetzung zwingender europäischer Vorgaben. Nach Art. 19 Abs. 1 AbfRRL sind die Mitgliedstaaten allerdings verpflichtet, die erforderlichen Maßnahmen zu ergreifen, um sicherzustellen, dass gefährliche Abfälle beim Transport gemäß den internationalen und europäischen Standards gekennzeichnet werden. Daraus folgt jedoch keine konkrete Pflicht zur Anordnung einer Kennzeichnungspflicht durch Warntafeln (Schomerus in Versteyl/Mann/Schomerus, KrWG, 2019, § 55 Rn. 1; Brinktrine in Schmehl/Klement, KrWG, 2019, § 55 Rn. 5). 1

Die Kennzeichnungspflicht soll eine Überwachung der Abfalltransporte auf den öffentlichen Straßen erleichtern. § 49 Abs. 6 KrW-/AbfG sah bereits eine Verpflichtung zur Anbringung von Warntafeln vor, soweit eine Pflicht zur Einholung einer Transportgenehmigung bestand. Für die grenzüberschreitende Beförderung von Abfällen verpflichtet § 10 AbfVerbrG ebenfalls zur Anbringung von Warntafeln. 2

Der Gesetzgeber sieht in § 55 Abs. 1 S. 2 eine generelle **Ausnahme** von der Kennzeichnungspflicht vor und ermächtigt außerdem in § 55 Abs. 2 die Bundesregierung, in einer **Rechtsverordnung** nach § 53 Abs. 6 oder § 54 Abs. 7 Ausnahmen von der Kennzeichnungspflicht nach Abs. 1 S. 1 vorzusehen. Nach 13 a AbfAEV kann die zuständige Behörde Ausnahmen von der Kennzeichnungspflicht ganz oder teilweise freistellen, wenn eine Anbringung der Warntafeln technisch nicht möglich ist oder eine Kennzeichnung aus Gründen des Wohls der Allgemeinheit nicht erforderlich ist. 3

4 Abs. 3 stellt klar, dass Vorschriften des **Gefahrgutrechts,** insbesondere Kennzeichnungspflichten des Gefahrgutrechts, neben der Kennzeichnungspflicht des § 55 Abs. 1 zu beachten sind, wenn es sich bei den Abfällen um gefährliche Güter handelt.

5 Die Missachtung der Kennzeichnungspflicht stellt eine **Ordnungswidrigkeit** dar, die nach § 69 Abs. 2 Nr. 13 mit einem Bußgeld von bis zu 10 000 € geahndet werden kann. Ordnungsrechtlich kann die Kennzeichnungspflicht auf der Grundlage des § 62 durch den Erlass einer entsprechenden **Ordnungsverfügung** durchgesetzt werden.

B. Kennzeichnungspflicht (Abs. 1)

6 Nach Abs. 1 S. 1 haben Sammler und Beförderer Fahrzeuge, mit denen sie Abfälle in Ausübung ihrer Tätigkeit auf öffentlichen Straßen befördern, vor Antritt der Fahrt mit zwei rückstrahlenden weißen Warntafeln (A-Schilder) zu versehen.

I. Adressaten der Kennzeichnungspflicht

7 Soweit die Kennzeichnungspflicht Sammler und Beförderer betrifft, kann auf die Begriffsdefinitionen in § 3 Abs. 10 und 11 verwiesen werden. **Sammler** von Abfällen ist danach jede natürliche oder juristische Person, die gewerbsmäßig oder im Rahmen wirtschaftlicher Unternehmen, das heißt, aus Anlass einer anderweitigen gewerblichen oder wirtschaftlichen Tätigkeit, die nicht auf die Sammlung von Abfällen gerichtet ist, Abfälle sammelt. **Beförderer** von Abfällen ist nach § 3 Abs. 11 jede natürliche oder juristische Person, die gewerbsmäßig oder im Rahmen wirtschaftlicher Unternehmen, das heißt, aus Anlass einer anderweitigen gewerblichen oder wirtschaftlichen Tätigkeit, die nicht auf die Beförderung von Abfällen gerichtet ist, Abfälle befördert.

8 Auch **Personengesellschaften** können Sammler, Beförderer, Händler oder Makler im Sinne dieser gesetzlichen Definitionen sein, obwohl der Wortlaut des Gesetzes nur von natürlichen oder juristischen Personen spricht, zu denen Personengesellschaften nicht gehören (BVerwG Urt. v. 1. 10. 2015 – 8 B 75/14; so auch *Petersen/Hermanns* AbfallR 2014, 62; *Beckmann* AbfallR 2013, 296; a.A. VGH München Urt. v. 26. 9. 2013 20 BV 13.428 – und 20 BV 13.516 –, juris; Beschl. v. 11. 3. 2014 – 20 ZB 13.1838 –, juris; VGH BW Beschl. v. 21. 10. 2013, GewArch 2014, 29; OVG NRW Beschl. v. 9. 12. 2013 – 20 B 219/13 –, juris; OVG Lüneburg Beschl v. 22. 5. 2015 – 7 ME 15/15).

9 In der Vergangenheit war für **Entsorgungsfachbetriebe**, die keine Transportgenehmigung benötigten, umstritten, ob sie zur Kennzeichnung ihrer Fahrzeuge verpflichtet waren. Dieser Streit hat sich durch die Neuregelung erledigt. Auch Entsorgungsfachbetriebe müssen die Kennzeichnungspflicht des Abs. 1 S. 1 beachten Ockenfels in Kopp-Assenmacher, KrWG, 2015, § 55 Rn. 7; Schomerus in Versteyl/Mann/Schomerus, KrWG, 2019, § 55 Rn. 4; Ley in Schink/Versteyl, KrWG, 2016 § 55 Rn. 5).

10 Ausgenommen sind nach Abs. 1 S. 2 jedoch Sammler und Beförderer, die Abfälle im Rahmen wirtschaftlicher Unternehmen sammeln oder befördern. Im Rahmen **wirtschaftlicher Unternehmen** finden Sammlungen und Beförderungsvorgänge statt, wenn sie aus Anlass einer anderweitigen gewerblichen oder wirtschaftlichen Tätigkeiten durchgeführt werden, die nicht auf die Sammlung oder das Befördern von Abfällen gerichtet ist. Eine Kennzeichnungspflicht gilt also nicht für Unternehmen, die Wirtschaftsgüter produzieren oder Dienstleistungen erbringen und in Erfüllung dieses Unternehmenszwecks auch Abfälle transportieren. Damit sind vor allem Handwerksbetriebe und Dienstleistungsbetriebe sowie Einzelhandelsunternehmen, die im Zusammenhang mit der Pfandpflicht Abfälle transportieren, von der Kennzeichnungspflicht befreit. Nicht zuletzt können aber auch Industrieunternehmen, die ihre eigenen Abfälle befördern, auf eine

Kennzeichnung verzichten (BT-Drs. 17/6052, S. 100; Doumet in Jarass/Petrsen, KrWG, 2022, § 55 Rn. 6; Ockenfels in Kopp-Assenmacher, KrWG, 2015, § 55 6; Ley in Schink/Versteyl KrWG, 2016, § 55 Rn. 6).

Keine Sammlung im Rahmen wirtschaftlicher Unternehmen liegt hingegen vor, wenn durch beauftragte Fremdunternehmen (Abfallentsorgungsunternehmen oder Spediteure) **Abfälle des Lebensmitteleinzelhandels** zu Entsorgungseinrichtungen befördert werden. Verallgemeinernd wird dazu angenommen, dass eine Kennzeichnungspflicht bei Sammlern und Beförderer, die im Rahmen wirtschaftlicher Unternehmen Abfälle sammeln oder befördern, immer dann entfällt, wenn die Sammlung bzw. Beförderung lediglich aus Anlass einer anderweitigen gewerblichen oder wirtschaftlichen Tätigkeit vorgenommen wird, wenn es sich dementsprechend um die Sammlung bzw. Beförderung von Abfällen „bei einer Gelegenheit" handelt, die gerade nicht auf die Sammlung bzw. Beförderung von Abfällen gerichtet ist. 11

Die Beförderung von Abfällen im Auftrag des zur Entsorgung verpflichteten gewerblichen Abfallbesitzers oder Abfallentsorgers führt in diesem Sinne nicht dazu, dass der Abfalltransport durch den Beförderer aus Anlass einer anderweitigen gewerblichen oder wirtschaftlichen Tätigkeit stattfindet. Anders als bei einem Dienstleister oder Handwerker, der anlässlich seiner Dienstleistung bei dieser Tätigkeit anfallenden Abfälle mitnimmt, ist die Sammlung und Beförderung der Abfälle aus dem Einzelhandel die eigentliche gewerbliche Tätigkeit des Entsorgungsunternehmens bzw. des Speditionsunternehmens; der Abfälle werden insoweit nicht lediglich bei der Gelegenheit eine anderweitigen gewerblichen oder wirtschaftlichen Tätigkeit eingesammelt. Daran ändert sich auch dann nichts, wenn man davon ausgeht, dass der Spediteur nicht nur Abfälle bei den Einzelhandelsbetrieben abholt, sondern auf dem Hinweg auch Waren anliefert. Die in der Gesetzesbegründung angesprochene Rücknahme von Einwegverpackungen zu zentralen Zähl- und Sammelstellen kann deshalb nur dann ohne Verwendung der A-Schilder stattfinden, wenn es sich um eine eigenständige Logistik des für die Abfallentsorgung verantwortlichen Einzelhandels handelt. 12

Dementsprechend dürfte die Kennzeichnung durch zwei A-Schilder entbehrlich sein, wenn im Rahmen der Belieferung von Lebensmitteleinzelhandelsstandorten Papier- oder Kunststoffabfälle zur Vermeidung von Leerfahrten durch Fahrzeuge des entsorgungsverantwortlichen Unternehmens mitgenommen werden. Die vom Lebensmitteleinzelhandel mit der Einsammlung und Beförderung ihrer Abfälle beauftragten Fremdunternehmen müssen jedoch die A-Schilder verwenden. Erforderlich ist die Anbringung von A-Schildern insbesondere auch dann, wenn Leerkapazitäten von Fahrzeugen nicht nur zur Mitnahme von Abfällen der belieferten Einzelhandelsstandorte, sondern auch von weiteren Lebensmittelmärkten, etwa den Standorten benachbarter Betriebe eines anderen Einzelhandelsunternehmens genutzt werden sollen. Bei einer solchen Transportlogistik würde es sich nicht mehr nur um eine Abfallbeförderung im Rahmen wirtschaftlicher Unternehmen handeln. 13

Ausgenommen von der Kennzeichnungspflicht sind auch **öffentlich-rechtliche Entsorgungsträger.** Denn definitionsgemäß sind diese weder Sammler im Sinne von § 3 Abs. 10 noch Beförderer im Sinne von § 3 Abs. 11. Denn öffentlich-rechtliche Entsorgungsträger sammeln und befördern jedenfalls in ihrer Funktion als öffentlich-rechtliche Entsorgungsträger nicht gewerbsmäßig und auch nicht im Rahmen wirtschaftlicher Unternehmen. Betätigt sich der öffentlich-rechtlich Entsorgungsträger außerhalb seiner hoheitlichen Funktion wirtschaftlich im Bereich der Abfallwirtschaft, dann kann auch ihn eine Kennzeichnungspflicht treffen, selbst wenn Regelungen des Kommunalverfassungsrechts eine solche Betätigung als nicht wirtschaftlich im kommunalrechtlichen Sinne fin- 14 gieren. Auch der von einem öffentlich-rechtlichen Entsorgungsträger beauftragte private Entsorgungsunternehmer ist nicht von der Kennzeichnungspflicht befreit.

II. Anforderungen an die Kennzeichnung

15 Nach § 55 Abs. 1 S. 3 richten sich die Anforderungen an die Kennzeichnung der Fahrzeuge nach § 10 AbfVerbrG. Nach § 10 Abs. 1 S. 1 AbfVerbrG müssen die Fahrzeuge mit zwei rechteckigen, rückstrahlenden, weißen Warntafeln von mindestens 40 cm Breite und mindestens 30 cm Höhe versehen werden. Die Warntafeln müssen gem. § 10 Abs. 1 S. 2 AbfVerbrG in schwarzer Farbe die Aufschrift „A" (Buchstabenhöhe 20 cm, Schriftstärke 2 cm) tragen. Die Warntafeln müssen während der Beförderung außen am Fahrzeug deutlich sichtbar angebracht sein, und zwar vorn und hinten. Bei Zügen muss die hintere Tafel an der Rückseite des Anhängers angebracht sein (§ 10 Abs. 1 S. 3, 4 AbfVerbrG).

III. Geltungsbereich der Kennzeichnungspflicht

16 Die Kennzeichnungspflicht gilt für gefährliche und nicht gefährliche Abfälle, für Abfälle zur Verwertung genauso wie für Abfälle zur Beseitigung und unabhängig von der transportierten Abfallmenge (Kropp in BeckOK, Umweltrecht, § 55 Rn. 3).

17 Voraussetzung ist natürlich, dass es sich bei den zu befördernden Gegenständen tatsächlich um Abfälle handelt und dass auf diese Abfälle das KrWG zur Anwendung kommt (siehe dazu im Zusammenhang mit **Lebensmitteln** Dippel/Ottensmeier AbfallR 2019, 129; VG Düsseldorf B. v. 20.07.2010, 17 L 1137/10, juris Rn. 10). Für Lebensmittel etwa gilt, dass das KrWG nach § 2 Abs. 2 Nr. 1a nicht anzuwenden ist auf Stoffe, die nach dem Lebensmittel- und Futtermittelgesetzbuch zu entsorgen sind.

18 Die Kennzeichnungspflicht betrifft räumlich nur die Beförderung von Abfällen auf **öffentlichen Straßen**. Dazu gehören die Straßen, Wege und Plätze, die dem öffentlichen Verkehr gewidmet sind. Auf nicht dem öffentlichen Verkehr gewidmeten Werksstraßen oder sonstigen Privatwegen besteht die Kennzeichnungspflicht nicht. Auch für die Beförderung auf anderen Verkehrswegen mit Schienenfahrzeugen, Schiffen oder Flugzeugen gilt die Kennzeichnung Licht des § 55 Abs. 1 S. 1 nicht (Kropp in Beck OK Umweltrecht, § 55 Rn. 2; Doumet in Jarass/Petersen, KrWG, 2022, § 55 Rn. 14). Eine Kennzeichnung ist außerdem nur bei der Abfallbeförderung selbst, nicht jedoch bei **Leerfahrten** eines Müllfahrzeugs erforderlich. Die Warntafeln müssen jedoch bei solchen Leerfahrten nicht entfernt werden. Zeitlich gilt die Kennzeichnungspflicht bereits seit Inkrafttreten des Gesetzes. Eine Übergangsregelung gab es für die Kennzeichnungspflicht nicht.

C. Verordnungsermächtigung (Abs. 2)

19 Abs. 2 ermächtigt die Bundesregierung, in einer Rechtsverordnung nach § 53 Abs. 6 bzw. § 44 Abs. 7 weitere Ausnahmen von der Kennzeichnungspflicht zuzulassen. § 13a AbfAEV ermächtigt dazu die zuständige Behörde, Sammler und Beförderer von der Kennzeichnungspflicht nach § 55 Abs. 1 und der Kennzeichnungspflicht nach § 10 Abs. 1 AbfVerbrG ganz oder teilweise freizustellen, wenn eine Anbringung der Warntafeln technisch nicht möglich ist oder eine Kennzeichnung aus Gründen des Wohls der Allgemeinheit nicht erforderlich ist. Die zuständige Behörde kann jedoch nach § 13a S. 2 AbfAEV eine andere geeignete Kennzeichnung der Fahrzeuge verlangen. Dass eine Anbringung von Warntafeln technisch nicht möglich ist, ist jedenfalls für den Regelfall kaum denkbar. Wenn ausnahmsweise tatsächlich keine Anbringung der Warntafeln möglich ist, kommt eine Anordnung in Betracht, die stattdessen eine z.B. kleinere Kennzeichnung verlangt,

deren Anbringung technisch möglich ist. Dass die Anbringung von Warntafeln aus Gründen des Wohls der Allgemeinheit nicht erforderlich ist, kann ebenfalls nur in speziellen Ausnahmefällen in Betracht kommen, möglicherweise dann, wenn lediglich eine sehr kurze Wegstrecke auf öffentlichen Straßen zwischen zwei Betriebsstandorten eines Abfallentsorgungsunternehmens zu überwinden ist.

D. Gefahrgutbeförderung (Abs. 3)

§ 55 Abs. 3 weist ausdrücklich darauf hin, dass Rechtsvorschriften, die aus Gründen der Sicherheit im Zusammenhang mit der Beförderung gefährlicher Güter erlassen worden sind, unberührt bleiben. Dementsprechend sind bei Abfalltransporten auf öffentlichen Straßen auch die Anforderungen des Gesetzes über die Beförderung gefährlicher Güter und die dazu erlassenen Verordnungen zu beachten. Gefährliche Güter im Sinne des GGBefG sind Stoffe und Gegenstände, von denen auf Grund ihrer Natur, ihrer Eigenschaften oder ihres Zustandes im Zusammenhang mit der Beförderung Gefahren für die öffentliche Sicherheit oder Ordnung, insbesondere für die Allgemeinheit, für wichtige Gemeingüter, für Leben und Gesundheit von Menschen sowie für Tiere und Sachen ausgehen können (§ 2 Abs. 1 GGBefG). Wenn es sich bei den Abfällen um Gefahrgüter handelt, müssen insbesondere Kennzeichnungspflichten des Gefahrgutsrechts beachtet werden. 20

§ 2 Begriffsbestimmungen

(1) **Für dieses Gesetz gelten die in den Absätzen 2 bis 22 geregelten Begriffsbestimmungen.**

(2) **„Batterien" sind aus einer oder mehreren nicht wiederaufladbaren Primärzellen oder aus wiederaufladbaren Sekundärzellen bestehende Quellen elektrischer Energie, die durch unmittelbare Umwandlung chemischer Energie gewonnen wird.**

(3) **„Batteriesatz" ist eine Gruppe von Batterien, die so miteinander verbunden oder in einem Außengehäuse zusammengebaut sind, dass sie eine vollständige, vom Endnutzer nicht zu trennende oder zu öffnende Einheit bilden. Batteriesätze sind Batterien im Sinne dieses Gesetzes.**

(4) **„Fahrzeugbatterien" sind Batterien, die für den Anlasser, die Beleuchtung oder für die Zündung von Fahrzeugen bestimmt sind. Fahrzeuge im Sinne von Satz 1 sind Landfahrzeuge, die durch Maschinenkraft bewegt werden, ohne an Bahngleise gebunden zu sein.**

(5) **„Industriebatterien" sind Batterien, die ausschließlich für industrielle, gewerbliche oder landwirtschaftliche Zwecke, für Elektrofahrzeuge jeder Art oder zum Vortrieb von Hybridfahrzeugen bestimmt sind. Fahrzeugbatterien sind keine Industriebatterien. Auf Batterien, die keine Fahrzeug-, Industrie- oder Gerätebatterien sind, sind die Vorschriften dieses Gesetzes über Industriebatterien anzuwenden.**

(6) **„Gerätebatterien" sind Batterien, die gekapselt sind und in der Hand gehalten werden können. Fahrzeug- und Industriebatterien sind keine Gerätebatterien.**

(7) **„Knopfzellen" sind kleine, runde Gerätebatterien, deren Durchmesser größer ist als ihre Höhe.**

(8) **„Schnurlose Elektrowerkzeuge" sind handgehaltene, mit einer Batterie betriebene Elektro- und Elektronikgeräte im Anwendungsbereich des Elektro- und Elektronikgerätegesetzes, die für Instandhaltungs-, Bau-, Garten- oder Montagearbeiten bestimmt sind.**

(9) **„Altbatterien" sind Batterien, die Abfall im Sinne von § 3 Absatz 1 Satz 1 des Kreislaufwirtschaftsgesetzes sind.**

(10) **„Behandlung" ist jede Tätigkeit, die an Abfällen nach der Übergabe an eine Einrichtung zur Sortierung, zur Vorbereitung der Verwertung oder zur Vorbereitung der Beseitigung durchgeführt wird.**

(11) **„Stoffliche Verwertung" ist die in einem Produktionsprozess erfolgende Wiederaufarbeitung von Abfallmaterialien für ihren ursprünglichen Zweck oder für andere Zwecke, jedoch unter Ausschluss der energetischen Verwertung.**

(12) **„Beseitigung" ist die Abfallbeseitigung im Sinne von § 3 Absatz 26 des Kreislaufwirtschaftsgesetzes.**

(13) **„Endnutzer" ist derjenige, der Batterien oder Produkte mit eingebauten Batterien nutzt und in der an ihn gelieferten Form nicht mehr weiterveräußert.**

(14) **„Vertreiber" ist, wer, unabhängig von der Vertriebsmethode, im Geltungsbereich dieses Gesetzes Batterien gewerbsmäßig für den Endnutzer anbietet. Anbieten von Batterien im Sinne des Satzes 1 ist das auf den Abschluss eines Kaufvertrages gerichtete Präsentieren oder öffentliche Zugänglichmachen von Batterien; dies umfasst auch die Aufforderung, ein Angebot abzugeben.**

(15) **„Hersteller" ist jeder, der, unabhängig von der Vertriebsmethode, gewerbsmäßig Batterien im Geltungsbereich dieses Gesetzes erstmals in Verkehr bringt. Vertrei-**

ber und Zwischenhändler, die vorsätzlich oder fahrlässig Batterien von Herstellern anbieten, die oder deren Bevollmächtigte nicht oder nicht ordnungsgemäß nach § 4 Absatz 1 Satz 1 registriert sind, gelten als Hersteller im Sinne dieses Gesetzes. Satz 1 und Absatz 14 bleiben unberührt.

(15a) „Bevollmächtigter" ist jede im Geltungsbereich des Gesetzes niedergelassene natürliche oder juristische Person oder Personengesellschaft, die ein Hersteller ohne Niederlassung im Geltungsbereich dieses Gesetzes beauftragt hat, in eigenem Namen sämtliche Aufgaben wahrzunehmen, um die Herstellerpflichten nach diesem Gesetz zu erfüllen.

(16) „Inverkehrbringen" ist die entgeltliche oder unentgeltliche Abgabe an Dritte mit dem Ziel des Vertriebs, des Verbrauchs oder der Verwendung. Die gewerbsmäßige Einfuhr in den Geltungsbereich dieses Gesetzes gilt als Inverkehrbringen. Dies gilt nicht für Batterien, die nachweislich aus dem Geltungsbereich dieses Gesetzes wieder ausgeführt werden. Die Abgabe von unter der Marke oder nach den speziellen Anforderungen eines Auftraggebers gefertigten und zum Weitervertrieb bestimmten Batterien an den Auftraggeber gilt nicht als Inverkehrbringen im Sinne von Satz 1.

(16a) „Freiwillige Rücknahmestelle" ist jedes gemeinnützige Unternehmen, gewerbliche oder sonstige wirtschaftliche Unternehmen oder jede öffentliche Einrichtung, das oder die an der Rücknahme von Geräte-Altbatterien mitwirkt, indem es oder sie die bei sich anfallenden Geräte-Altbatterien oder Geräte-Altbatterien anderer Endnutzer zurücknimmt, ohne hierzu verpflichtet zu sein.

(17) „Gewerbliche Altbatterieentsorger" sind für den Umgang mit Altbatterien zertifizierte Entsorgungsfachbetriebe im Sinne des § 56 des Kreislaufwirtschaftsgesetzes, deren Geschäftsbetrieb die getrennte Erfassung, Behandlung, Verwertung oder Beseitigung von Altbatterien umfasst.

(18) „Sachverständiger" ist, wer

1. nach § 36 der Gewerbeordnung öffentlich bestellt ist,
2. als Umweltgutachter oder Umweltgutachterorganisation auf Grund einer Zulassung nach den §§ 9 und 10 oder nach Maßgabe des § 18 des Umweltauditgesetzes in der Fassung der Bekanntmachung vom 4. September 2002 (BGBl. I S. 3490), das zuletzt durch Artikel 11 des Gesetzes vom 17. März 2008 (BGBl. I S. 399) geändert worden ist, in der jeweils geltenden Fassung, in dem Bereich tätig werden darf, der näher bestimmt wird durch Anhang I Abschnitt E Abteilung 38 der Verordnung (EG) Nr. 1893/2006 des Europäischen Parlaments und des Rates vom 20. Dezember 2006 zur Aufstellung der statistischen Systematik der Wirtschaftszweige NACE Revision 2 und zur Änderung der Verordnung (EWG) Nr. 3037/90 des Rates sowie einiger Verordnungen der EG über bestimmte Bereiche der Statistik (ABl. L 393 vom 30.12.2006, S. 1), die zuletzt durch die Verordnung (EG) Nr. 295/2008 (ABl. L 97 vom 9.4.2008, S. 13) geändert worden ist, in der jeweils geltenden Fassung, oder
3. in einem anderen Mitgliedstaat der Europäischen Union oder in einem anderen Vertragsstaat des Abkommens über den Europäischen Wirtschaftsraum niedergelassen ist und eine Tätigkeit im Inland nur vorübergehend und gelegentlich ausüben will und seine Berufsqualifikation vor Aufnahme der Tätigkeit entsprechend den §§ 13a und 13b der Gewerbeordnung hat nachprüfen lassen; Verfahren nach dieser Nummer können über eine einheitliche Stelle abgewickelt werden.

(19) „Verwertungsquote" ist der Prozentsatz, den die Masse der in einem Kalenderjahr einer ordnungsgemäßen stofflichen Verwertung zugeführten Altbatterien im Verhältnis zur Masse der in diesem Kalenderjahr gesammelten Altbatterien ausmacht. Aus dem Geltungsbereich dieses Gesetzes mit dem Ziel

der Verwertung ausgeführte Altbatterien sind nur insoweit zu berücksichtigen, als den Anforderungen aus § 14 Absatz 3 entsprochen worden ist.

(20) **„Recyclingeffizienz" eines Verwertungsverfahrens ist der Quotient aus der Masse der mit dem Verwertungsverfahren hergestellten Stoffe, die ohne weitere Behandlung kein Abfall mehr sind oder die für ihren ursprünglichen Zweck oder für andere Zwecke verwendet werden, mit Ausnahme der energetischen Verwertung, und der Masse der dem Verwertungsverfahren zugeführten Altbatterien.**

(21) **„Chemisches System" ist die Zusammensetzung der für die Energiespeicherung in einer Batterie maßgeblichen Stoffe.**

(22) **„Typengruppe" ist die Zusammenfassung vergleichbarer Baugrößen von Batterien mit dem gleichen chemischen System.**

Übersicht

A. Allgemeines

I. Bedeutung der Vorschrift

1 § 2 definiert die wesentlichen im Gesetz verwendeten Begriffe (BT-Drs. 16/12227, 23). Soweit § 2 keine abweichenden Definitionen nennt, gelten die Begriffe des Kreislaufwirtschaftsgesetzes (KrWG) entsprechend (vgl. § 1 Abs. 3 S. 1 BattG). Die Vorschrift ergänzt damit die Begriffsbestimmungen des KrWG bzw. ist dazu *lex speciales* in Bezug auf Batterien und Akkumulatoren.

2 Die gewählten Begriffsbestimmungen finden sich zudem teils in anderen Regelwerken. Sie werden aber durch das BattG zum Teil spezifisch definiert. Dies gilt etwa für den Begriff „Vertreiber" in Abs. 14.

II. Rechtsentwicklung

3 Eingeführt wurde § 2 mit Artikel 1 des Gesetzes zur Neuregelung der abfallrechtlichen Produktverantwortung für Batterien und Akkumulatoren vom 25. Juni 2009 (BGBl. I S. 1582). Danach wurden einzelne Begriffe durch verschiedene Änderungsgesetze geändert oder auch neu eingefügt.

4 Abs. 18 wurde neu gefasst mWv 18.8.2010 durch Gesetz vom 11.8.2010 (BGBl. I S. 1163).

5 Abs. 9, 12 und 17 wurden geändert, Abs. 11, 14 und 15 S. 2 neu gefasst, Abs. 16 S. 4 angefügt mWv 1.6.2012 durch das Gesetz vom 24. Februar 2012 (BGBl. I S. 212).

6 Abs. 14 S. 1, Abs. 15 S. 1 und 2, Abs. 19 und 20 wurden neu gefasst, Abs. 15a und 16a eingefügt mWv 1.1.2021 durch das Gesetz vom 3. November 2020 (BGBl. I S. 2280).

III. Abgrenzung zu anderen Vorschriften

7 Abzugrenzen sind die Begriffsbestimmungen in § 2 von jenen in § 3 ElektroG und § 3 KrWG. Zwar bestehen vielfach Parallelen. Jedoch enthalten einige Begriffsbestimmungen des § 2 spezifische Regelungen und Tatbestandsmerkmale, die speziell nur für Batterien im Sinne des BattG gelten und die Registrierungs- und Rücknahmeregelungen aus §§ 4, 5 BattG weiter ausgestalten.

IV. EU-Recht

8 Die Begriffsbestimmungen in § 2 dienen v.a. der Umsetzung verschiedener Artikel und Erwägungsgründe der RL 2006/66/EG. So sollen die Rücknahmepflichten von Altbatterien unionsrechtlich einheitlich im Unionsgebiet gehandhabt werden. Ebenso richten sich einige Legaldefinitionen nach dem Leitfaden für die Umsetzung der nach dem neuen Konzept und dem Gesamtkonzept verfassten Richtlinien der Europäischen Kommission, der einige Aspekte der RL 2006/66/EG weiter ausgestaltet, um einheitliche Rahmenbestimmungen zu schaffen.

B. Begriffsbestimmungen im Einzelnen

9 **Abs. 2** erfasst den Begriff Batterien. Das sind nicht wiederaufladbarer Primärzellen wie auch Akkumulatoren im Sinne wiederaufladbarer Sekundärzellen, also Quellen, die elektrische Energie durch unmittelbare Umwandlung chemischer Energie bereitstellen. Nicht erfasst sind Brennstoffzellen (BT-Drs. 16/12227, 23).

10 **Abs. 3** definiert den Begriff Batteriesatz. Das ist eine Gruppe von miteinander verbundenen oder in einem gemeinsamen Außengehäuse zusammengefassten Batterien, die eine vom Endnutzer bestimmungsgemäß nicht zu trennende oder zu öffnende Einheit bilden und daher in der Regel als nur eine Batterie wahrgenommen werden. Batteriesätze werden aufgrund des klarstellenden Verweises des S. 2 wie Batterien behandelt, sodass die Vorschriften für Batterien entsprechend für Batteriesätze gelten (BT-Drs. 16/12227, 23).

11 **Abs. 4** definiert den Begriff Fahrzeugbatterien. Diese unterfallen ebenso wie Batteriesätze den Regelungen des Abs. 2. Das sind Batterien, die in nicht ausschließlich elektrisch angetriebenen Fahrzeugen der Energieversorgung der Beleuchtung, der Zündung oder des Anlassers dienen. Aufgrund der technischen Entwicklung werden auch solche Fahrzeugbatterien erfasst, die nur einen Teil der Antriebskraft eines Fahrzeuges generieren, wie dies typischerweise in Hybridfahrzeugen der Fall ist. Voraussetzung für Fahrzeugbatterien nach Abs. 4 ist es, dass sie eine der Funktionen Beleuchtung, Zündung oder Anlassers dienen. Soweit dies nicht der Fall ist, sind Fahrzeugbatterien nicht von Abs. 4 erfasst. Daher sind Batterien für den Vortrieb, sowohl bei einem rein elektrisch betriebenen Fahrzeug als auch einem Hybridfahrzeug, nicht von Abs. 4 erfasst (BT-Drs. 16/12227, 23). Bei dem Begriff Fahrzeug kann auf die Legaldefinition in § 1 Abs. 2 StVG verwiesen werden.

12 **Abs. 5** erfasst unter dem Begriff „Industriebatterien" Batterien im Sinne von Abs. 2, die ausschließlich für bestimmte Zwecke bestimmt sind. Diese müssen daher zu industriellen, gewerblichen oder landwirtschaftlichen Zwecken oder als Vortrieb von Fahrzeugen mit Elektroantrieb genutzt werden. Beispielhaft können aufgezählt werden:
- Batterien für die Not- oder Reservestromversorgung in Krankenhäusern, Flughäfen oder Büros,
- Batterien zum Einsatz in Zügen oder Flugzeugen,

– Batterien für Offshorebohrinseln, Schiffe und Leuchttürme,
– Batterien zur ausschließlichen Nutzung für tragbare Inkassogeräte in Geschäften und Restaurants, Strichcodelesegeräte in Geschäften, professionelle Videotechnik für Fernsehsender und Studios, Gruben- und Taucherlampen an Helmen von Bergleuten und Berufstauchern,
– Batterien für Sicherheitssysteme von elektrisch betätigten Türen, mit denen das Blockieren der Tür oder das Einklemmen von Personen verhindert werden soll,
– Batterien für unterschiedlichste Geräte in der Mess-, Steuer- und Regelungstechnik,
– Batterien zur Verwendung bei Solarmodulen und weiteren photovoltaischen und sonstigen Anwendungen im Bereich der erneuerbaren Energien sowie
– Batterien für Fahrzeuge mit Elektroantrieb wie Autos, Rollstühle, Fahrräder, Flughafenfahrzeuge und Fahrzeuge für fahrerlose Transportsysteme (BT-Drs. 16/12227, 23).

S. 2 dient der Abgrenzung zwischen Fahrzeugbatterien und Industriebatterien. S. 2 stellt klar, dass die Einstufung als Fahrzeugbatterie im Zweifel vorrangig gegenüber der Einstufung als Industriebatterie ist (BT-Drs. 16/12227, 23). Problemfälle ergeben sich dabei insbesondere bei verschiedenen Arten von Batterien, die in einem Elektrofahrzeug zum Einsatz kommen. Diese können auf den ersten Blick sowohl unter Abs. 4 als auch Abs. 5 fallen. Abgrenzungskriterium ist dabei insb. der Zweck der Verwendung. Abs. 4 stellt auf einen engeren kausalen Zusammenhang mit der Funktionsweise des Anlassers, der Zündung und der Beleuchtung ab, während Abs. 5 weiter gefasst auf oberbegriffspezifische Zwecke (industriell, gewerblich, landwirtschaftlich) abstellt. Soweit die Batterie in keinem Zusammenhang mit der Beleuchtung, der Zündung oder dem Anlasser steht, sondern z.B. für den Vortrieb oder andere Funktionen genutzt wird, ist sie von Abs. 5 erfasst. Sollte ein solcher Zusammenhang bestehen, ist Abs. 4 vorrangig. 13

Abs. 5 hat zudem eine Auffangwirkung. So stellt S. 3 im Einklang mit dem Zweck des § 1 Abs. 1 klar, dass Batterien, die weder Fahrzeug- noch Industrie- oder Gerätebatterien sind, für die Zwecke dieses Gesetzes wie Industriebatterien behandelt werden. Denn § 1 Abs. 1 gebietet es, dass BattG alle Arten von Batterien erfasst (BT-Drs. 16/12227, 23). Abs. 5 umfasst dadurch Batterien zum Vortrieb von Elektrofahrzeugen und Batterien für den Vortrieb von Hybridfahrzeugen im Elektromodus gleichermaßen (vgl. die Begründung zur Anpassung des Wortlauts im parlamentarischen Verfahren, BT-Drs. 16/12721, S. 11). 14

Abs. 6 erfasst unter dem Begriff „Gerätebatterien“ Batterien im Sinne von Abs. 2, die gekapselt sind und von Durchschnittspersonen in der Hand gehalten werden können. Erfasst sind damit Batterien, die typischerweise in Alltags- und Haushaltsgegenständen verwendet werden, damit 15
– Monozellenbatterien,
– Batterien für Mobiltelefone, tragbare Computer, schnurlose Elektrowerkzeuge, Spielzeuge,
– Batterien für Haushaltsgeräte wie elektrische Zahnbürsten, Rasierer und tragbare Staubsauger sowie
– Batterien für vergleichbaren Geräte in Schulen, Geschäften, Restaurants, Flughäfen, Büros und Krankenhäusern (BT-Drs. 16/12227, 24).

S. 2 stellt klar, dass Fahrzeug-, Industrie- und Gerätebatterien voneinander abgegrenzt werden müssen und die Einordnung einer Batterie unter Abs. 4 als auch Abs. 5 im Zweifel für vorrangig gegenüber der Einstufung als Gerätebatterie ist (BT-Drs. 16/12227, 24). 16

Abs. 7 definiert den Begriff Knopfzellen. Das sind kleine, runde Gerätebatterien (vgl. Abs. 6), deren Durchmesser größer ist als ihre Höhe. Diese bilden damit einen speziellen Anwendungsfall der Gerätebatterien, der in Abs. 7 spezifischer definiert wird. Kennzeich- 17 nend für Knopfzellen ist damit ein besonderer Verwendungszweck, den nicht jede unter Abs. 6 fallende Gerätebatterie erfüllen kann. Das sind der Einsatz in kleinen Geräten (wie z.B. Hörgeräte, Armbanduhren, kleine tragbare Geräte) oder die Funktion der Reservestromversorgung (BT-Drs. 16/12227, 24).

18 **Abs. 8** erfasst unter dem Begriff schnurlose Elektrowerkzeuge handgehaltene Elektro- und Elektronikgeräte im Anwendungsbereich des ElektroG, die für Instandhaltungs-, Bau-, Garten- oder Montagearbeiten bestimmt sind. Die Werkzeuge können in ihrer Primärfunktion mit einer Batterie iSv Abs. 2 oder einem Batteriesatz iSv Abs. 3 betrieben werden. Durch den Verweis auf das ElektroG wird die enge Verzahnung der beiden Gesetze erkenntlich. Elektro- und Elektronikgeräte sind nach § 3 Nr. 1 ElektroG solche Geräte, die für den Betrieb mit Wechselspannung von höchstens 1 000 Volt oder Gleichspannung von höchstens 1 500 Volt ausgelegt sind und (a) zu ihrem ordnungsgemäßen Betrieb von elektrischen Strömen oder elektromagnetischen Feldern abhängig sind oder (b) der Erzeugung, Übertragung und Messung von elektrischen Strömen und elektromagnetischen Feldern dienen. Zu Elektrowerkzeuge zählen insbesondere:

– Elektro- und Elektronikgeräte zur Bearbeitung von Holz,
– Elektro- und Elektronikgeräte zur Bearbeitung Metall,
– Elektro- und Elektronikgeräte zur Bearbeitung von sonstigen Werkstoffen sowie
– Elektro- und Elektronikgeräte zum Mähen, zum Schneiden und zu anderen Gartenarbeiten (BT-Drs. 16/12227, 24).

19 **Abs. 9** erfasst unter dem Begriff Altbatterien Batterien iSv Abs. 2, derer sich ihr Besitzer entledigt hat, entledigen will oder entledigen muss. Bzgl. der Entledigung verweist die Definition dabei auf die in § 3 Abs. 1 S. und Abs. 2 KrW festgelegten Grundsätze, die damit entsprechend für Altbatterien gelten (BT-Drs. 16/12227, 24).

20 **Abs. 10** erfasst unter dem Begriff „Behandlung" alle Tätigkeiten, die an Abfällen nach der Übergabe an eine Einrichtung zur Sortierung, zur Vorbereitung der Verwertung oder zur Vorbereitung der Beseitigung durchgeführt werden (BT-Drs. 16/12227, 24). Zurückgegriffen werden kann (wie im Fall des § 3 Nr. 23 ElektroG) auf die Begriffsbildung in Art. 3 Nr. 14 der Abfallrahmenrichtlinie. Im Rahmen des BattG wurde die Grunddefinition jedoch auf die spezifischen Regelungen des BattG ergänzt, insbesondere mit dem Verweis auf die Rücknahmepflichten der Hersteller.

21 **Abs. 11** definiert die „stoffliche Verwertung". Das ist die Substitution von Rohstoffen durch das Gewinnen von Stoffen aus Abfällen (sekundäre Rohstoffe). Ebenso soll die Nutzung der stofflichen Eigenschaften von Abfällen für den ursprünglichen Zweck oder für andere Zwecke mit Ausnahme der unmittelbaren Energierückgewinnung erfasst werden. Diese Definition dient der Vereinheitlichung der Legaldefinitionen in § 3 Abs. 23a KrWG und im BattG (BT-Drs. 16/12721). Damit erfolgte diese Änderung aus Klarstellungsgründen (BT-Drs. 16/12227, 24). Abs. 11 ist damit gleichlautend mit § 3 Abs. 23a KrWG (BT-Drs. 16/12227, 24).

22 **Abs. 12** definiert den Begriff „Beseitigung". Das sind das Bereitstellen, das Überlassen, das Einsammeln, die Beförderung, die Behandlung, die Lagerung und die Ablagerung von Abfällen, die zum endgültigen, dauerhaften Ausschluss aus der Kreislaufwirtschaft bestimmt sind (BT-Drs. 16/12227, 24). Im Gegensatz zur Legaldefinition in § 3 Abs. 25 KrWG wird die Beseitigung in Abs. 12 positiv definiert und nicht negativ durch Abgrenzung zum Begriff Verwertung abgegrenzt.

23 **Abs. 13** erfasst unter dem Begriff „Endnutzer" denjenigen, der im Geltungsbereich dieses Gesetzes Batterien im Sinne von Abs. 2 oder batteriebetriebene Produkte nutzt. Endnutzer können sowohl private als auch gewerbliche Nutzer sein (BT-Drs. 16/12227, 24). Zur Abgrenzung zum Vertreiber nach Abs. 14 ist auf das Merkmal der Nutzungsweise

abzustellen. Im Gegensatz zum Vertreiber steht nicht die Nutzung der Batterie als Vertriebsprodukt, sondern die des endgültigen Gebrauchs in eigener Person im Vordergrund. Es erfolgt beim Endnutzer regelmäßig keine (gewerbsmäßige) Weiterveräußerung an Dritte, wie sie beim Vertreiber vorausgesetzt wird.

Abs. 14 definiert den Begriff „Vertreiber". Danach ist Vertreiber derjenige, der im Geltungsbereich des BattG Batterien an Endnutzer anbietet. Die Vertriebstätigkeit steht damit im Vordergrund, eine Weiterveräußerung an Endkunden ist Voraussetzung. Nicht festgelegt werden muss die einzelne Vertriebsmethode, diese ist ohne Belang (BT-Drs. 16/12227, 24). Anders als in § 3 Nr. 11 ElektroG muss sich das Angebot zwingend an einen Endnutzer richten. S. 2 ergänzt die Begriffsbestimmung um die Legaldefinition des Anbietens. Da auf das Anbieten abgestellt wird, ist nicht erforderlich, dass bereits ein Verkauf oder eine Abgabe erfolgt ist. Ausreichend ist vielmehr, dass ein Gerät nach außen hin so dargeboten wird, dass der Eindruck entsteht, man könne das Gerät erwerben. Die Neufassung des Vertreiber-Begriffs soll zudem klarstellen, dass ein Verkauf lediglich ins Ausland keine Vertreiber-Eigenschaft in Deutschland begründet (BR-Drs. 265/20, 40). Des Weiteren ist die Gewerbsmäßigkeit eine weitere Voraussetzung, die nun einheitlich im BattG genutzt (BR-Drs. 265/20, 40). Gewerbsmäßig handelt auch, wer für den Verbrauch des eigenen Gewerbebetriebs Batterien in den Geltungsbereich dieses Gesetzes einführt (BT-Drs. 16/12227, 24). 24

Abs. 15 erfasst den Begriff „Hersteller". Das ist nach S. 1 jede natürliche und juristische Person, die gewerbsmäßig Batterien erstmals in den Verkehr bringt. Ebenso wie beim Vertreiber muss die jeweilige Vertriebsmethode nicht festgelegt werden; erfasst werden damit auch Versandhandel, atypische Vertragsbeziehungen, Mietkauf, Leasing (BT-Drs. 17/12227, 24). Nach der Begründung der Bundesregierung soll Gewerbsmäßigkeit nicht nur den inländischen Weitervertrieb an Endkunden, sondern auch die Einfuhr von Batterien für den Verbrauch im eigenen Gewerbebetrieb umfassen. Ein inländischer Sitz soll demnach nicht Voraussetzung für das Vorliegen der Gewerbsmäßigkeit sein (BT-Drs. 16/12227, 24). Daraus ist aber nicht zu folgern, dass die Herstellerpflichten nun etwa den Endnutzer treffen. Denn Abs. 15 fordert nicht lediglich gewerbsmäßiges Handeln, sondern auch gewerbsmäßiges Inverkehrbringen. Die direkte Einfuhr zum Verbrauch im eigenen Gewerbebetrieb stellt jedoch keine gewerbsmäßige Einfuhr des Endnutzers dar, sondern deckt schlichten dessen Eigenbedarf. Nach dem aktuellen Leitfaden für die Umsetzung der Produktvorschriften der EU 2022 („Blue Guide", ABl. 2022/C 247/01) liegt beim Eigenbedarf grundsätzlich (von Sonderregelungen etwa wie im Fall der ATEX-Richtlinie abgesehen) kein Inverkehrbringen durch den Endnutzer vor, Blue Guide 2022, ABl. 2022/C 247/20 und 21. Entsprechende Ausführungen waren bereits in der Fassung des Blue Guide aus dem Jahr 2000 enthalten, vgl. Blue Guide 2000, S. 19. Dieser Blue Guide kann nach der Begründung der Bundesregierung auch zur Auslegung ergänzend herangezogen werden, BT-Drs. 16/12227, 24. Eine Zuweisung der Herstellerverantwortung an ein im Inland niedergelassenes Unternehmen würde im Fall des Direktimports zum Eigenverbrauch jedoch keinen der im Blue Guide aufgezählten Wirtschaftsakteure, sondern den von Vertreiber und Hersteller auch in Abs. 13 unterschiedenen Endnutzer treffen. In den Fällen des Direktimports zum Eigenverbrauch liegt daher kein Inverkehrbringen durch den Endnutzer, sondern vielmehr durch den Fernabsatzvertreiber vor, der – wie in § 3 Nr. 9 lit. d ElektroG – als BattG-Hersteller anzusehen ist und einen Bevollmächtigten mit der Wahrnehmung der Herstellerpflichten beauftragen kann. 25

S. 2 erweitert den personellen Anwendungsbereich um solche Vertreiber und Zwischenhändler, die vorsätzlich oder fahrlässig Batterien von Herstellern weitervertreiben und sich nicht nach § 4 Abs. 1 S. 1 registriert haben (BR-Drs. 265/20, 40). Zweck dieser **Herstellerfiktion** ist eine größtmögliche Reichweite der Vorschrift durch eine umfassen- 26 de Auferlegung der Herstellerpflichten, um den Zweck des § 1 BattG, den Eintrag von Schadstoffen in Abfälle durch Batterien zu verringern, zu erreichen. Zwischenhändler im Sinne von S. 2 ist, wer Batterien direkt oder über Dritte von einem Hersteller bezieht und an Wiederverkäufer weitergibt (BT-Drs. 16/12227, 24).

27 S. 3 bestimmt, dass S. 1 und Abs. 14 unberührt bleiben und stellt damit klar, dass die Herstellerfiktion die Pflichten der Hersteller und originären Pflichten des Vertreibers nicht verdrängen oder überlagern, sondern erweitern.

28 **Abs. 15a** setzt die unionsrechtlichen Vorgaben des Art. 8a Abs. 5 UAbs. 3 und 4 der RL 2008/98/EG um. Das ist jede niedergelassene natürliche oder juristische Person oder Personengesellschaft, die ein Hersteller ohne Niederlassung im Geltungsbereich dieses Gesetzes beauftragt hat, in eigenem Namen sämtliche Aufgaben wahrzunehmen, um die Herstellerpflichten nach diesem Gesetz zu erfüllen. Mit den Regelungen zum Bevollmächtigten soll ausländischen Herstellern die Wahrnehmung der Produktverantwortung im Geltungsbereich dieses Gesetzes erleichtert werden, indem durch eine entsprechende Beauftragung die Herstellerpflichten auf diesen im eigenen Namen wahrgenommen werden können (BR-Drs. 265/20, 40). Es bedarf in dieser Konstellation also immer auch eines entsprechend agierenden Herstellers nach Abs. 15, um einen Bevollmächtigten nach Abs. 15a zu bestellen. Ein Vertreiber kann ein Bevollmächtigter sein, ebenso wie ein anderer Hersteller. Die Beauftragung muss die Wahrnehmung sämtlicher Aufgaben aus den Herstellerpflichten umfassen. Wesentlich ist, dass der Bevollmächtigte im Geltungsbereich dieses Gesetzes niedergelassen ist und die Aufgaben im eigenen Namen wahrnimmt (BR-Drs. 265/20, 40). Daneben bleibt der Hersteller für die Erfüllung der Herstellerpflichten verantwortlich, sofern der Bevollmächtigte diesen nicht nachkommt (BR-Drs. 265/20, 40).

29 **Abs. 16** erfasst unter dem Begriff „Inverkehrbringen" die entgeltliche oder unentgeltliche Abgabe an Dritte mit dem Ziel des Vertriebs, des Verbrauchs oder der Verwendung. Eine Batterie wird in den Verkehr gebracht, wenn sie erstmalig bereitgestellt wird. Unter Bereitstellung ist die Überlassung einer Batterie nach der Herstellung mit dem Ziel des Vertriebs, des Verbrauchs oder der Verwendung zu verstehen. Die Überlassung der Batterie erfolgt entweder durch den Hersteller nach Abs. 15 oder seinen Bevollmächtigten nach Abs. 15a an einen Dritten (Vertreiber nach Abs. 14 oder Endnutzer nach Abs. 13). S. 2 und 3 konkretisieren diesen weiten Anwendungsbereich dahingehend, dass zwar die gewerbliche Einfuhr von Batterien in den Geltungsbereich dieses Gesetzes als Inverkehrbringen gilt, nicht jedoch die reine Ausfuhr. Ziel des Inverkehrbringens sind Vertrieb, Verbrauch oder Verwendung. Damit fällt die Einfuhr von Batterien zum alleinigen Zweck des Transports oder der Weiterverarbeitung nicht in den Anwendungsbereich des Abs. 16, weil die Batterien nicht im Inland zum Endnutzer gelangen (BT-Drs. 16/12227, 24). Nach S. 4 gilt die Abgabe von unter der Marke oder nach den speziellen Anforderungen eines Auftraggebers gefertigten und zum Weitervertrieb bestimmten Batterien an den Auftraggeber nicht als Inverkehrbringen im Sinne von S. 1. Der Begriff „Marke" ist im BattG nicht definiert. In Anlehnung an dieselbe Begriffsverwendung in § 3 Nr. 9 lit. a und b ElektroG sind davon alle Zeichenketten umfasst, die zur Herstelleridentifikation beitragen. Die Marke soll insoweit einen einfachen und unbürokratischen Weg zur Identifizierung der Hersteller ermöglichen. Aufgrund der Formulierung des S. 4 genügt es für das Inverkehrbringen nach Abs. 16 auch, wenn ein Wirtschaftsakteur eine Batterie nicht selbst herstellt, sondern sie konzipieren oder herstellen lässt und sie unter seinem Namen oder seine Marke anbietet. Maßgeblich ist grundsätzlich die auf der Batterie aufgebrachte Marke (Blickfangmarke, vgl. zur entsprechenden Regelung im ElektroG Hilf/Schleifenbaum, in: Giesberts/Hilf, ElektroG, § 3 Rn. 52). Soweit Produktdesign und Verpackung des Unternehmens eine Zeichenkette tragen, die auf das Unternehmen hinweist und die

Batterien zudem allein zum Weitervertrieb durch dieses Unternehmen bestimmt sind (insbesondere bei Eigenmarken des Handels, etwa durch Hinweise wie "hergestellt für" oder "importiert für"), gilt die Batterie als von dem Unternehmen in Verkehr gebracht, für das sie hergestellt oder importiert wurden. S. 2 verlagert insofern lediglich den maßgeblichen Zeitpunkt des Inverkehrbringens vor, ändert jedoch nichts an der Zurechnung gemäß S. 4. Dieser verdeutlicht, dass die Unternehmen, die Batterien unter ihrer Marke herstellen lassen und dann weiterverkaufen, selbst Hersteller iSd BattG sind, und nicht ihre inländischen oder ausländischen Zulieferer, die lediglich als „verlängerte Werkbank" dienen. Bei in Geräten eingebauten oder anderen Produkten beigefügten Batterien kann der BattG-Hersteller vom Hersteller des Geräts bzw. Produkts verschieden sein. Nach dem Konzept der „verlängerten Werkbank" gemäß S. 4 trägt auch hier der Produkthersteller die BattG-Herstellerrolle für die Batterien, die dieselbe Markenkennzeichnung wie das Produkt tragen, in das die Batterien eingebaut oder dem sie beigefügt sind, oder in denen die eingebaute oder beigefügte Batterie nach speziellen Anforderungen des Produktherstellers gefertigt wurde. In den übrigen Fällen wäre der erstmals abgebende Lieferant bzw. Importeur der Batterie als Erstinverkehrbringer und registrierungspflichtiger BattG-Hersteller anzusehen. Auch hier kommt jedoch eine Verantwortlichkeit des Produktherstellers als BattG-Hersteller in Betracht, soweit blickfangmäßig und für den Verkehr sofort erkennbar lediglich die Bezeichnung des Produkts ist und daher die in Geräte eingebauten oder anderen Produkten beigefügten Batterien unter der Marke des anderen Produkts angeboten werden. Im Fall von Batteriezellen, die sich allein zur Verbindung bzw. zum Zusammenbau in Batteriesätzen eignen, dürfte stets von „speziellen Anforderungen des Auftraggebers" iSd S. 4 auszugehen und damit der Batteriesatzhersteller als BattG-Hersteller anzusehen sein. Die Beweispflicht für die erfolgte Wiederausfuhr trägt derjenige, der die Batterien durch die Einfuhr im Sinne der Verordnung in Verkehr gebracht hat, also der Hersteller nach Abs. 15 (BT-Drs. 16/12227, 24).

Abs. 16a erfasst den Begriff der freiwilligen Rücknahmestelle. Das ist jedes gemeinnützige Unternehmen, gewerbliche oder sonstige wirtschaftliche Unternehmen oder jede öffentliche Einrichtung, das oder die an der Rücknahme von Geräte-Altbatterien mitwirkt, indem es oder sie die bei sich anfallenden Geräte-Altbatterien oder Geräte-Altbatterien anderer Endnutzer zurücknimmt, ohne hierzu verpflichtet zu sein. Hintergrund der Einführung dieses Begriffs ist die Zusammenarbeit von Unternehmen und Einrichtungen mit Herstellern i.S.v. Abs. 15, die selbst nicht zur Rücknahme von Geräte-Altbatterien verpflichtet sind. Um diese Regelungslücke zu füllen, wurden diese freiwilligen Rücknahmestellen rechtlich mit Herstellern gleichgestellt. Abs. 16a definiert vor diesem Hintergrund nunmehr den Begriff der freiwilligen Sammelstellen und stellt in §§ 7 Abs. 2, § 13a die Gleichbehandlung mit verpflichteten Rücknahmestellen klar. Nach der neuen Definition kann eine freiwillige Rücknahmestelle nur ein Unternehmen oder eine öffentliche Einrichtung sein. Diese können dabei an der Sammlung von Geräte-Altbatterien mitwirken, indem sie die bei sich anfallenden Geräte-Altbatterien oder auch die Geräte-Altbatterien anderer, z.B. ihrer Mitarbeiter, zurücknehmen (BR-Drs. 265/20, 41). 30

Abs. 17 erfasst unter dem Begriff „gewerbliche Altbatterieentsorger" für den Umgang mit Altbatterien zertifizierte Entsorgungsfachbetriebe, deren Geschäftsbetrieb die getrennte Erfassung, Behandlung, Verwertung oder Beseitigung von Altbatterien umfasst. Aufgrund der engen Verzahnung mit dem KrWG verweist Abs. 17 bzgl. des Begriffs „Entsorgungsfachbetrieb" auf § 56 KrWG. Danach ist ein Entsorgungsfachbetrieb ein Betrieb, der gewerbsmäßig, im Rahmen wirtschaftlicher Unternehmen oder öffentlicher Einrichtungen Abfälle sammelt, befördert, lagert, behandelt, verwertet, beseitigt, mit diesen handelt oder makelt und in Bezug auf eine oder mehrere der in Nummer 1 genannten 31

Tätigkeiten durch eine technische Überwachungsorganisation oder eine Entsorgergemeinschaft als Entsorgungsfachbetrieb zertifiziert ist. Als Betrieb im Sinne dieser Definition wird eine örtliche, technische und organisatorische Einheit in einem räumlichen Zusammenhang verstanden (→ Beckmann, § 56 KrWG, Rn. 21 f.). Die Aufzählung der verschiedenen Betriebstätigkeiten des Geschäfts ist dabei alternativ (Wortlaut „oder"), sodass nur eine der dort genannten Tätigkeiten zum regelmäßigen Geschäftsbetrieb des Unternehmens gehören muss (BT-Drs. 16/12227, 24).

32 **Abs. 18** beschreibt den Kreis der für Bestätigungen nach diesem Gesetz (§ 7 Abs. 2 S. 3 und § 15 Abs. 1 S. 3) zugelassenen Sachverständigen (BT-Drs. 16/12227, 24). Es werden drei verschiedene Sachverständigenanforderungen vorgesehen, die aber nur alternativ (Wortlaut „oder") vorliegen müssen. Nach Nr. 1 gilt als Sachverständiger, wer nach § 36 GewO öffentlich bestellt ist. Nach Nr. 2 gilt als Sachverständiger auch ein Umweltgutachter oder eine Umweltgutachterorganisation auf Grund einer Zulassung nach den §§ 9, 10, 18 UAG. Nach Nr. 3 werden auch Sachverständige erfasst, die ihre Berufsqualifikation im Ausland erworben haben und ihre Tätigkeit entsprechend den §§ 13a,13b GewO nachprüfen lassen haben.

33 **Abs. 19** beschreibt in S. 1 unter dem Begriff „Verwertungsquote" den Prozentsatz, den die Masse der in einem Kalenderjahr einer ordnungsgemäßen stofflichen Verwertung zugeführten Altbatterien im Verhältnis zur Masse der in diesem Kalenderjahr gesammelten Altbatterien ausmacht. Es werden damit Vorgaben für die Ermittlung des Anteils an erfassten Altbatterien, der einer stofflichen Verwertung im Sinne von Abs. 11 zugeführt worden ist, geschaffen (BT-Drs. 16/12227, 25). Relevanz hat Abs. 19 i.V.m. § 15 Abs. 3 S. 3, der eine Pflicht zur Veröffentlichung von Informationen zum Erreichen der Zielvorgaben durch die Hersteller einführt. In Umsetzung dieser Vorgabe wurde eine Pflicht ins BattG aufgenommen, wonach auch die Hersteller von Fahrzeug- und Industriebatterien über die erreichten Verwertungsquoten auf ihren Internetseiten zu informieren haben, vgl. § 15 Abs. 3 S. 3 BattG (BT-Drs. 265/20, S. 32 f.). Im Ausland verwertete Altbatterien können grundsätzlich angerechnet werden, soweit sie die in § 14 Abs. 3 näher bestimmten unionsrechtlichen Vorgaben berücksichtigen.

34 **Abs. 20** erfasst unter dem Begriff „Recyclingeffizienz" den Quotienten aus der Masse der mit dem Verwertungsverfahren hergestellten Stoffe, die ohne weitere Behandlung kein Abfall mehr sind oder die für ihren ursprünglichen Zweck oder für andere Zwecke verwendet werden, mit Ausnahme der energetischen Verwertung, und der Masse der dem Verwertungsverfahren zugeführten Altbatterien. § 14 Abs. 1 S. 2 bestimmt anknüpfend an dieser Begriffsdefinition die nähren Prozentsätze der zu erreichenden Recyclingeffizienzen.

35 **Abs. 21** definiert den Begriff „Chemisches System". Das ist die Zusammensetzung der für die Energiespeicherung in einer Batterie maßgeblichen Stoffe. Eingeführt wurde dieser Begriff, um eine allgemeinverbindliche und langfristig gültige Kontroll- und Vergleichsmöglichkeit für die ökologische Gestaltung der Beiträge nach § 7a und die Erfolgskontrolle nach § 15 zu schaffen. Dadurch soll verhindert werden, dass die herstellereigenen Rücknahmesysteme selbst entscheiden, wie sie Kosten und Erfolgskontrolle offenlegen und welche Zusammenfassungen oder Differenzierungen sie dabei verwenden (BT-Drs. 16/12227, S. 36). Es wird ermöglicht, dass das in § 16 vorausgesetzte Sammelziel durch ein einheitliches chemisches System, nach dem die Batterien zu sortieren sind, präziser ermittelt werden kann. Zudem ist für die Umsetzung von Art. 5 der RL 2006/66/EG eine Differenzierung nach chemischen Systemen erforderlich, da nur über diese eine bessere Umweltverträglichkeit entwickelt und gefährliche Stoffe vermieden werden können (BT-Drs. 16/12227, S. 36). Der Endverbraucher eines Gerätes mit eingebauter Batterie sollte nicht über einen undefinierten Batterietyp aufgeklärt werden, sondern wie

bei sonstigen Batterien auch, genau über die Chemie der Batterie im Gerät (BT-Drs. 16/12227, S. 36). Die Legaldefinition ermöglicht damit die Sicherstellung von einheitlichen Berichten der Rücknahmesysteme nach § 7 Abs. 1 S. 1 (BT-Drs. 16/12721, S. 12).

Abs. 22 definiert den Begriff „Typengruppe". Das ist die Zusammenfassung vergleichbarer Baugrößen von Batterien mit dem gleichen chemischen System. Der Begriff wurde zeitgleich mit dem Begriff „Chemisches System" eingeführt und dient demselben Zweck (Rn. 35). Eingeführt wurde dieser Begriff, um eine allgemeinverbindliche und langfristig gültige Kontroll- und Vergleichsmöglichkeit für die Erfolgskontrolle nach § 15 zu schaffen. Während Abs. 21 das jeweilige chemische System der Batterien auf wissenschaftlicher Ebene erfasst (z.B. Alkali-Mangan (AlMn), und Zink-Kohle (ZnC) sowie Lithium-Ionen (Li-Ion), gruppiert Abs. 22 die verschiedenen Arten von Batterien (vgl. die Batteriebegriffe in Abs. 3 bis 8), die dann jeweils in ein chemisches System eingeordnet werden. Abs. 22 bildet damit einen Überbegriff von bestimmten Batteriearten, die dann in jeweils verschiedene chemische Systeme eingeordnet werden müssen. **36**

C. Ausblick auf Geltung der EU-Batterie-Verordnung

Die Verordnung (EU) 2023/1542 des europäischen Parlaments und des Rates v. 12.07.2023 über Batterien und Altbatterien, zur Änderung der Richtlinie 2008/98/EG und der Verordnung (EU) 2019/1020 und zur Aufhebung der Richtlinie 2006/66/EG, L 191/1 enthält in Art. 3 zahlreiche eigene Begriffsbestimmungen, der grundsätzlich ab dem 18.2.2024 gilt, vgl. Art. 96 Abs. 2 UAbs. 1 der Verordnung, und damit den mitgliedstaatlichen Regelungen vorgeht. Soweit die Begriffsbestimmungen in Rahmen des Kapitels VIII zum Tragen kommen, ist deren innere Geltung jedoch durch Art. 96 Abs. 2 UAbs. 2 lit. c) der Verordnung bis zum Geltungsbeginn jenes Kapitels (18.8.2025) mit aufgeschoben. **37**

der sonstigen Batterien nicht genau über die Chemie der Batterie im Gerät (BT-Dr. 16/12227, S. 36). Die Legaldefinition ermöglicht damit die Sicherstellung von einheitlichen Berichten der Rücknahmesysteme nach § 7 Abs. 1 S. 1 (BT-Drs. 16/12721, S. 42).

36 Abs. 22 definiert den Begriff „Typengruppe". Dies ist die Zusammenfassung vergleichbarer Baugrößen von Batterien mit dem gleichen chemischen System. Der Begriff wurde zeitgleich mit dem Begriff „Chemisches System" eingeführt und dient demselben Zweck (→ Rn. 35). Eingeführt wurde dieser Begriff, um eine allgemeinverbindliche und einheitliche zukünftige Kontrolle und Vergleichsmöglichkeit für die Erfolgskontrolle nach § 15 zu schaffen. Während Abs. 21 das jeweilige chemische System der Batterien auf wissenschaftlicher Ebene erfasst (z. B. Alkali-Mangan (AlMn) und Zink-Kohle (ZnC) sowie Lithium-Ionen (Li-Ion)), gruppiert Abs. 22 die verschiedenen Arten von Batterien (vgl. die Batteriebegriffe in Abs. 3 bis 8), die dann jeweils an ein chemisches System angeordnet werden. Abs. 22 bildet damit einen Überbegriff von bestimmten Batteriearten, die dann in jeweils verschiedene chemische Systeme eingeordnet werden müssen.

C. Ausblick auf Geltung der EU-Batterie-Verordnung

37 Die Verordnung (EU) 2023/1542 des europäischen Parlaments und des Rates v. 12.07.2023 über Batterien und Altbatterien, zur Änderung der Richtlinie 2008/98/EG und der Verordnung (EU) 2019/1020 und zur Aufhebung der Richtlinie 2006/66/EG (ABl. L 191) enthält in Art. 3 zahlreiche eigene Begriffsbestimmungen, die grundsätzlich ab dem 18.2.2024 gilt, vgl. Art. 96 Abs. 2 UAbs. 1 der Verordnung, und damit den mitgliedstaatlichen Regelungen vorgeht. Soweit die Begriffsbestimmungen im Rahmen des Kapitels VIII zum Tragen kommen, ist deren unmittelbare Geltung jedoch durch Art. 96 Abs. 2 UAbs. 2 lit. c) der Verordnung bis zum Geltungsbeginn dieses Kapitels (18.8.2025) hinausgeschoben.

Abschnitt 2. Vertrieb und Rücknahme von Batterien

§ 3 Verkehrsverbote

(1) **Das Inverkehrbringen von Batterien, die mehr als 0,0005 Gewichtsprozent Quecksilber enthalten, ist verboten.**

(2) **Das Inverkehrbringen von Gerätebatterien, die mehr als 0,002 Gewichtsprozent Cadmium enthalten, ist verboten. Von dem Verbot ausgenommen sind Gerätebatterien, die für Not- oder Alarmsysteme einschließlich Notbeleuchtung und für medizinische Ausrüstung bestimmt sind. Satz 1 gilt nicht für Batterien, die nach Anhang II der Richtlinie 2000/53/EG des Europäischen Parlaments und des Rates vom 18. September 2000 über Altfahrzeuge (ABl. L 269 vom 21.10.2000, S. 34), die zuletzt durch die Richtlinie 2008/33/EG (ABl. L 81 vom 20.3.2008, S. 62) geändert worden ist, in der jeweils geltenden Fassung vom Cadmiumverbot des Artikels 4 Absatz 2 Buchstabe a der Richtlinie 2000/53/EG ausgenommen sind.**

(3) **Hersteller dürfen Batterien im Geltungsbereich dieses Gesetzes nur in Verkehr bringen, wenn sie oder deren Bevollmächtigte**
1. nach § 4 Absatz 1 Satz 1 bei der zuständigen Behörde ordnungsgemäß registriert sind und
2. durch Erfüllung der ihnen nach § 5 in Verbindung mit § 7 Absatz 1 Satz 1 für Gerätebatterien oder nach § 5 in Verbindung mit § 8 Absatz 1 Satz 1 für Fahrzeug- und Industriebatterien jeweils obliegenden Rücknahmepflichten sicherstellen, dass Altbatterien nach Maßgabe dieses Gesetzes zurückgegeben werden können.

(4) **Vertreiber dürfen Batterien im Geltungsbereich dieses Gesetzes für den Endnutzer nur anbieten, wenn sie durch Erfüllung der ihnen nach § 9 Absatz 1 Satz 1 obliegenden Rücknahmepflichten sicherstellen, dass der Endnutzer Altbatterien nach Maßgabe dieses Gesetzes zurückgeben kann. Das Anbieten von Batterien ist untersagt, wenn deren Hersteller oder deren Bevollmächtigte entgegen § 4 Absatz 1 Satz 1 nicht oder nicht ordnungsgemäß registriert sind.**

(5) **Batterien, die entgegen den Absätzen 1 und 2 im Geltungsbereich dieses Gesetzes in Verkehr gebracht werden, sind durch den jeweiligen Hersteller wieder vom Markt zu nehmen.**

Übersicht

A. Allgemeines

I. Bedeutung der Vorschrift

1 § 3 regelt die Anforderungen an Batterien und die Hersteller und stellt dazu Verkehrsverbote und Zugangsbeschränkungen auf. Abs. 1 und 2 enthalten dabei Anforderungen an die chemischen Bestandteile von Batterien. Abs. 3 stellt ein Inverkehrbringensverbot iVm der Registrierungspflicht der Hersteller (§ 2 Abs. 15) oder deren Bevollmächtigte (§ 2 Abs. 15a) nach § 4 auf. Abs. 4 betrifft die Zugangsbeschränkung für die Vertreiber von Batterien gem. § 2 Abs. 14. Abs. 5 stellt eine Rücknahmeregelung von Batterien auf, die einem der Verkehrsverbote unterfallen. Nach § 29 ist das Inverkehrbringen und Anbieten von Batterien, die den Anforderungen des § 3 widersprechen, bußgeldbewehrt.

II. Rechtsentwicklung

2 § 3 wurde mit Artikel 1 des Gesetzes zur Neuregelung der abfallrechtlichen Produktverantwortung für Batterien und Akkumulatoren vom 25. Juni 2009 (BGBl. I 1582) eingeführt.

3 Durch das Erste Gesetz zur Änderung des Batteriegesetzes und des Kreislaufwirtschaftsgesetzes (BT-Drs. 18/5759, 10) wurde die bisherige Ausnahme nach Abs. 1 S. 2 für Knopfzellen im Hinblick auf die Quecksilberbeschränkung nach Abs. 1 S. 1 begrenzt. Entsprechend Art. 1 Nr. 1 lit. a der RL 2013/56/EU galt die Ausnahme nur bis zum 30. September 2015. In Verbindung mit Art. 2 S. 1 wurde die Ausnahme daher zum 1. Oktober 2015 gestrichen.

4 Die Ausnahme für Batterien in schnurlosen Elektrowerkzeugen wurde entsprechend Art. 1 Nr. 1 lit. b der Richtlinie 2013/56/EU durch Artikel 1 des Erstes Gesetz zur Änderung des Batteriegesetzes und des Kreislaufwirtschaftsgesetzes v. 20.11.2015 (BGBl. I 2071) bis zum 31. Dezember 2016 befristet. Durch das Erste Gesetz zur Änderung des Batteriegesetzes ist der Ausnahmetatbestand für schnurlose Elektrowerkzeuge in Abs. 2 S. 3 aufgehoben worden (BR-Drs. 265/20, 41). Es ist davon auszugehen, dass über 3 Jahre nach Auslaufen der Ausnahme keine entsprechenden Batterien mehr in Verkehr gebracht werden. Für den Ausnahmefall enthält jedoch § 31 Abs. 1 S. 3 auch weiterhin noch eine Übergangsvorschrift, die diesen Fall abdeckt.

5 Ohne inhaltliche Veränderung ist Abs. 3 durch das Erste Gesetz zur Änderung des Batteriegesetzes neu gefasst worden. Sie wurde jedoch an die neue Möglichkeit zur Bestellung eines Bevollmächtigten, an die neue Registrierungspflicht der Hersteller in § 4 sowie die neuen Vorgaben mit Blick auf die Beteiligung an Rücknahmesystemen für Gerätebatterien in § 7 angepasst (BR-Drs. 265/20, 41).

6 Als Folgeänderung der Ablösung des KrW-/AbfG durch das KrWG wurde Abs. 4 durch Einfügung eines Halbsatzes dahingehend ergänzt, dass der Nachweis des Anbietens solcher Batterien für eine Verfolgung ausreichend sein soll. Durch das Erste Gesetz zur Änderung des Batteriegesetzes wurde der bisherige Abs. 4 in zwei Sätze geteilt. Ebenso wurde eine Anpassung an die neuen Vorschriften zum Bevollmächtigten sowie zur Registrierung der Hersteller in Abs. 4 S. 2 vorgenommen.

7 Abs. 5 entspricht mit Ausnahme einer redaktionellen Änderung der ursprünglichen Gesetzesfassung (BR-Drs. 265/20, 47).

III. Abgrenzung zu anderen Vorschriften

8 Die Vorschrift gilt für alle Batterien iSv § 2 BattG. Abzugrenzen ist § 3 Abs. 3 von § 6 Abs. 2 ElektroG, der seinerseits ein Inverkehrbringensverbot für nicht registrierte Herstel-

D. Rücknahmeregelung

22 Abs. 5 S. 1 regelt die Rücknahme von entgegen den Abs. 1 und 2 in Verkehr gebrachten Batterien (BT-Drs. 16/12227, 25). Der Gesetzeswortlaut stellt dabei ausdrücklich klar, dass eine Rücknahme in jedem Fall geboten ist, soweit gegen die Vorgaben in der chemischen Batteriezusammensetzung aus Abs. 1 und Abs. 2 verstoßen wird. Abs. 5 verstärkt damit die praktische Wirksamkeit der Verkehrsverbote. Denn sollte es trotz Verbots des Inverkehrbringens trotzdem zu eine solchen kommen, bedarf es der Wiederherstellung des status quo, um den Verstoß rückgängig zu machen.

23 Durchgreifende verfassungsrechtliche Zweifel bestehen im Ergebnis nicht (zweifelnd wohl Öttinger in NVwZ 2021, 1084, 1089, der in einer an Art. 12 Abs. 1 S. 2 GG orientierten Auslegung des Abs. 5 eine Rücknahmepflicht nur eingreifen lassen will, wenn die Rücknahme auch verhältnismäßig ist). Bei einem Verstoß gegen die unionsrechtlich festgesetzte Stoffbeschränkung dürfte indes eine Rücknahme stets verhältnismäßig sein, da kein anderes, milderes Mittel als eine Rücknahme der Batterie ersichtlich ist und insbesondere das Belassen der Batterie im Markt schwerlich ein – gleich gut geeignetes - milderes Mittel zur Durchsetzung der Stoffbeschränkungen aus Abs. 1 und 2 darstellt. Ein Verstoß gegen die Stoffbeschränkungen aus Abs. 1 und 2 indiziert vielmehr durch die Möglichkeit der nachteiligen Folgen für Mensch und Umwelt die Verhältnismäßigkeit der Rücknahme. Insofern ist den Stoffverboten aus Abs. 1 und Abs. 2 durch die Rücknahmepflicht stets zu praktischer Wirksamkeit zu verhelfen.

E. Durchsetzung des Verkehrsverbots

24 Die Durchsetzung der Verkehrsverbote in Abs. 1 bis 4 wird gewährleistet durch die Ordnungswidrigkeitentatbestände gem. § 29 Abs. 1 Nr. 1 bis 3a.

25 Das Inverkehrbringen von Batterien entgegen Abs. 1 oder Abs. 2 S. 1 ist nach § 29 Abs. 1 Nr. 1 und das Inverkehrbringen von Batterien entgegen Abs. 3 nach § 29 Abs. 1 Nr. 2 bußgeldbewehrt.

26 Das Anbieten von Batterien entgegen Abs. 4 S. 1 ist nach § 29 Abs. 1 Nr. 3 und entgegen Abs. 4 S. 2 nach § 29 Abs. 1 Nr. 3a bußgeldbewehrt.

27 Nach § 29 Abs. 2 können die Verstöße mit einer Geldbuße bis zu hunderttausend Euro geahndet werden.

28 Zuständige Verwaltungsbehörde für im Fall des Verstoßes gegen Abs. 3 und Abs. 4 S. 2 das Umweltbundesamt (vgl. § 29 Abs. 3), im Übrigen die nach Landesrecht zuständige Verwaltungsbehörde.

F. Ausblick auf Geltung der EU-Batterie-Verordnung

29 Die Verordnung (EU) 2023/1542 des europäischen Parlaments und des Rates v. 12.07.2023 über Batterien und Altbatterien, zur Änderung der Richtlinie 2008/98/EG und der Verordnung (EU) 2019/1020 und zur Aufhebung der Richtlinie 2006/66/EG, L 191/1 enthält in Art. 6 iVm Anhang I unmittelbar geltende Stoffbeschränkungen, die ab Geltungsbeginn (vgl. Art. 96 Abs. 2 UAbs. 1) den Regelungen in Abs. 1 und 2 vorgehen. Ein Inverkehrbringensverbot vergleichbar jenem aus Abs. 3 Nr. 1 ist angelegt in Art. 55 Abs. 2 UAbs. 3 der Verordnung, der jedoch gemäß Art. 96 Abs. 2 UAbs. 2 lit. c) der Verordnung erst ab dem 18.8.2025 gilt.

§ 13 Mitwirkung der öffentlich-rechtlichen Entsorgungsträger

(1) [1]Die öffentlich-rechtlichen Entsorgungsträger sind verpflichtet, Geräte-Altbatterien, die gemäß § 10 Absatz 1 Satz 2 des Elektro- und Elektronikgerätegesetzes durch den Endnutzer vom Elektro- oder Elektronikgerät zu trennen sind, unentgeltlich zurückzunehmen. [2]Diese Geräte-Altbatterien sind einem Rücknahmesystem nach § 7 Absatz 1 Satz 1 zu überlassen. [3]Satz 2 gilt auch, sofern sich öffentlich-rechtliche Entsorgungsträger freiwillig an der Rücknahme sonstiger Geräte-Altbatterien beteiligen. [4]Die Bindung an ein Rücknahmesystem erfolgt für mindestens zwölf Monate. [5]Eine Kündigung ist nur zulässig bis drei Monate vor Ablauf der vereinbarten Laufzeit oder, falls keine Laufzeit vereinbart ist, bis drei Monate vor Ablauf der zwölf Monate. [6]Wird die Kündigungsfrist nicht eingehalten oder keine Kündigung erklärt, verlängert sich die Laufzeit um mindestens zwölf weitere Monate. [7]Die Sätze 3 und 4 gelten nicht, sofern die Genehmigung des Rücknahmesystems während der Laufzeit entfällt.

(2) [1]Öffentlich-rechtliche Entsorgungsträger können sich an der Rücknahme von Fahrzeug-Altbatterien beteiligen. [2]Sofern eine Beteiligung erfolgt, sind sie verpflichtet, die erfassten Fahrzeug-Altbatterien nach § 14 zu verwerten.

Übersicht

A. Allgemeines

I. Bedeutung der Vorschrift

Die Vorschrift regelt die Mitwirkungspflichten der öffentlich-rechtlichen Entsorgungsträger an der Rücknahme von Geräte-Altbatterien (Abs. 1) und die Möglichkeit der Beteiligung an der Rücknahme von Fahrzeug-Batterien (Abs. 2). Es muss daher zwischen verschiedenen Arten von Batterien unterschieden werden. Im Fall der pflichtigen oder freiwilligen Rücknahme von Geräte-Altbatterien besteht eine Überlassungspflicht des öffentlich-rechtlichen Entsorgungsträgers gegenüber einem der Rücknahmesysteme iSd § 7 geknüpft. Im Gegensatz dazu basiert die Beteiligung an der Rücknahme von Fahrzeug-Altbatterien rein auf Freiwilligkeit der öffentlich-rechtlichen Entsorgungsträger. Soweit sie sich an der Erfassten von Fahrzeug-Altbatterien beteiligten, haben sie diese selbst zu verwerten. 1

II. Rechtsentwicklung

3 Nach der ursprünglichen Fassung des § 13 Abs. 1 bei Einführung des BattG war die Sammlung von Geräte-Altbatterien für die öffentlich-rechtlichen Entsorgungsträger im Ausgangspunkt freiwillig und lediglich – im Fall einer solchen freiwilligen Beteiligung – mit einer Bereitstellungspflicht gegenüber dem Gemeinsamen Rücknahmesystem iSd § 6 aF verbunden. Die die öffentlich-rechtlichen Entsorgungsträger konnten jedoch auch für eine Bereitstellung an ein oder mehrere herstellereigene Rücknahmesysteme iSd § 7 aF optieren. Voraussetzung dafür war lediglich, dass der öffentlich-rechtliche Entsorgungsträger für mindestens ein Kalenderjahr auf die Entsorgung durch das Gemeinsame Rücknahmesystem verzichtete und dies dem Gemeinsamen Rücknahmesystem mindestens drei Monate vor Beginn des betreffenden Kalenderjahres schriftlich anzeigt; Stichtag hierfür ist mithin jeweils der 30. September (BT-Drs. 16/12227, 30).

4 Durch das Erste Gesetz zur Änderung des Batteriegesetzes und des Kreislaufwirtschaftsgesetzes v. 20.11.2015 (BGBl. I S. 2071) wurden öffentlich-rechtliche Entsorgungsträger dann verpflichtet, Altbatterien aus Elektro- und Elektronik-Altgeräten vom Endnutzer kostenlos zurückzunehmen. Im Sinne der Verbraucherfreundlichkeit sollte dadurch gewährleistet werden, dass in den Fällen, in denen der Endnutzer die Altbatterie von einem Elektro- und Elektronik-Altgerät an der Sammelstelle des öffentlich-rechtlichen Entsorgungsträgers trennt, eine Rückgabe der ausgedienten Batterie ebenfalls möglich ist. Mit der vorgenommenen Regelung wurde damit die bis zum 30.11.2009 geltende BattV wiederhergestellt. Vor dem Hintergrund der steigenden Sammelziele erschien eine erneute stärkere Einbindung der Kommunen auch sinnvoll (BT-Drs. 18/5759, 11).

5 Durch die erheblichen Änderungen in § 13 Abs. 1 BattG wird mit dem Ersten Gesetz zur Änderung des Batteriegesetzes v. 03.11.2020 (BGBl. I S. 2280) den neuen Entwicklungen auf dem Markt der Batterieentsorgung Rechnung getragen. Die Pflicht zur Errichtung und Betrieb eines Gemeinsamen Rücknahmesystems ist weggefallen und damit auch alle an dieses und an die Rücknahmestellen adressierte Pflichten (BR-Drs. 265/20, 28). Die Pflicht zur Überlassung der gesammelten Geräte-Altbatterien besteht nunmehr gegenüber einem Rücknahmesystem iSd § 7. Die Möglichkeit zur Aufteilung auf mehrere Rücknahmesysteme besteht nicht mehr.

III. Abgrenzung zu anderen Vorschriften

6 Abzugrenzen ist § 13 von der Sammlung durch die Vertreiber nach § 9, durch die Betreiber der Behandlungseinrichtungen für Altgeräte nach dem Elektro- und Elektronikgerätegesetz nach § 12 Abs. 1, durch die Betreiber der Behandlungseinrichtungen für Altfahrzeuge nach der Altfahrzeug-Verordnung nach § 12 Abs. 2 und durch freiwillige Rücknahmestellen nach § 13a. Die Regelungen betreffen jeweils die Sammlung von Geräte-Altbatterien, grenzen sich aber anhand der Art bzw. des Orts der jeweiligen Anfallsstelle der Geräte-Altbatterie ab.

7 Darüber hinaus ist § 13 sachlich nach dem zurückzunehmenden Gegenstand abzugrenzen von § 13 ElektroG und § 20 KrWG. Während die Regelung in § 13 gegenüber § 20 KrWG schlicht *lex specialis* für Geräte-Altbatterien ist, steht die Rücknahmepflicht aus § 13 sachlich neben der Sammelpflicht der öffentlich-rechtlichen Entsorgungsträger für Altgeräte aus privaten Haushalten gemäß § 13 ElektroG. Ausgangspunkt der in § 13 bestimmten Rücknahmepflicht für die Altgeräte-Batterien ist dabei zunächst Trennungspflicht nach § 10 Abs. 1 S. 2 ElektroG, die auch vor Abgabe an den Sammelstellen nach § 13 ElektroG greift. Rücknahmepflichten für Geräte-Altbatterien der öffentlich-rechtlichen Entsorgungsträgern bestehen im Ausgangspunkt also nur an den Sammelstellen iSd

§ 13 ElektroG. Aus Abs. 1 S. 3 folgt jedoch, dass auch die Möglichkeit der öffentlich-rechtlichen Entsorgungsträger zu einer darüber hinausgehenden, freiwilligen Beteiligung an der Sammlung von Geräte-Altbatterien besteht.

IV. EU-Recht

In der ursprünglichen Fassung sollte Abs. 1 der Umsetzung von Erwägungsgrund 13, Erwägungsgrund 14 S. 1, Erwägungsgrund 16 S. 1, Erwägungsgrund 17 S. 1, Art. 19 RL 2006/66/EG dienen (BT-Drs. 16/12227, 30). **8**

In der ursprünglichen Fassung sollte Abs. 2 der Umsetzung von Erwägungsgrund 5 S. 2, Erwägungsgrund 13, Erwägungsgrund 17 S. 1, Erwägungsgrund 19 S. 2, Art. 12 Abs. 1 S. 1 lit. b, Art. 19 RL 2006/66/EG dienen (BT-Drs. 16/12227, 30). **9**

B. Überlassungspflichten für Geräte-Altbatterien (Abs. 1)

I. Adressaten der Überlassungspflicht

Abs. 1 verpflichtet die öffentlich-rechtlichen Entsorgungsträger zur Rücknahme von Geräte-Altbatterien (vgl. § 2 Abs. 6, 9), die gemäß § 10 Abs. 1 S. 2 ElektroG durch den Endnutzer vom Elektro- oder Elektronikgerät zu trennen sind, einem Rücknahmesystem nach § 7 Abs. 1 S. 1 zu überlassen. **10**

Primär adressiert als öffentlich-rechtliche Entsorgungsträger i.S.d. Abs. 1 sind die die nach Landesrecht zur Entsorgung verpflichtete juristische Personen iSd §§ 3 Nr. 12, 13 Abs. 1 ElektroG und § 20 KrWG. Die Bestimmung der öffentlich-rechtlichen Entsorgungsträger obliegt den Ländern. In den Landeskreislaufwirtschaftsgesetzen werden die öffentlich-rechtlichen Entsorgungsträger benannt und ihnen Entsorgungsaufgaben zugeteilt; dabei gilt in den Flächenländern zumeist eine Arbeitsteilung zwischen den (Land-)Kreisen und kreisfreien Städten einerseits sowie den kreisangehörigen Gemeinden andererseits (→ *Beckmann*, § 20 KrWG Rn. 17). So sind z.B. in Nordrhein-Westfalen grundsätzlich die Kreise und die kreisfreien Städte für die Entsorgung, die kreisangehörigen Gemeinden für die Einsammlung der Abfälle verantwortlich (§ 5 LAbfG NRW). Diese Aufgabenverteilung ist sinnvoll, weil kleinere Kommunen in aller Regel nicht über die notwendige Finanzkraft verfügen, um kostenintensive Entsorgungsanlagen zu errichten und zu betreiben und weil die anfallenden Mengen in kleineren Gemeinden nicht ausreichen, um die erforderlichen Anlagen auszulasten und zu angemessenen Kosten zu betreiben (→ *Beckmann*, § 20 KrWG Rn. 17). **11**

II. Inhalt und Reichweite der Überlassungspflicht

Aus dem Wegfall und der Aufhebung der Regelungen zum Gemeinsamen Rücknahmesystem in § 6 aF im Zuge des Ersten Gesetzes zur Änderung des Batteriegesetzes v. 03.11.2020 (BGBl. I S. 2280) folgt für die Rücknahme von Geräte-Altbatterien durch die öffentlich-rechtlichen Entsorgungsträger, dass diese nicht mehr dem Gemeinsamen Rücknahmesystem nach § 6 aF, sondern einem Rücknahmesystem nach § 7 Abs. 1 S. 1 zu überlassen sind. Diese Überlassungspflicht gilt gem. Abs. 1 S. 3 sowohl für die kraft Verpflichtung an den Sammelstellen nach § 13 ElektroG zurückgenommenen Geräte-Altbatterien als auch für die sonstigen, freiwillig gesammelten Geräte-Altbatterien. **12**

Die öffentlich-rechtlichen Entsorgungsträger können unabhängig von Hersteller und Marke die zurückgenommenen Geräte-Altbatterien dem Rücknahmesystem, mit dem zusammengearbeitet wird, übergeben. Das Rücknahmesystem kann die Annahme nicht ablehnen, nur weil ein Hersteller einer zurückgenommenen Gerätebatterie nicht bei ihm **13**

Mitbetreiber ist (BR-Drs. 265/20, 48, zu behördlichen Anordnungen im Fall der Nichtabholung → § 28 Rn. 16).

III. Bindungsdauer

14 Die eindeutige Bindung an ein Rücknahmesystem beträgt mindestens 12 Monate (vgl. Abs. 1 S. 4) bei einer dreimonatigen Kündigungsfrist (vgl. Abs. 1 S. 5). Sofern keine Kündigung erfolgt oder die Kündigungsfrist nicht eingehalten wird, verlängert sich die Laufzeit um mindestens weitere 12 Monate (vgl. Abs. 1 S. 6).

15 Die Regelungen gelten hingegen nicht, wenn das Rücknahmesystem während der Laufzeit die Genehmigung verliert (vgl. Abs. 1 S. 7). In diesen Fällen muss sichergestellt sein, dass trotz bestehender Vereinbarung ein Wechsel zu einem anderen Rücknahmesystem möglich ist (BR-Drs. 265/20, 48). Den Bezug zu dem konkreten Rücknahmesystem, dessen Genehmigung widerrufen wurde, stellt der bestimmte Artikel in S. 7 („die Genehmigung des Rücknahmesystems") klar.

C. Freiwillige Rücknahme von Fahrzeug-Altbatterien (Abs. 2)

16 Abs. 2 regelt die Rücknahme von Fahrzeug-Altbatterien (vgl. § 2 Abs. 4, 9). Im Gegensatz zur Pflicht der Rücknahme von Geräte-Altbatterien ist eine Beteiligung an der Rücknahme von Fahrzeug-Altbatterien für die öffentlich-rechtlichen Entsorgungsträger nur freiwillig (Abs. 2 S. 1). Nehmen die öffentlich-rechtlichen Entsorgungsträger Fahrzeug-Altbatterien zurück, dann sind sie gem. Abs. 2 S. 2 auch zur ordnungsgemäßen Entsorgung dieser Altbatterien selbst verpflichtet (BR-Drs. 265/20, 48).

D. Ausblick auf Geltung der EU-Batterie-Verordnung

17 Die Verordnung (EU) 2023/1542 des europäischen Parlaments und des Rates v. 12.07.2023 über Batterien und Altbatterien, zur Änderung der Richtlinie 2008/98/EG und der Verordnung (EU) 2019/1020 und zur Aufhebung der Richtlinie 2006/66/EG, L 191/1 lässt in Art. 67, 68 mitgliedstaatliche Regelungen zu Beteiligung und Beschränkung bestimmter Sammelstellen bei der Erfassung von Geräte-Altbatterien zu und gestattet auch ein Eigenverwertungsrecht durch die Abfallbewirtschaftungsbehörden (vgl. Art. 66 Abs. 2 und 68 Abs. 2 der Verordnung).

§ 13a Mitwirkung von freiwilligen Rücknahmestellen

[1]Freiwillige Rücknahmestellen haben die anfallenden und zurückgenommenen Geräte-Altbatterien einem Rücknahmesystem nach § 7 Absatz 1 Satz 1 zu überlassen. [2]Die Bindung an ein Rücknahmesystem erfolgt für mindestens zwölf Monate. [3]Eine Kündigung ist nur zulässig bis drei Monate vor Ablauf der vereinbarten Laufzeit oder, falls keine Laufzeit vereinbart ist, bis drei Monate vor Ablauf der zwölf Monate. [4]Wird die Kündigungsfrist nicht eingehalten oder keine Kündigung erklärt, verlängert sich die Laufzeit um mindestens zwölf weitere Monate. [5]Die Sätze 2 und 3 gelten nicht, sofern die Genehmigung des Rücknahmesystems während der Laufzeit entfällt. [6]In der Vereinbarung mit dem jeweiligen Rücknahmesystem sind mindestens Regelungen zur Art und zum Ort der Rückgabe zu treffen.

Übersicht

A. Allgemeines

I. Bedeutung der Vorschrift

Die mit dem Ersten Gesetz zur Änderung des Batteriegesetzes v. 03.11.2020 (BGBl. I S. 2280) eingefügte Vorschrift ermöglicht die Mitwirkung von freiwilligen Rücknahmestellen bei der Rücknahme von Geräte-Altbatterien. Die Hersteller werden dazu verpflichtet, neben den vom Handel (§ 9) zurückgenommenen und den von den öffentlich-rechtlichen Entsorgungsträgern (§ 13) gesammelten Altbatterien auch Gerätealtbatterien unentgeltlich zurückzunehmen, die in einer freiwilligen Sammelstelle (→ § 2 Abs. 16a) gem. dem neuen § 13a BattG erfasst wurden. Diese Regelung ermöglicht, dass auch gemeinnützige, gewerbliche oder sonstige wirtschaftliche Unternehmen oder öffentliche Einrichtungen an der Sammlung von Gerätealtbatterien mitwirken können. 1

II. Rechtsentwicklung

§ 13a wurde nachträglich eingefügt mit dem Ersten Gesetz zur Änderung des Batteriegesetzes v. 03.11.2020 (BGBl. I S. 2280), das den neuen Entwicklungen auf dem Markt der Batterieentsorgung und insbesondere dem Wegfall des Gemeinsamen Rücknahmesystems nach § 6 aF Rechnung getragen hat. Eine freiwillige Rücknahme war bis dato noch nicht klar geregelt und konnte nur im Wege der Drittbeauftragung durch die originär zur Rücknahme verpflichteten erfolgen. § 2 Abs. 16a definiert vor diesem Hintergrund nunmehr den Begriff der freiwilligen Sammelstellen und stellt im neuen § 7 Abs. 2 iVm dem neuen § 13a die Gleichbehandlung mit verpflichteten Rücknahmestellen klar (BR-Drs. 265/20, 41). 2

III. Abgrenzung zu anderen Vorschriften

3 Vergleichbare Vorschriften bestehen im ElektroG nicht. In § 12 ElektroG wird vielmehr der Kreis der Erfassungsberechtigten für die Erfassung von Altgeräten aus privaten Haushalten abschließend definiert. § 17 Abs. 2 KrWG enthält zwar Ausnahmen von der Überlassungspflicht im Fall einer gemeinnützigen Sammlung und auch einer gewerblichen Sammlung, knüpft diese Ausnahmen jedoch an differenzierte Voraussetzungen, vgl. § 17 Abs. 2 und 3 KrWG, und fordert im Fall einer freiwilligen Rücknahme in Wahrnehmung der Produktverantwortung einen Feststellungs- oder Freistellungsbescheid nach § 26 Abs. 3 oder § 26a Abs. 1 S. 1 KrWG. Freiwillige Rücknahmestellen für Geräte-Altbatterien können insofern – von der Legaldefinition in § 2 Abs. 16a abgesehen – voraussetzungslos eingerichtet werden, unterliegen im Gegenzug aber den Überlassungspflichten und der Mindestbindung an ein Eigenrücknahmesystem iSd § 7 Abs. 1.

IV. EU-Recht

4 § 13a dient mittelbar und insbesondere durch die Überlassungspflicht an die Eigenrücknahmesysteme der Umsetzung der Herstellerverantwortung entsprechend den unionsrechtlichen Vorgaben des Art. 8 Abs. 2 lit. b der Richtlinie 2006/66/EG.

B. Mitwirkung von freiwilligen Rücknahmestellen

5 § 13a regelt die Mitwirkung von freiwilligen Rücknahmestellen bei der Rücknahme von Geräte-Altbatterien. Der Begriff der freiwilligen Rücknahmestelle wird in § 2 Abs. 16a definiert. Sofern sich entsprechende Unternehmen an der Rücknahme von Geräte-Altbatterien beteiligen, müssen die auf diesem Weg gesammelten Geräte-Altbatterien gem. S. 1 einem Rücknahmesystem nach § 7 überlassen werden. Gemäß § 7 Abs. 2 S. 2 Nr. 1 und 2 haben die Rücknahmesysteme ihnen für die unentgeltliche Abholung entsprechende Angebote zu unterbreiten. Die freiwilligen Rücknahmestellen können dabei unabhängig von Hersteller und Marke die zurückgenommenen Geräte-Altbatterien dem Rücknahmesystem, mit dem zusammengearbeitet wird, übergeben (BR-Drs. 265/20, 48). Die Mitwirkungspflicht der freiwilligen Rücknahmestellen erschöpft sich dann darin, die Geräte-Altbatterien den Rücknahmesystemen nach § 7 Abs. 1 S. 1 zu überlassen. Eine darüberhinausgehende Verpflichtung der freiwilligen Rücknahmestellen, etwa zur Verwertung, Beseitigung oder Entsorgung der zurückgenommenen Geräte-Altbatterien, lässt sich der Regelung nicht entnehmen. Schließlich wäre eine Überlassung an andere Entsorgungsunternehmen auch gar nicht zulässig (vgl. BT-Drs. 19/19930, 46.) Das Batteriegesetz weist die Verantwortung für die anschließende Entsorgung der Geräte-Altbatterien allein den Herstellern und ihren Eigenrücknahmesystemen iSd § 7 Abs. 1 S. 1 zu. Die Eigenrücknahmesysteme oder deren betreibende Hersteller sind damit auch nicht als Drittbeauftragte nach § 26 Abs. 1 BattG mit der Erfüllung von Pflichten der freiwilligen Rücknahmestellen tätig, sondern in Erfüllung eigener Pflichten. Denn die Hersteller treffen aufgrund von § 1 Abs. 3 S. 2 BattG i.V.m. § 27 KrWG die Pflichten eines Besitzers von Abfällen, soweit sie Altbatterien zurücknehmen (lassen). Die Überlassungspflicht der freiwilligen Rücknahmestellen ersetzt daher die Entsorgungsverantwortung, vgl. entsprechend zu den Entsorgungs- und Überlassungspflichten nach §§ 15, 17 KrWG: --> Beckmann, KrWG § 22 Rn. 5b; BeckOK UmweltR/Dippel, 63. Ed. 1. Juli 2022, KrWG § 22 Rn. 6 sowie Kropp, ZUR 2008, 401. Die freiwilligen Rücknahmestellen haben daher auch keine Pflicht, die Ordnungsgemäßheit der nachfolgenden Entsorgung der Geräte-

Altbatterien durch die Hersteller bzw. deren Eigenrücknahmesysteme iSd § 7 Abs. 1 S. 1 zu überprüfen.

Soweit die freiwilligen Rücknahmestellen sich für ein Rücknahmesystem entschieden haben, besteht ebenso wie im Fall des § 13 für öffentlich-rechtliche Entsorgungsträger gem. S. 2 eine Bindungswirkung der freiwilligen Rücknahmestelle an dieses Rücknahmesystem für mindestens zwölf Monate. Dabei kann das Rücknahmesystem die Annahme nicht ablehnen, nur weil ein Hersteller einer zurückgenommenen Gerätebatterie nicht bei ihm verbunden (also Mitbetreiber) ist (BR-Drs. 265/20, 48, zu behördlichen Anordnungen im Fall der Nichtabholung → § 28 Rn. 16). 6

Sätze 3 bis 5 regeln Kündigungs- und Laufzeitmodalitäten entsprechend jenen in § 13 für öffentlich-rechtliche Entsorgungsträger. Gem. S. 3 besteht die Bindungswirkung an ein Rücknahmesystem nicht bedingungslos, sondern unterliegt einer dreimonatigen Kündigungsfrist. Sofern keine Kündigung erfolgt oder die Kündigungsfrist nicht eingehalten wird, verlängert sich gem. S. 4 die Laufzeit um mindestens weitere 12 Monate. Eine Ausnahme davon ist in S. 5 geregelt. Die Regelungen in den Sätzen 2 und 3 gelten nicht, wenn ein Rücknahmesystem während der Laufzeit die Genehmigung verliert. In diesen Fällen muss sichergestellt sein, dass trotz bestehender Vereinbarung ein Wechsel zu einem anderen Rücknahmesystem möglich ist (BR-Drs. 265/20, 48). 7

Bei der Vereinbarung zwischen der freiwilligen Sammelstelle und dem Rücknahmesystem sind gem. S. 6 Regelungen zur Art und zum Ort der Rückgabe an die Rücknahmesysteme zu treffen (BR-Drs. 265/20, 48). 8

C. Ausblick auf Geltung der EU-Batterie-Verordnung

Die Verordnung (EU) 2023/1542 des europäischen Parlaments und des Rates v. 12.07.2023 über Batterien und Altbatterien, zur Änderung der Richtlinie 2008/98/EG und der Verordnung (EU) 2019/1020 und zur Aufhebung der Richtlinie 2006/66/EG, L 191/1 lässt in Art. 67, 68 weiterhin mitgliedstaatliche Sonderregelungen zu Beteiligung und Beschränkung freiwilliger Sammelstellen bei der Erfassung von Geräte-Altbatterien zu. 9

§ 14 Verwertung und Beseitigung

(1) [1]Alle gesammelten und identifizierbaren Altbatterien sind nach dem Stand der Technik zu behandeln und stofflich zu verwerten. [2]Die Behandlung muss mindestens die Entfernung aller Flüssigkeiten und Säuren umfassen. [3]Es sind die folgenden Recyclingeffizienzen zu erreichen:

1. 65 Prozent der durchschnittlichen Masse von Blei-Säure-Altbatterien beim höchsten Maß an stofflicher Verwertung des Bleigehalts, das wirtschaftlich zumutbar und technisch erreichbar ist,
2. 75 Prozent der durchschnittlichen Masse von Nickel-Cadmium-Altbatterien beim höchsten Maß an stofflicher Verwertung des Cadmiumgehalts, das wirtschaftlich zumutbar und technisch erreichbar ist,
3. 50 Prozent der durchschnittlichen Masse sonstiger Altbatterien.

[4]Dabei ist insbesondere die Berechnung der Recyclingeffizienzen zu beachten, die durch die Verordnung (EU) Nr. 493/2012 der Kommission vom 11. Juni 2012 mit Durchführungsbestimmungen zur Berechnung der Recyclingeffizienzen von Recyclingverfahren für Altbatterien und Altakkumulatoren gemäß der Richtlinie 2006/66/EG des Europäischen Parlaments und des Rates (ABl. L 151 vom 12.6.2012, S. 9) vorgegeben ist. [5]Zuständige Behörde im Sinne von Artikel 3 Absatz 4 der Verordnung ist das Umweltbundesamt. [6]Das Umweltbundesamt übermittelt die Meldungen nach Artikel 3 Absatz 4 der Verordnung (EU) Nr. 493/2012 nachrichtlich den Ländern. [7]Nicht identifizierbare Altbatterien sowie Rückstände von zuvor ordnungsgemäß behandelten und stofflich verwerteten Altbatterien sind nach dem Stand der Technik gemeinwohlverträglich zu beseitigen.

(2) [1]Die Beseitigung von Fahrzeug- und Industrie-Altbatterien durch Verbrennung oder Deponierung ist untersagt. [2]Dies gilt nicht für Rückstände von zuvor ordnungsgemäß behandelten und stofflich verwerteten Altbatterien.

(2a) [1]Die Behandlung und die Lagerung von Altbatterien in Behandlungsanlagen dürfen nur erfolgen

1. an Standorten mit undurchlässigen Oberflächen und geeigneter, wetterbeständiger Abdeckung oder
2. in geeigneten Behältnissen.

[2]Satz 1 gilt auch für eine nur vorübergehende Lagerung

(3) Behandlung und stoffliche Verwertung nach Absatz 1 können außerhalb des Geltungsbereichs dieses Gesetzes vorgenommen werden, wenn die Verbringung der Altbatterien den Anforderungen der Verordnung (EG) Nr. 1013/2006 des Europäischen Parlaments und des Rates vom 14. Juni 2006 über die Verbringung von Abfällen (ABl. L 190 vom 12.7.2006, S. 1, L 318 vom 28.11.2008, S. 15), die zuletzt durch die Verordnung (EG) Nr. 669/2008 (ABl. L 188 vom 16.7.2008, S. 7) geändert worden ist, in der jeweils geltenden Fassung sowie den Vorgaben der Rechtsverordnung nach § 27 Nummer 2 entspricht.

(4) Altbatterien, die nach der Verordnung (EG) Nr. 1013/2006 und der Verordnung (EG) Nr. 1418/2007 der Kommission vom 29. November 2007 über die Ausfuhr von bestimmten in Anhang III oder IIIA der Verordnung (EG) Nr. 1013/2006 des Europäischen Parlaments und des Rates aufgeführten Abfällen, die zur Verwertung bestimmt sind, in bestimmte Staaten, für die der OECD-Beschluss über die Kontrolle der grenzüberschreitenden Verbringung von Abfällen nicht gilt (ABl. L 316 vom 4.12.2007, S. 6), die durch die Verordnung (EG) Nr. 740/2008 (ABl. L 201 vom 30.7.2008, S. 36) geändert worden ist, in der jeweils geltenden Fassung aus der Euro-

päischen Gemeinschaft ausgeführt werden, sind für die Erfüllung der Verpflichtungen nach Absatz 1 nur zu berücksichtigen, wenn stichhaltige Beweise dafür vorliegen, dass die Verwertung unter Bedingungen erfolgt ist, die den Anforderungen dieses Gesetzes und der nach diesem Gesetz erlassenen Rechtsverordnungen entsprechen.

A. Allgemeines

I. Bedeutung der Vorschrift

1 § 14 regelt die Vorgaben für die Behandlung, Verwertung und Beseitigung von Altbatterien. § 14 ist damit im BattG die Kernvorschrift, die die Intention der Kreislaufwirtschaft widerspiegelt. Indem § 14 das BattG auf stoffliche Verwertung und Ressourceneffizienz ausrichtet, soll ein wesentlicher Beitrag zum Klimaschutzgrundsatz aus Art. 20a GG gewährleistet werden. Stoffliche Verwertung meint dabei die in einem Produktionsprozess erfolgende Wiederaufarbeitung von Abfallmaterialien für ihren ursprünglichen Zweck oder für andere Zwecke, jedoch unter Ausschluss der energetischen Verwertung (vgl. § 2 Abs. 11). Beseitigung ist die Abfallbeseitigung im Sinne von § 3 Abs. 26 KrWG (vgl. § 2 Abs. 12). Die erfassten Altbatterien sind – soweit ihr chemisches System identifiziert werden kann und die Verwertung technisch möglich und wirtschaftlich zumutbar ist – nach dem Stand der Technik zu behandeln und stofflich zu verwerten (Abs. 1 S. 1). § 14 greift zudem die Regelungen der Batteriegesetz-Durchführungsverordnung (BattGDV) auf, die vom 01.12.2009 bis 31.12.2020 galt und integriert diese in das nun geltende BattG.

II. Rechtsentwicklung

2 § 14 wurde mit dem Stammgesetz vom 25.06.2009 eingeführt. Mit dem Entwurf zum Ersten Gesetz zur Änderung des Batteriegesetzes v. 12.08.2015 sollte § 14 an die Regelungen des Art. 12 Abs. 1 RL 2006/66/EG angepasst werden (BT-Drs. 18/5759, 11). Mit der Änderung wurden die Mitgliedstaaten dazu aufgefordert, sicherzustellen, dass alle identifizierbaren und gesammelten Altbatterien behandelt und recycelt werden mit eng beschränkten Ausnahmen nur bei Blei-Säure- und Nickel-Cadmium-Batterien (BT-Drs. 16/12227, 30). Dies machte eine Anpassung von § 14 Abs. 1 notwendig.

3 Des Weiteren wurde in § 14 Abs. 1 S. 2 die VO (EU) Nr. 493/2012 der Kommission vom 11. Juni 2012 mit Durchführungsbestimmungen zur Berechnung der Recyclingeffizienzen von Recyclingverfahren für Altbatterien und Altakkumulatoren gemäß der RL 2006/66/EG (ABl. L 151 vom 12.6.2012, S. 9–21 deklaratorisch aufgenommen (BT-Drs. 18/5759, 11). Ebenso wurde die Zuständigkeit des Umweltbundesamts geregelt (BT-Drs. 18/5759, 11; BT-Drs. 18/6233, 5). Mit dem Ersten Gesetz zur Änderung des Batteriegesetzes v. 22.05.20 wurden auch die Verweise auf die nunmehr in § 27 BattG geregelte Verordnungsermächtigung angepasst (BR-Drs. 265/20, 49).

III. Abgrenzung zu anderen Vorschriften

4 Die Idee der Wiederverwertung der Einzelbestandteile einer Batterie entspringt dem Grundgedanken der Kreislaufwirtschaft, sodass auf die Verwertung und Beseitigung als Grundpflichten der Kreislaufwirtschaft gem. § 7 KrWG verwiesen werden kann. Dieser Gedanke findet sich ebenso in § 22 ElektroG.

IV. EU-Recht

Abs. 1 soll der Umsetzung von Erwägungsgrund 2 S. 3, Erwägungsgrund 5 S. 2, Erwägungsgrund 14 S. 1, Erwägungsgrund 15, Erwägungsgrund 17 S. 2, Art. 12 Abs. 1 S. 1 lit. b, Art. 12 Abs. 2 und 4, Art. 13 RL 2006/66/EG, Abs. 2 der Umsetzung von Erwägungsgrund 8 S. 2, Art. 14 RL 2006/66/EG, Abs. 3 der Umsetzung von Art. 15 Abs. 1 und Abs. 3 RL 2006/66/EG und Abs. 4 der Umsetzung von Art. 15 Abs. 2 RL 2006/66/EG dienen (BT-Drs. 16/12227, 30). 5

B. Behandlung und stoffliche Verwertung (Abs. 1)

Abs. 1 regelt die Anforderungen an die ordnungsgemäße, gemeinwohlverträgliche Verwertung von Altbatterien. Die Mitgliedstaaten haben sicherzustellen, dass alle identifizierbaren und gesammelten Altbatterien behandelt und recycelt werden. Maßgeblich ist dabei gem. Abs. 1 S. 1 der Stand der Technik im Sinne der besten, in der Praxis im industriellen Maßstab verfügbaren Verfahren (BT-Drs. 16/12227, 30). 6

Abs. 1 S. 2 bestimmt, dass die Behandlung mindestens die Entfernung aller Flüssigkeiten und Säuren umfasst. Dies entspricht Art. 12 Abs. 2 iVm Anhang II der RL 2006. Die vormals in § 3 Abs. 1 der Durchführungsverordnung zum Batteriegesetz (BattGDV) aF genannten Anforderungen an die Behandlung wurden mit Abs. 1 S. 2 in das BattG überführt (BR-Drs. 265/20, 48). 7

Abs. 1 S. 3 regelt die unionsrechtlich vorgegebenen Effizienzwerte, die mit der Recyclingverwertung zu erreichen sind. Diese Effizienzwerte resultieren aus der technischen Unmöglichkeit und wirtschaftlichen Zumutbarkeit einer vollständigen Verwertung, so dass – ausgehend von Anhang III Teil B der RL 2006/66/EG in der seit dem 4.7.2018 geltenden Fassung – bestimmte Mindestgrenzen vorgesehen sind. Diese Beschränkungen waren bis 31.12.2020 in der BattGDV aF enthalten und sind nun einheitlich im BattG selbst geregelt. Die vormals in § 3 Abs. 3 BattGDV genannten Anforderungen an die Behandlung sowie die Mindestziele für die stoffliche Verwertung sind als S. 3 in das BattG überführt (BR-Drs. 265/20, 48). Den Art. 12 Abs. 6 iVm Anhang III der RL 2006/66/EG entsprechend sind in Abs. 1 S. 3 folgende Mindestanforderungen an die Verwertung sowie die dort vorgegebenen Verwertungseffizienzen zu erreichen: 8

– 65 % der durchschnittlichen Masse von Blei-Säure-Altbatterien beim höchsten Maß an stofflicher Verwertung des Bleigehalts, das wirtschaftlich zumutbar und technisch erreichbar ist,
– 75 % der durchschnittlichen Masse von Nickel-Cadmium-Altbatterien beim höchsten Maß an stofflicher Verwertung des Cadmiumgehalts, das wirtschaftlich zumutbar und technisch erreichbar ist,
– 50 % der durchschnittlichen Masse sonstiger Altbatterien.

Die Frage der wirtschaftlichen Zumutbarkeit der Behandlung und stofflichen Verwertung bestimmter Altbatterien bemisst sich nach dem Vergleich mit den durchschnittlichen Kosten für die Behandlung und stoffliche Verwertung von Altbatterien desselben chemischen Systems (BT-Drs. 16/12227, 30). Maßstab des Vergleichs sind jeweils die objektiv notwendigen Kosten für Behandlung und stoffliche Verwertung (BT-Drs. 16/12227, 30). 9

In Abs. 1 S. 4 wird klargestellt, dass die Berechnungsweise, die durch die Verordnung (EU) Nr. 493/2012 der Kommission vom 11.6.2012 mit Durchführungsbestimmungen zur Berechnung der Recyclingeffizienzen von Recyclingverfahren für Altbatterien und Altakkumulatoren gemäß der RL 2006/66/EG des Europäischen Parlaments und des 10

Rates (ABl. L 151 vom 12.6.2012, S. 9) vorgegeben ist, bei der Berechnung der Mindestziele anzuwenden ist (BR-Drs. 265/20, 48).

C. Beseitigungsverbot für Fahrzeug- und Industrie-Altbatterien

11 **Abs. 2** untersagt die Beseitigung von Fahrzeug- und Industrie-Altbatterien durch Verbrennung oder Deponierung aufgrund der hohen Schadstoffbelastung (BT-Drs. 16/12227, 30). Die Vorschrift ist bußgeldbewehrt gem. § 29 Abs. 1 Nr. 13.

12 Ausgenommen von diesem Verbot sind nach Abs. 2 S. 2 nur Rückstände von zuvor ordnungsgemäß behandelten und stofflich verwerteten Altbatterien.

D. Anforderungen an Behandlung und Lagerung

13 **Abs. 2a** übernimmt die Regelungen des § 3 Abs. 2 BattGDV aF in das BattG (BR-Drs. 265/20, 49). Nach Abs. 2a S. 1 dürfen die Behandlung und die Lagerung von Altbatterien in Behandlungsanlagen nur unter einer von zwei Voraussetzungen erfolgen:

1. an Standorten mit undurchlässigen Oberflächen und geeigneter, wetterbeständiger Abdeckung oder
2. in geeigneten Behältnissen.

14 Diese Vorschrift dient damit der lokalen Umweltsicherung und bezieht sich auf die Behandlungsanlagen, in denen die Behandlung und Lagerung von Altbatterien vorgenommen wird. In Abgrenzung zu Abs. 1 erfasst die Behandlung jede Tätigkeit, die an Abfällen nach der Übergabe an eine Einrichtung zur Sortierung, zur Vorbereitung der Verwertung oder zur Vorbereitung der Beseitigung durchgeführt wird (vgl. § 2 Abs. 10).

E. Behandlung und Verwertung im Ausland

15 **Abs. 3** regelt die Bedingungen, unter denen die stoffliche Verwertung nach Abs. 1 außerhalb des Geltungsbereichs dieses Gesetzes, aber innerhalb der Europäischen Gemeinschaft vorgenommen werden darf (BT-Drs. 16/12227, 30). Außerhalb des Geltungsbereichs des BattG sind daher zwingend europäische Anforderungen nach der VO (EG) Nr. 1013/2006 des Europäischen Parlaments und des Rates vom 14. Juni 2006 über die Verbringung von Abfällen (ABl. L 190 vom 12.7.2006, S. 1, L 318 vom 28.11.2008, S. 15), die zuletzt durch die VO (EG) Nr. 669/2008 (ABl. L 188 vom 16.7.2008, S. 7) geändert worden ist, in der jeweils geltenden Fassung sowie den Vorgaben der Rechtsverordnung nach § 27 Nummer 2 entspricht, einzuhalten.

16 **Abs. 4** regelt die Bedingungen, unter denen außerhalb der Europäischen Gemeinschaft verwertete Altbatterien für den Nachweis der Erfüllung von Verpflichtungen aus diesem Gesetz berücksichtigt werden dürfen (BT-Drs. 16/12227, 30). Solche Altbatterien, für die der OECD-Beschluss über die Kontrolle der grenzüberschreitenden Verbringung von Abfällen nicht gilt (ABl. L 316 vom 4.12.2007, S. 6), die durch die Verordnung (EG) Nr. 740/2008 (ABl. L 201 vom 30.7.2008, S. 36) geändert worden ist, sind für die Erfüllung der Verpflichtungen nach Abs. 1 nur zu berücksichtigen, wenn stichhaltige Beweise dafür vorliegen, dass die Verwertung unter Bedingungen erfolgt ist, die den Anforderungen dieses Gesetzes und der nach diesem Gesetz erlassenen Rechtsverordnungen entsprechen.

F. Ausblick auf Geltung der EU-Batterie-Verordnung

Die Verordnung (EU) 2023/1542 des europäischen Parlaments und des Rates v. 12.07.2023 über Batterien und Altbatterien, zur Änderung der Richtlinie 2008/98/EG und der Verordnung (EU) 2019/1020 und zur Aufhebung der Richtlinie 2006/66/EG, L 191/1 enthält in Art. 70, 71 iVm Anhang XII neue Vorgaben für die Behandlung einschließlich des Verbots der Beseitigung oder der energetischen Verwertung von Altbatterien und für Zielvorgaben für die Recyclingeffizienz und für die stoffliche Verwertung, die nach Ablauf der Übergangszeit aus Art. 96 Abs. 2 UAbs. 2 lit. c ab dem 18. August 2025 unmittelbar gelten. **17**

§ 15 Erfolgskontrolle

(1) [1]Jedes Rücknahmesystem nach § 7 Absatz 1 Satz 1 hat dem Umweltbundesamt jährlich bis zum Ablauf des 30. April eine Dokumentation gemäß Satz 3 vorzulegen, die Auskunft gibt über

1. die Masse der Gerätebatterien, die im vorangegangenen Jahr von seinen Mitgliedern oder im Fall der Bevollmächtigung von den durch die Bevollmächtigten jeweils vertretenen Hersteller im Geltungsbereich dieses Gesetzes in Verkehr gebracht wurden und im Geltungsbereich dieses Gesetzes verblieben sind, untergliedert nach chemischen Systemen und Typengruppen,
2. die Masse der von ihm im vorangegangenen Jahr zurückgenommenen Geräte-Altbatterien, untergliedert nach chemischen Systemen und Typengruppen, dabei sind selbst zurückgenommene Massen und Massen, die von anderen Rücknahmesystemen zurückgenommen und diesen abgekauft wurden, getrennt auszuweisen;
3. die Masse der von ihm im vorangegangenen Jahr stofflich verwerteten Geräte-Altbatterien, untergliedert nach chemischen Systemen und Typengruppen; dabei sind ausgeführte und außerhalb des Geltungsbereichs dieses Gesetzes verwertete Geräte-Altbatterien gesondert auszuweisen,
4. die nach Maßgabe des § 16 im eigenen System erreichte Sammelquote für Geräte-Altbatterien,
5. die nach Maßgabe des § 2 Absatz 19 im eigenen System erreichte Verwertungsquote für Geräte-Altbatterien sowie
6. die qualitativen und quantitativen Verwertungs- und Beseitigungsergebnisse.

[2]Jeder Hersteller oder dessen Bevollmächtigter ist verpflichtet, dem Rücknahmesystem, das er betreibt, die zur Erfüllung der Berichtspflichten nach Satz 1 erforderlichen Informationen auf Verlangen des Rücknahmesystems bereitzustellen. [3]Die Dokumentation nach Satz 1 ist durch die Rücknahmesysteme nach § 7 Absatz 1 Satz 1 in einer von einem unabhängigen Sachverständigen geprüften und bestätigten Fassung vorzulegen. [4]Die Rücknahmesysteme haben sicherzustellen, dass spätestens nach fünf Jahren der durchgängigen Prüfung durch denselben Sachverständigen ein anderer unabhängiger Sachverständiger die Prüfung und Bestätigung der Dokumentation durchführt. [5]Jedes Rücknahmesystem veröffentlicht die nach Satz 1 vorzulegende Dokumentation innerhalb eines Monats nach Vorlage beim Umweltbundesamt auf seiner Internetseite. [6]Im Falle der Beleihung nach § 23 übermittelt das Umweltbundesamt die Dokumentationen der Rücknahmesysteme nach deren Erhalt an die Beliehene.

(2) Die Rücknahmesysteme nach § 7 Absatz 1 Satz 1 haben dem Umweltbundesamt jährlich bis zum Ablauf des 30. April über die ökologische Gestaltung der Beiträge ihrer Hersteller oder von deren Bevollmächtigten zu berichten, insbesondere berichten sie, wie sie die Vorgaben nach § 7a bei der Bemessung der Beiträge umgesetzt haben.

(3) [1]Für die Vertreiber von Fahrzeug- und Industriebatterien ist Absatz 1 Satz 1 Nummer 2, 3, 5 und 6 mit der Maßgabe anzuwenden, dass über die Rücknahme und Verwertung von Fahrzeug- und Industrie-Altbatterien zu berichten ist. [2]Die Dokumentation ist auf Verlangen des Umweltbundesamtes in einer von einem unabhängigen Sachverständigen geprüften und bestätigten Fassung vorzulegen. [3]Hersteller von Fahrzeug- und Industriebatterien oder deren Bevollmächtigte können für mehrere Vertreiber gemeinsam eine Dokumentation vorlegen. [4]Sie haben jährlich bis zum Ablauf des 31. Mai die Daten über die im vorangegangen Jahr erreichten Verwer-

tungsquoten für Fahrzeug- und Industrie-Altbatterien auf Ihrer Internetseite zu veröffentlichen.

(3a) **Im Falle des § 13 Absatz 2 ist für den öffentlich-rechtlichen Entsorgungsträger Absatz 1 Satz 1 Nummer 2, 3 und 6 mit der Maßgabe anzuwenden, dass über die Rücknahme und Verwertung von Fahrzeug-Altbatterien zu berichten ist.**

(4) **Das Umweltbundesamt kann im Bundesanzeiger Empfehlungen für das Format und den Aufbau der Dokumentationen nach den Absätzen 1 und 2 veröffentlichen. Das Umweltbundesamt ist befugt, im Einvernehmen mit dem Bundesministerium für Umwelt, Naturschutz und nukleare Sicherheit Prüfleitlinien zu entwickeln, die von den unabhängigen Sachverständigen bei der Prüfung und Bestätigung der Dokumentationen nach Absatz 1 zu beachten sind.**

A. Allgemeines

I. Bedeutung der Vorschrift

1 § 15 regelt die Erfolgskontrolle der Rücknahmesysteme nach § 7 für Geräte-Altbatterien. Mitteilungspflichten der Hersteller oder deren Bevollmächtigter gegenüber der Gemeinsamen Stelle und legt den Inhalt und einzelne Modalitäten dieser Mitteilungen und Informationen fest. § 15 dient dabei im Wesentlichen der Kontrolle des Erfolgs der Rücknahmesysteme in Deutschland gegenüber der Europäischen Kommission, durchgeführt durch das Umweltbundesamt als zuständige Stelle. Die Übermittlung der Berichte erfolgt dementsprechend durch das jeweilige Rücknahmesystem nach § 7 an das Umweltbundesamt im jährlichen Zyklus bis zum Ablauf des 30.4, das über verschiedene in Abs. 1 S. 1 aufgelistete Modalitäten Auskunft geben muss. Die jeweiligen das Rücknahmesystem iSd § 7 betreibende Hersteller oder derer Bevollmächtigte sind dazu verpflichtet, dem Betreiberkollektiv und ggf. dem Drittbeauftragten alle relevanten Informationen zur Erfüllung der Verpflichtung aus Abs. 1 zu übermitteln. Abs. 3 und 3a regeln dabei Besonderheiten, die im Gegensatz zu den Geräte-Altbatterien für Fahrzeug- und Industriebatterien und für öffentlich-rechtlichen Entsorgungsträger nach § 13 gelten.

II. Rechtsentwicklung

2 Die Vorschrift wurde mit dem Gesetz zur Neuregelung der abfallrechtlichen Produktverantwortung für Batterien und Akkumulatoren v. 25.6.2009 (BGBl. I 2009, 1582) eingeführt und im Zuge des Ersten Gesetzes zur Änderung des Batteriegesetzes v. 03.11.2020 (BGBl. I 2020, 2280) angepasst.

3 Insbesondere **Abs. 1** Sätze 2 bis 6 wurden mit dem Ersten Gesetz zur Änderung des Batteriegesetze v. 03.11.2020 (BGBl. I 2020. 2280) neu eingefügt. Denn nach dem Wegfall des Gemeinsamen Rücknahmesystems iSd § 6 aF war die Dokumentationspflicht der Erfolgskontrolle primär an die Eigenrücknahmesysteme iSd § 7 zu adressieren. Deren Dokumentationspflicht war vormals in Abs. 2 aF geregelt und ist nun unmittelbar in Abs. 1 verortet. Im Vergleich zu Abs. 1 aF ist die Dokumentation der für die Rücknahme, Sortierung, Verwertung und Beseitigung jeweils insgesamt gezahlten Preise, untergliedert nach chemischen Systemen und Typengruppen entfallen. Diese Dokumentationspflicht galt vormals ohnehin nur für das Gemeinsame Rücknahmesystem iSd § 6 aF. Nach dessen Wegfall bedurfte es keiner entsprechenden Regelung mehr, zumal § 7 Abs. 5 vergleichbare Veröffentlichungspflichten enthalten. Hinsichtlich der Inhalte der Dokumentation gibt es über die notwendigen Anpassungen infolge des Wegfalls des Gemeinsamen Rücknahmesystems iSd § 6 aF und der Neufassung des § 7 hinaus keine wesentliche Veränderung zur

bisherigen Rechtslage (BR-Drs. 265/20, 49; BT-Drs. 19/19930, 47). Neu sind allerdings die Getrenntausweisungspflichten der selbst zurückgenommene Massen und Massen, die von anderen Rücknahmesystemen zurückgenommen und diesen abgekauft wurden.

Abs. 2 regelte 2009 noch die Erfolgskontrolle der herstellereigenen Rücknahmesysteme für Geräte-Altbatterien entsprechend der Erfolgskontrolle des Gemeinsamen Rücknahmesystems nach Abs. 1. Mit Wegfall des Gemeinsamen Rücknahmesystems wurde Abs. 2 durch das Erste Gesetz zur Änderung des Batteriegesetzes v. 03.11.2020 (BGBl. I 2020, 2280) auf das Rücknahmesystem nach § 7 umgestellt und etabliert korrespondierend zu § 7a eine neue Berichtspflicht für die Rücknahmesysteme über die ökologische Gestaltung der Beiträge (BR-Drs. 265/20, 49; BT-Drs. 19/19930, 47). 4

Absätze 3 und 4 entsprechen im Kern dem Stammgesetz mit marginalen Änderungen und Erweiterungen aufgrund EU-Rechts (s. Rn. 7 ff.). 5

III. Abgrenzung zu anderen Vorschriften

§ 15 ist in der Konzeption abzugrenzen von der Zweistufigkeit der Mitteilungs- und Informationspflichten der der Hersteller von Elektro- und Elektronikgeräten in § 27 ElektroG und deren Gemeinsamer Stelle nach § 32 ElektroG. § 15 enthält Mitteilungs- und Informationspflichten, die individualisiert je (Batterie-)Hersteller unterlegt sein müssen, auch wenn sie aggregiert dargestellt werden. Eine Aufteilung in individualisierte Mittelungen einerseits und aggregierte Mitteilungen andererseits wie in §§ 27, 32 ElektroG sieht § 15 nicht vor. 6

Diese Angaben nach § 15 sind wie im Fall des Vollzugs des ElektroG von besonderer Bedeutung, da im Fall des BattG davon die Zielerreichung und damit die Genehmigung des Eigenrücknahmesystems (vgl. § § 22 Abs. 2 S. 1 Nr. 4) abhängt. Ähnlich wie die Berechnung der Abholkoordination im Fall des ElektroG auf diesen Daten beruht (vgl. VG Ansbach, Urt. v. 24. 9. 2008, Az. AN 11 K 07.03 141, Rn. 26, zitiert nach juris) dienen die Mitteilungen der Hersteller oder deren Bevollmächtigter nach Abs. 1 S. 1 bzw. deren Drittbeauftragter als Grundlage zur Ermittlung der Erfassungs- sowie Verwertungsleistungen (BT-Drs. 18/4901, S. 98). 7

§ 15 erfüllt zudem die unionsrechtlich vorgegebenen Anforderungen, dass die Übermittlung der Berichte an das Umweltbundesamt erfolgt, damit dieses einen Gesamtberichts der Bundesrepublik Deutschland an die Europäische Kommission erstellen kann. 8

IV. EU-Recht

Abs. 1 setzt Artikel 8a Abs. 1b sowie Abs. 3d und e der geänderten Richtlinie 2008/98/EG sowie Erwägungsgrund 5 S. 2, Erwägungsgrund 13, Erwägungsgrund 14 S. 1, Erwägungsgrund 22, Art. 10 Abs. 1 S. 1 und Abs. 3 S. 1, Art. 12 Abs. 5 RL 2006/66/EG dienen (BT-Drs. 16/12227, 30) um. 9

Abs. 2 dient der Umsetzung von Erwägungsgrund 5 Satz 2, Erwägungsgrund 13, Erwägungsgrund 14 Satz 1, Erwägungsgrund 22, Art. 10 Abs. 1 S. 1 und Abs. 3 S. 1, Art. 12 Abs. 5 RL 2006/66/EG (BT-Drs. 16/12227, 31) und des Art. 8a Abs. 5 Unterabs. 1 der geänderten RL 2008/98/EG, wonach die Mitgliedstaaten die Hersteller und Rücknahmesysteme bei der Umsetzung der Vorgaben zu erweiterten Herstellerverantwortung angemessen zu überwachen haben (BR-Drs. 265/20, 49). 10

Abs. 3 soll der Umsetzung von Erwägungsgrund 5 S. 2, Erwägungsgrund 13 S. 1 und 4, Erwägungsgrund 14 S. 1, Erwägungsgrund 22, Art. 12 Abs. 5 RL 2006/66/EG dienen (BT-Drs. 16/12227, 31). 11

Abs. 4 dient der Umsetzung von Erwägungsgrund 22, Art. 10 Abs. 1 und Abs. 3 S. 3, Art. 12 Abs. 5 RL 2006/66/EG (BT-Drs. 16/12227, 31). 12

B. Erfolgskontrolle der Rücknahmesysteme

13 **Abs. 1** regelt die Erfolgskontrolle der Rücknahmesysteme nach § 7. Nach S. 1 gilt die Pflicht zur Vorlage einer Dokumentation über die für die Rücknahme, Sortierung, Verwertung und Beseitigung jeweils insgesamt gezahlten Preise, untergliedert ach chemischen Systemen und Typengruppen. Eine entsprechende Dokumentationspflicht galt bisher nur für das nunmehr aufgehobene Gemeinsamen Rücknahmesystem. Die Dokumentationspflicht der Rücknahmesysteme nach § 7 bestehen im jährlichen Turnus (bis zum Ablauf des 30.04) gegenüber dem Umweltbundesamt als zuständige Stelle. Die Dokumentation muss die in S. 1 in Nummern 1 – 6 kumulativ und abschließend aufgezählten Inhalte erfassen. Das sind:

1. die Masse der Gerätebatterien, die im vorangegangenen Jahr von seinen Mitgliedern oder im Fall der Bevollmächtigung von den durch die Bevollmächtigten jeweils vertretenen Hersteller im Geltungsbereich dieses Gesetzes in Verkehr gebracht wurden und im Geltungsbereich dieses Gesetzes verblieben sind, untergliedert nach chemischen Systemen und Typengruppen,
2. die Masse der von ihm im vorangegangenen Jahr zurückgenommenen Geräte-Altbatterien, untergliedert nach chemischen Systemen und Typengruppen; dabei sind selbst zurückgenommene Massen und Massen, die von anderen Rücknahmesystemen zurückgenommen und diesen abgekauft wurden, getrennt auszuweisen,
3. die Masse der von ihm im vorangegangenen Jahr stofflich verwerteten Geräte-Altbatterien, untergliedert nach chemischen Systemen und Typengruppen; dabei sind ausgeführte und außerhalb des Geltungsbereichs dieses Gesetzes verwertete Geräte-Altbatterien gesondert auszuweisen,
4. die nach Maßgabe des § 16 im eigenen System erreichte Sammelquote für Geräte-Altbatterien,
5. die nach Maßgabe des § 2 Abs. 19 im eigenen System erreichte Verwertungsquote für Geräte-Altbatterien sowie
6. die qualitativen und quantitativen Verwertungs- und Beseitigungsergebnisse.

14 Unter Mitglied nach S. 1 Nr. 1 sind dabei die Hersteller bzw. deren Bevollmächtigte zu verstehen, die das Rücknahmesystem betreiben (BR-Drs. 265/20). Im Fall einer Veränderung des Betreiberkollektivs sind die derjenigen Hersteller maßgeblich, die im Berichtsjahr das jeweilige Rücknahmesystem iSd § 7 Abs. 1 (mit)betrieben haben (→ § 16 Rn. 17 zu den Auswirkungen von Wechseln im Kreis der Mitbetreiber und → § 28 Rn. 16 f zu Maßnahmen zu dauerhaften Sicherstellung der Sammelzielerreichung in Fällen unterjähriger Wechsel durch Anwendung eines Annualisierungsfaktors).

15 Nach S. 2 werden die Hersteller bzw. Bevollmächtigten zudem verpflichtet, den Rücknahmesystemen für die Berichterstattung die notwendigen Informationen zu übergeben (BR-Drs. 265/20, 49). Sinn und Zweck der Regelung ist es, dass für sämtliche Betreiber des Rücknahmesystems die Informationen, die originär nur den einzelnen Herstellern und deren Bevollmächtigten vorliegen, zur Verfügung zu stehen, damit diese ihrer Gesamtverpflichtungen aus § 15 Abs. 1 S. 1 nachkommen kann. Insbesondere bei einer jährlichen Bereitstellung der Informationen ist es für die Rücknahmesysteme wichtig, insb. mit Blick auf die in Verkehr gebrachten Mengen, auf die Informationen der Hersteller zurückgreifen zu können. Insofern handelt es sich bei der Vorgabe um eine schon gelebte Praxis (BR-Drs. 265/20, 27). Als Sowieso-Kosten entsteht den Herstellern kein kostentechnischer Mehraufwand (BR-Drs. 265/20, 27).

16 Sätze 3 und 4 betreffen die Sicherstellung der wahrheitsgemäßen und korrekten Angaben der Informationen in der Dokumentation der Rücknahmesysteme. So ist die Dokumentation der Rücknahmesysteme gemäß S. 3 einem unabhängigen Sachverständigen vorzulegen. Unabhängig ist dabei jeder Sachverständige, der keinem wirtschaftlichen, finanziellen oder sonstigen Druck unterliegt, der sein Urteil beeinflussen oder das Vertrauen in die unparteiische Aufgabenwahrnehmung in Frage stellen kann (BR-Drs. 265/20, 49). Zur Sicherstellung der Unabhängigkeit darf der Sachverständige keine Bindungen eingehen, die seine berufliche Entscheidungsfreiheit beeinträchtigen oder beeinträchtigen könnten (BR-Drs. 265/20, 49). S. 4 betrifft dabei die Sicherstellung einer transparenten und unabhängigen Überprüfung der Dokumentation So soll die Unabhängigkeit des Sachverständigen auf Dauer dadurch gewahrt werden, dass dessen Position alle 5 Jahre gewechselt werden muss (BR-Drs. 265/20, 49). Dadurch entsteht ebenfalls kein zusätzlicher kostentechnischen Aufwand, da es lediglich zu einem Austausch und nicht der Bestellung eines zusätzlichen Sachverständigen kommt (BR-Drs. 265/20, 27).

17 S. 5 schreibt die Veröffentlichungspflicht der Rücknahmesysteme mit Blick auf die vorgelegte Dokumentation vor (BR-Drs. 265/20, 49). So hat jedes Rücknahmesystem die nach S. 1 vorzulegende Dokumentation innerhalb eines Monats nach Vorlage beim Umweltbundesamt auf seiner Internetseite zu veröffentlichen.

18 Aufgrund der Einführung der Beleihungsvorschriften in §§ 23 – 25 ist die Dokumentation der Rücknahmesysteme, die dem Umweltbundesamt vorgelegt wurde, auch an die Beliehene, also der *stiftung ear* (s. BNetzA, Bescheid v. 01.01. 2021, BAnz AT 11.01.2021 B7), weiterzuleiten. Hierdurch wird sichergestellt, dass diese überprüfen kann, ob die Rücknahmesysteme die Sammelquoten nach § 16 erreicht haben und ihre Genehmigung damit weiter fortbesteht (BR-Drs. 265/20, 49). Die Dokumentation ist für die Beliehene dahingehend wichtig, als dass diese für die Genehmigung und ggf. auch den Widerruf der Genehmigung der Rücknahmesysteme zuständig ist (BR-Drs. 265/20, 34) und nicht nur, aber auch auf dieser Basis im Rahmen der regelmäßigen Überprüfung eine neue, aktuelle Entscheidung über das Vorliegen der Genehmigungsvoraussetzungen nach § 7 treffen muss (→ § 20 Abs. 2). Dabei ist für das Vorliegen der Voraussetzungen aus § 7 Abs. 2 S. 1 und mithin den Nachweis, dass das in § 16 vorgeschriebene Sammelziel erreicht wird, neben der gebotenen ex ante-Betrachtung der zukünftigen Zielerreichung auch und gerade eine ex post-Prüfung der Zielerreichung in der Vergangenheit notwendig, zumal ein Nichterreichen des Sammelziels in der Vergangenheit auch einen besonderen Widerrufsgrund (vgl. § 21 Abs. 2 S. 1 Nr. 4) darstellt.

C. Bericht über ökologische Gestaltung der Beiträge

19 **Abs. 2** etabliert eine neue Berichtspflicht für die Rücknahmesysteme. Die Rücknahmesysteme müssen zukünftig – ähnlich § 21 Abs. 2 VerpackG – auch über die Umsetzung der neuen Vorgabe zur ökologischen Gestaltung der Beiträge gem. § 7a dem Umweltbundesamt jährlich einen Bericht vorlegen (BR-Drs. 265/20, 32). Die Vorschrift dient der Umsetzung von Art. 8a Abs. 5 UAbs. 5 der geänderten Richtlinie 2008/98/EG, wonach die Einhaltung der Vorgaben der erweiterten Herstellerverantwortung durch die Rücknahmesysteme durch die Mitgliedstaaten zu überwachen sind (BR-Drs. 265/20, 32). Nach Abs. 2 haben die Rücknahmesysteme dem Umweltbundesamt jährlich bis zum Ablauf des 30.04. über die ökologische Gestaltung der Beiträge ihrer Hersteller oder von deren Bevollmächtigten zu berichten. Dabei sind die Vorgaben aus § 7a zu beachten. Die Berichtspflicht gilt gem. § 31 Abs. 5 erstmals ab dem 1.1.2023.

20 Die Rücknahmesysteme können die Berichte nutzen, um ihren (ggf. bereits hohen) ökologischen Standard zu dokumentieren (BR-Drs. 265/20, 49). Die systembeteiligungspflichtigen Hersteller bzw. deren Bevollmächtigte können die Informationen über die Maßstäbe bei der Bewertung bei der Entscheidung für ein Rücknahmesystem nutzen, sofern sich die Rücknahmesysteme für eine Veröffentlichung dieser entscheiden (BR-Drs. 265/20, 49). Eine Verpflichtung zur Veröffentlichung gibt es jedoch nicht. Bei einer Veröffentlichung wäre unter Beachtung des Kartellrechts ein hinreichendes Aggregationsniveau sicherzustellen, sodass keine Rückschlüsse auf bestimmte Hersteller bzw. deren Geschäftsmodelle möglich sind (BR-Drs. 265/20, 49). Insofern wird der Wettbewerb zwischen den Rücknahmesystemen genutzt, um ein nachhaltiges Handeln zu fördern (BR-Drs. 265/20, 49).

D. Erfolgskontrolle bei Fahrzeug- und Industriebatterien

21 **Abs. 3** regelt die Erfolgskontrolle für Fahrzeug- und Industrie-Altbatterien und stellt somit eine lex-specialis-Regelung für bestimmte Batterietypen zu Abs. 1 dar. Nach Abs. 3 bestehen die Berichtspflichten nach Abs. 1 Nr. 2, 3, 5, 6 für Fahrzeug- und Industriebatterien mit der Maßgabe dahingehend, dass über die Rücknahme und Verwertung von Fahrzeug- und Industrie-Altbatterien zu berichten ist. Die Vertreiber sind verpflichtet, jährlich eine Dokumentation über die Rücknahme und Verwertung von Fahrzeug- und Industriebatterien vorzulegen (BR-Drs. 265/20, 50).

22 Gem. Abs. 3 S. 2 ist diese Dokumentation – anders als im Fall der Dokumentation nach Abs. 1 S. 1, vgl. Abs. 1 S. 3 und 4) – nur auf Verlangen des Umweltbundesamtes in einer von einem Sachverständigen geprüften und bestätigten Fassung vorzulegen. Nach S. 3 können die Hersteller von Fahrzeug- und Industriebatterien gemeinsam für die Vertreiber eine Dokumentation vorlegen. Nach S. 4 besteht die Pflicht der Hersteller zur Veröffentlichung der erreichten Verwertungsquoten für Fahrzeug- und Industriebatterien (BR-Drs. 265/20, 50).

E. Berichtspflicht der öffentlich-rechtlichen Entsorgungsträger

23 **Abs. 3a** regelt komplementär zu § 13 Abs. 2 die Erfolgskontrolle für Fahrzeug-Altbatterien, soweit sich öffentlich-rechtlichen Entsorgungsträger an deren Rücknahme beteiligen. Freiwillig an der Rücknahme von Fahrzeug-Altbatterien sich beteiligende öffentlich-rechtliche Entsorgungsträger müssen damit dem Umweltbundesamt jährlich zum 30. April einen Erfolgskontrollbericht über die umweltverträgliche Rücknahme und stoffliche Verwertung von Altbatterien übermitteln. Nach Abs. 3a ist für den öffentlich-rechtlichen Entsorgungsträger § 15 Abs. 1 S. 1 Nr. 2, 3 und 6 mit der Maßgabe anzuwenden, dass über die Rücknahme und Verwertung von Fahrzeug-Altbatterien zu berichten ist.

F. Empfehlungen und Leitlinien des Umweltbundesamtes

24 **Abs. 4** ist eine Rahmenbestimmung für das Umweltbundesamt, um die nach Abs. 1 und Abs. 2 durchzuführende Dokumentation durch Empfehlungen und Leitlinien zu vereinheitlichen und damit Fehlerquellen innerhalb der Informationsangabe zu verringern.

25 Daher kann das Umweltbundesamt gem. **Abs. 4 S. 1** im Bundesanzeiger Empfehlungen für das Format der Dokumentationen nach den Abs. 1 und 2 veröffentlichen. Telos

der Regelung ist es, die wissenschaftliche Zusammenführung der Einzeldokumentationen zu einem Gesamtbericht zu erleichtern (BT-Drs. 16/12227, 31). Zur Umsetzung der gesetzlichen Neuerungen ab dem Berichtsjahr 2021 hat des Umweltbundesamt Hinweise für die Erstellung der jährlichen Dokumentationen erstellt, vgl. https://www.umweltbundesamt.de/themen/abfall-ressourcen/produktverantwortung-in-der-abfallwirtschaft/batterien/berichtspflichten-gemaess-ss-14-ss-15 (zuletzt aufgerufen am 4.9.2023).

Nach **Abs. 4 S. 2** kann das Umweltbundesamt ferner Prüfleitlinien für die Sachverständigen bei der Prüfung und Bestätigung der Erfolgskontrollberichte entwickeln. S. 2 steht daher in Korrelation zu Abs. 1 S. 3 und 4. Das Aufstellen von Prüfleitlinien ist dem Umweltbundesamt nur im Einvernehmen mit dem Bundesministerium für Umwelt, Naturschutz und nukleare Sicherheit gestattet (BR-Drs. 265/20, 50). Damit hat der Gesetzgeber auf Urteile des VG Halle vom 29.8.2018 (Az. 8 A 331/18 HAL und 8 A 382/18 HAL, juris, vgl. dazu auch *Dieckmann*, AbfallR 2019, 156-163) zu einem Leitfaden des Umweltbundesamts vom Dezember 2017 auf der Grundlage des § 15 Abs. 4 aF reagiert. Die Rechtsprechung ist nun überholt angesichts der nun ausdrücklichen Befugnis des Umweltbundesamts aus Abs. 4 S. 2, im Einvernehmen mit dem Bundesministerium für Umwelt, Naturschutz und nukleare Sicherheit Prüfleitlinien zu entwickeln, die von den unabhängigen Sachverständigen bei der Prüfung und Bestätigung der Dokumentationen nach Abs. 1 zu beachten sind. Eine ähnliche Befugnis besteht auch für die Zentrale Stelle nach dem VerpackG in § 26 Abs. 1 Nr. 28 VerpackG. 26

G. Ausblick auf Geltung der EU-Batterie-Verordnung

Die Verordnung (EU) 2023/1542 des europäischen Parlaments und des Rates v. 12.07.2023 über Batterien und Altbatterien, zur Änderung der Richtlinie 2008/98/EG und der Verordnung (EU) 2019/1020 und zur Aufhebung der Richtlinie 2006/66/EG, L 191/1 enthält in Art. 75 eigene detaillierte Regelungen zu der Erfolgskontrolle, die allerdings erst nach Ablauf der Übergangszeit aus Art. 96 Abs. 2 UAbs. 2 lit. c ab dem 18. August 2025 gelten. Danach haben die Hersteller von Gerätebatterien und von LV-Batterien bzw. die Organisationen für Herstellerverantwortung, der zuständigen Behörde für jedes Kalenderjahr mindestens bestimmte Informationen, aufgeschlüsselt nach chemischer Zusammensetzung und Kategorie der Batterien und Altbatterien, zu melden. 27

Abschnitt 3. Kennzeichnung, Hinweispflichten

§ 17 Kennzeichnung

(1) **Der Hersteller ist verpflichtet, Batterien vor dem erstmaligen Inverkehrbringen gemäß den Vorgaben nach den Absätzen 4 und 5 mit dem Symbol nach der Anlage zu kennzeichnen.**

(2) **Das Symbol nach Absatz 1 muss mindestens 3 Prozent der größten Fläche der Batterie, höchstens jedoch eine Fläche von 5 Zentimeter Länge und 5 Zentimeter Breite, einnehmen. Bei zylindrischer Form des zu kennzeichnenden Objekts muss das Symbol nach Absatz 1 mindestens 1,5 Prozent der Oberfläche des Objekts, höchstens jedoch eine Fläche von 5 Zentimeter Länge und 5 Zentimeter Breite, einnehmen.**

(3) **Der Hersteller ist verpflichtet, Batterien, die mehr als 0,0005 Masseprozent Quecksilber, mehr als 0,002 Masseprozent Cadmium oder mehr als 0,004 Masseprozent Blei enthalten, vor dem erstmaligen Inverkehrbringen gemäß den Vorgaben nach den Sätzen 2 und 3 sowie nach den Absätzen 4 und 5 mit den chemischen Zeichen der Metalle (Hg, Cd, Pb) zu kennzeichnen, bei denen der Grenzwert überschritten wird. Die Zeichen nach Satz 1 sind unterhalb des Symbols nach Absatz 1 aufzubringen. Jedes Zeichen muss mindestens eine Fläche von einem Viertel der Fläche des Symbols nach Absatz 1 einnehmen.**

(4) **Nimmt das Symbol nach Absatz 1 oder das Zeichen nach Absatz 3 eine Fläche von weniger als einem halben Zentimeter Länge und einem halben Zentimeter Breite ein, kann auf die entsprechende Kennzeichnung verzichtet werden. Stattdessen sind Symbol und Zeichen in einer Größe von jeweils mindestens einem Zentimeter Länge und einem Zentimeter Breite auf die Verpackung aufzubringen. Die Sätze 1 und 2 gelten entsprechend, wenn eine Kennzeichnung der Batterie technisch nicht möglich ist.**

(5) **Symbol und Zeichen müssen gut sichtbar, lesbar und dauerhaft aufgebracht werden.**

(6) **Der Hersteller ist verpflichtet, Fahrzeug- und Gerätebatterien vor dem erstmaligen Inverkehrbringen mit einer sichtbaren, lesbaren und unauslöschlichen Kapazitätsangabe zu versehen. Bei der Bestimmung der Kapazität und der Gestaltung der Kapazitätsangabe sind die durch Rechtsverordnung nach § 27 Nummer 3 und nach der Verordnung (EU) Nr. 1103/2010 der Kommission vom 29. November 2010 zur Festlegung - gemäß der Richtlinie 2006/66/EG des Europäischen Parlaments und des Rates - von Vorschriften für die Angabe der Kapazität auf sekundären (wiederaufladbaren) Gerätebatterien und -akkumulatoren sowie auf Fahrzeugbatterien und -akkumulatoren (ABl. L 313 vom 30.11.2010, S. 3) festgelegten Vorgaben zu beachten.**

(7) **Zusätzliche freiwillige Kennzeichnungen sind zulässig, soweit sie nicht im Widerspruch zu einer Kennzeichnung nach Absatz 1, 3 oder 6 stehen.**

A. Allgemeines

I. Bedeutung der Vorschrift

§ 17 regelt die Umsetzung der Kennzeichnungspflichten nach Art. 21 der RL 2006/66/EG (BT-Drs. 16/12227, 31). Durch die Kennzeichnung nach Abs. 1 wird sichergestellt, dass der Nutzer über seine eigene Verantwortung für eine getrennte Sammlung informiert wird. Die Kennzeichnung nach Anlage 1 soll den Nutzer von Geräten in priva- 1 ten Haushalten informieren, dass er das Gerät nicht mit dem Hausmüll entsorgt, sondern getrennt sammelt (vgl. *Nusser*, Handbuch Multimedia-Recht, Teil 31, Rn. 63; *Giesberts* in: Giesberts/Hilf, ElektroG, § 9, Rn. 18). Ebenso soll Abs. 3 den Nutzer über potentielle Gefahrenstoffe innerhalb der Batterie informieren, um einen vorsichtigen und umsichtigen Umgang mit der Batterie zu gewährleisten (vgl. *Giesberts* in: Giesberts/Hilf, ElektroG, § 9, Rn. 18).

II. Rechtsentwicklung

3 Eingeführt wurde § 17 mit dem Gesetz zur Neuregelung der abfallrechtlichen Produktverantwortung für Batterien und Akkumulatoren v. 25.06.2009 (BGBl. I 2009, S. 1582).

4 Durch das Erste Gesetz zur Änderung des Batteriegesetzes und des Kreislaufwirtschaftsgesetzes v. 20.11.2015 (BGBl. I S. 2071) wurden Abs. 2 S. 1 und Abs. 6 S. 2 nur marginal geändert. Abs. 6 S. 2 erhielt damit den Verweis, dass bei der Bestimmung und der Gestaltung der Angabe der Kapazität im Hinblick auf sekundäre Gerätebatterien und Fahrzeugbatterien die Verordnung (EU) Nr. 1103/2010 zu berücksichtigen ist (BT-Drs. 18/5759, 12).

5 2020 kam es zu Folgeänderungen des Abs. 6 Satz 2 mWz 1.1.2021 durch das Erste Gesetz zur Änderung des Batteriegesetzes v. 3.11.2020 (BGBl. I S. 2280).

III. Abgrenzung zu anderen Vorschriften

6 Abzugrenzen ist § 17 von § 9 ElektroG, der die Kennzeichnungspflicht für Elektro- und Elektronikgeräte vor ihrem Inverkehrbringen regelt. Auch solche Geräte sind mit der durchgestrichenen Mülltonne zu kennzeichnen (§ 9 Abs. 2 S. 1 ElektroG iVm Anlage 3). Daneben bedarf es im Fall der Elektro- und Elektronikgeräte auch eines Hinweises darauf, wann das Gerät (erstmals) in Verkehr gebracht wurde zwecks (vgl. § 9 Abs. 1 S. 2 ElektroG); an die Stelle des dafür nach DIN EN 50419 vorgesehenen ausgefüllten Balkens treten im Fall der Batterien die Zeichen der Metalle (§ 17 Ab. 3).

IV. EU-Recht

7 Abs. 1 soll der Umsetzung von Erwägungsgrund 1 S. 4, Art. 6 Abs. 2, Art. 21 Abs. 1 RL 2006/66/EG, Abs. 2 der Umsetzung von Erwägungsgrund 1 S. 4, Art. 21 Abs. 4 RL 2006/66/EG, Abs. 3 der Umsetzung von Erwägungsgrund 1 S. 4, Erwägungsgrund 20 S. 2, Art. 6 Abs. 2, Art. 21 Abs. 3 RL 2006/66/EG, Abs. 4 der Umsetzung von Erwägungsgrund 1 S. 4, Art. 21 Abs. 5 RL 2006/66/EG dienen (BT-Drs. 16/12227, 31) und Abs. 5 der Umsetzung von Erwägungsgrund 1 S. 4, Art. 21 Abs. 6 RL 2006/66/EG dienen (BT-Drs. 16/12227, 31). Abs. 6 soll der Umsetzung von Erwägungsgrund 1 S. 4, Art. 6 Abs. 2, Art. 21 Abs. 2 RL 2006/66/EG dienen (BT-Drs. 16/12227, 31) und berücksichtigt des Weiteren ist durch einen klarstellenden Verweis die Verordnung (EU) Nr. 1103/2010 (BT-Drs. 18/5759, 12).

B. Allgemeine Kennzeichnungspflicht und Gestaltungsvorgaben

8 **Abs. 1** regelt die Kennzeichnung von Batterien. Diese Kennzeichnung muss zeitlich vor dem erstmaligen Inverkehrbringen erfolgen. Sachlich umfasst Abs. 1 die Kennzeichnung mit dem Symbol der durchgestrichenen Mülltonne:

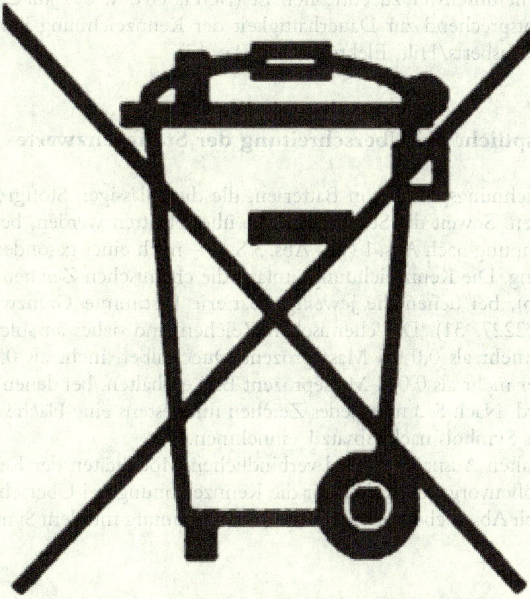

Das Symbol soll den Endnutzer darauf hinweisen, dass die Altbatterie einer getrennten Erfassung zuzuführen ist (BT-Drs. 16/12227, 31) und insbesondere nicht über die kommunale Abfalltonne zu entsorgen ist. Die Kennzeichnung mit dem Symbol nach Anlage 1 muss dauerhaft (→ Rn. 11) erfolgen. Dies folgt aus Abs. 5, nach dem Symbol (nach Abs. 1) und chemische Zeichen der Metalle (nach Abs. 2) „dauerhaft" aufgebracht werden müssen. 9

Abs. 2 ergänzt Abs. 1 um technische Vorgaben zur Größe des aufzubringenden Symbols (BT-Drs. 16/12227, 31). Die durchgestrichene Abfalltonne ist dabei grundsätzlich direkt auf der Batterie anzubringen. Dies folgt aus einem Umkehrschluss zu Abs. 4, wonach in Ausnahmefällen das Symbol auf die Verpackung aufgedruckt werden kann. Die Kennzeichnung kann gemeinsam mit anderen Prüf- und Sicherheitszeichen auf der Verpackung angebracht werden. 10

Abs. 4 bestimmt Ausnahmen, bei deren Vorliegen die Kennzeichnung nach den Abs. 1 und 3 statt auf der Batterie selbst auf der Verpackung der Batterie aufgebracht werden darf (BT-Drs. 16/12227, 31). Voraussetzung dafür ist, dass das Symbol nach Abs. 1 oder das Zeichen nach Abs. 3 eine Fläche von weniger als einem halben Zentimeter Länge und einem halben Zentimeter Breite einnimmt. Ebenso gilt dies nach S. 3, wenn eine Kennzeichnung der Batterie technisch nicht möglich ist. 11

Abs. 5 gibt sowohl für die Batterien, die unter Abs. 1 fallen, als auch die Batterien, die in den Anwendungsbereich des Abs. 3 fallen, Vorgaben zu Positionierung und Haltbarkeit der Kennzeichnung (BT-Drs. 16/12227, 31). Nach Abs. 5 müssen Symbol und Zeichen gut sichtbar, lesbar und dauerhaft aufgebracht werden. **Dauerhaft** bedeutet, dass die Kennzeichnung fest verbunden mit dem Produkt muss und nicht einfach abzulösen sein darf. Nach dem BGH ist die Kennzeichnung (im entschiedenen Fall: eines Elektro- oder 12

Elektronikgeräts) als dauerhaft anzusehen, wenn sie ein Mindestmaß an Unzerstörbarkeit aufweist und auch sonst nicht unschwer zu entfernen ist (BGH, Urt. v. 09. Juli 2015, Az.: I ZR 224/13, siehe entsprechend zur Dauerhaftigkeit der Kennzeichnung iSd § 9 ElektroG auch *Giesberts* in: Giesberts/Hilf, ElektroG, § 9, Rn. 17).

C. Kennzeichnungspflicht bei Überschreitung der Stoffgrenzwerte

13 **Abs. 3** regelt die Kennzeichnungspflicht von Batterien, die die zulässigen Stoffgrenzwerte (von was) überschreiten. Soweit die Stoffgrenzwerte überschritten werden, bedarf es – unterhalb der Kennzeichnung nach Abs. 1 (vgl. Abs. 3 S. 2) – noch einer gesonderten (Gefahrenstoff)Kennzeichnung. Die Kennzeichnung umfasst die chemischen Zeichen der Schwermetalle (Hg, Cd, Pb), bei denen die jeweilige Batterie bestimmte Grenzwerte überschreitet (BT-Drs. 16/12227, 31). Die chemischen Zeichen sind dabei an solchen Batterien anzubringen, die mehr als 0,0005 Masseprozent Quecksilber, mehr als 0,002 Masseprozent Cadmium oder mehr als 0,004 Masseprozent Blei enthalten, bei denen der Grenzwert überschritten wird. Nach S. 3 muss jedes Zeichen mindestens eine Fläche von einem Viertel der Fläche des Symbols nach Absatz 1 einnehmen.

14 Die in Abs. 4 und 5 enthalten Ausnahmen und verbindlichen Modalitäten der Kennzeichnung, insbesondere Größenvorgaben, gelten für die Kennzeichnung bei Überschreitung der Stoffgrenzwerte nach Abs. 3 ebenso wie für die Kennzeichnung mit dem Symbol nach Abs. 1.

D. Besondere Kennzeichnungspflicht bei Fahrzeug- und Gerätebatterien

15 **Abs. 6** regelt die Pflicht zur Kapazitätsangabe auf Fahrzeug- und Gerätebatterien (BT-Drs. 16/12227, 31). S. 1 schreibt dabei vor, dass jeder Hersteller verpflichtet ist, Fahrzeug- und Gerätebatterien vor dem erstmaligen Inverkehrbringen mit einer sichtbaren, lesbaren und unauslöschlichen Kapazitätsangabe zu versehen. Mit dem Gesetz v. 20.11.2015 (BGBl. I. S. 2071) und Gesetz v. 3.11. 2020 (BGBl. I S. 2280) wurde S. 2 dahingehend geändert, dass bei der Bestimmung und der Gestaltung der Angabe der Kapazität im Hinblick auf sekundäre Gerätebatterien und Fahrzeugbatterien die Verordnung (EU) Nr. 1103/2010 der Kommission v. 29.11.2010 zur Festlegung von Vorschriften für die Angabe der Kapazität auf sekundären (wiederaufladbaren) Gerätebatterien und -akkumulatoren sowie auf Fahrzeugbatterien und -akkumulatoren (ABl. L 313 v. 30.11.2010, 3) zu berücksichtigen ist.

16 Damit sind nach Abs. 6 S. 1 alle Geräte- und Fahrzeugbatterien mit einer Kapazitätsangabe zu versehen, und zwar unabhängig davon, ob es sich um nicht-wiederaufladbare Primärbatterien oder wiederaufladbare Sekundärbatterien handelt und auch unabhängig davon, ob die Batterien fest in ein Gerät eingebaut sind oder werden sollen. Der Verweis in S. 2 stellt lediglich klar, dass zur Bestimmung der Kapazität und der Gestaltung der Kapazitätsangabe die nach der VO (EU) Nr. 1103/2010 festgelegten Vorgaben zu beachten sind. Abs. 6 S. 2 verweist ausdrücklich nur auf Art. 2 (Maßeinheit der Kapazitätsangabe) und Art. 3 (Gestaltung des Kennzeichens zur Angabe der Kapazität) der VO (EU) Nr. 1103/2010 (*Öttinger*, NVwZ 2021, 1084, 1089). Eine Bezugnahme auf den Anwendungsbereich der VO (EU) Nr. 1103/2010 ist dagegen nicht gesetzlich vorgesehen; insofern handelt es sich lediglich um eine Rechtsfolgenverweisung auf die VO (EU) Nr. 1103/2010 (so auch *Öttinger*, NVwZ 2021, 1084, 1089).

E. Zulässigkeit freiwilliger Kennzeichnungen

Abs. 7 stellt eine Regelung zu zusätzlichen freiwilligen Kennzeichnungen der Hersteller auf. Danach kann ein Hersteller eine Batterie – **neben** der verpflichtenden Kennzeichnung nach Abs. 1, Abs. 3 oder Abs. 6 – noch mit einer weiteren Kennzeichnung versehen. Eine solche zusätzliche freiwillige Kennzeichnung von Batterien ist aber nur insoweit zulässig sind, als sie nicht im Widerspruch zur Kennzeichnung nach den Abs. 1, 3 oder Abs. 6 steht (BT-Drs. 16/12227, 31). **17**

F. Ausblick auf Geltung der EU-Batterie-Verordnung

Die Verordnung (EU) 2023/1542 des europäischen Parlaments und des Rates v. 12.07.2023 über Batterien und Altbatterien, zur Änderung der Richtlinie 2008/98/EG und der Verordnung (EU) 2019/1020 und zur Aufhebung der Richtlinie 2006/66/EG, L 191/1 enthält in Art. 5, 13 iVm Anhang VI neue, unmittelbar geltende Regelungen zur Kennzeichnung. **18**

§ 18 Hinweis- und Informationspflichten

(1) **Vertreiber haben ihre Kunden durch gut sicht- und lesbare, im unmittelbaren Sichtbereich des Hauptkundenstroms platzierte Schrift- oder Bildtafeln darauf hinzuweisen,**

1. dass Batterien nach Gebrauch im Handelsgeschäft unentgeltlich zurückgegeben werden können,

2. dass der Endnutzer zur Rückgabe von Altbatterien gesetzlich verpflichtet ist und

3. welche Bedeutung das Symbol nach § 17 Absatz 1 und die Zeichen nach § 17 Absatz 3 haben.

Wer Batterien im Versandhandel an den Endnutzer abgibt, hat die Hinweise nach Satz 1 in den von ihm verwendeten Darstellungsmedien zu geben oder sie der Warensendung schriftlich beizufügen.

(2) **Die Hersteller sind verpflichtet, die Endnutzer zu informieren über**

1. die in Absatz 1 Satz 1 genannten Bestimmungen,

2. Abfallvermeidungsmaßnahmen und über Maßnahmen zur Vermeidung von Vermüllung,

3. die Möglichkeiten der Vorbereitung zur Wiederverwendung von Altbatterien,

4. die möglichen Auswirkungen der in Batterien enthaltenen Stoffe auf die Umwelt und die menschliche Gesundheit, insbesondere über die Risiken beim Umgang mit lithiumhaltigen Batterien, sowie

5. die Bedeutung der getrennten Sammlung und der Verwertung von Altbatterien für Umwelt und Gesundheit.

(3) **Die Rücknahmesysteme nach § 7 Absatz 1 Satz 1 sind verpflichtet, gemeinsam die Endnutzer in angemessenem Umfang zu informieren über**

1. die Verpflichtung nach § 11 Absatz 1 zur Entsorgung von Geräte-Altbatterien,

2. Sinn und Zweck der getrennten Sammlung von Geräte-Altbatterien,

3. die eingerichteten Rücknahmesysteme sowie

4. die Rücknahmestellen.

Die Information nach Satz 1 hat in regelmäßigen Zeitabständen zu erfolgen und soll sowohl lokale als auch überregionale Maßnahmen beinhalten. Zur Erfüllung ihrer Pflichten aus Satz 1 haben die Rücknahmesysteme nach § 7 Absatz 1 Satz 1 gemeinschaftlich einen Dritten zu beauftragen. Der beauftragte Dritte hat einen Beirat einzurichten, dem folgende Vertreter angehören:

1. Vertreter der öffentlich-rechtlichen Entsorgungsträger,

2. Vertreter der Verbraucherschutzorganisationen,

3. Vertreter der Hersteller- und Handelsverbände,

4. Vertreter der Entsorgungswirtschaft sowie

5. Vertreter der Länder und des Bundes.

Der Beirat gibt sich eine Geschäftsordnung. Die Rücknahmesysteme nach § 7 Absatz 1 Satz 1 tragen die Kosten entsprechend dem Marktanteil der in Verkehr gebrachten Masse an Gerätebatterien der jeweils bei ihnen selbst oder über einen Bevollmächtigten beteiligten Hersteller.

(4) **Die Rücknahmesysteme nach § 7 Absatz 1 Satz 1 haben eine gemeinsame einheitliche Kennzeichnung für Rücknahmestellen zu entwerfen, diese den Rücknahmestellen unentgeltlich zur Verfügung zu stellen und bei den Rücknahmestellen dauerhaft für deren Nutzung zu werben. Die Rücknahmesysteme nach § 7 Absatz 1 Satz 1**

können auch gemeinschaftlich einen Dritten mit der Wahrnehmung der Pflicht aus Satz 1 beauftragen. Absatz 3 Satz 6 gilt entsprechend.

A. Allgemeines

I. Bedeutung der Vorschrift

1 § 18 regelt die Hinweispflichten von Herstellern und Vertreibern gegenüber ihren Kunden bzw. gegenüber ihren Endnutzern. Ebenso sind auch die Hinweis- und Informationspflichten der Rücknahmesysteme nach § 7 gegenüber ihren Endnutzern geregelt. § 18 soll damit auch die Kunden- und Nutzerebene in das Recycling-System des BattG miteinbeziehen, damit die mit dem BattG angedachte Kreislaufwirtschaft vollständig funktioniert. Dafür bedarf es der klaren und verständlichen Übermittlung aller wichtigen Informationen, um die Rückgabe von und eine strikte Mülltrennung der Batterien zu gewährleisten. Dieser Aufgabe wird § 18 durch klare Vorgaben an alle Ebenen im Recycling-Prozess von Altbatterien gerecht. So unterliegen sowohl die Hersteller, Rücknahmesysteme nach § 7 und auch die Vertreiber Hinweis- und Informationspflichten, denen nachzukommen ist. Flankiert werden die materiellen Verpflichtungen auf Vertriebsebene durch die Bußgeldbewehrung in § 29 Abs. 1 Nr. 17.

II. Rechtsentwicklung

2 Eingeführt wurden die Hinweis- und Informationspflichten mit dem Gesetz zur Neuregelung der abfallrechtlichen Produktverantwortung für Batterien und Akkumulatoren v. 25.06.2009 (BGBl. I 2009, S. 1582).

3 Während Abs. 1 weitestgehend unverändert bleibt, wurden die Abs. 2 – 4 durch das Erste Gesetz zur Änderung des Batteriegesetzes v. 3.11.2020 (BGBl. I S. 2280) neu gefasst. Das Änderungsgesetz nahm Änderungen an den Hinweispflichten in § 18 BattG vor, um Art. 8a Abs. 2 der geänderten Richtlinie 2008/98/EG umzusetzen. Die bisherige Überschrift wurde geändert, sodass auch die Informationspflichten explizit mit aufgenommen wurden. Abs. 2 wurde durch weitergehende Verpflichtungen der Hersteller erweitert und erfasst nun 4 Nummern. Insbesondere durch technologische Entwicklung und die massentaugliche Verwendung von Lithium-Ionen-Batterien waren ausführliche informationspflichten durch die Hersteller nötig. Aufgrund der Abschaffung des Gemeinsamen Rücknahmesystems und der Verpflichtung zum Betrieb eines eigenen Rücknahmesystems iSd § 7 Abs. 1 wurde auch die Überarbeitung der Abs. 3 bis 4 notwendig. So wurden diese an die neuen Regelungen angepasst mit dem Ziel, eine einheitliche Kommunikation an die Endnutzer zu ermöglichen (BR-Drs. 265/20, 51).

III. Abgrenzung zu anderen Vorschriften

4 § 18 weist Ähnlichkeiten zu §§ 18, 19a und 31 Abs. 4 S. 1 ElektroG auf. Diese regeln ebenfalls Informationspflichten der Vertreiber und der Hersteller bzw. deren Gemeinsamer Stelle gegenüber den privaten Haushalten bzw. Endnutzern. Auch im Anwendungsbereich des ElektroG (also Elektro- und Elektronikgeräte iSd ElektroG) sind Endnutzer über die Rückgabe und Entsorgung von Altgeräten, die Pflicht der Vertreiber zur unentgeltlichen Rücknahme von Altgeräten und die Bedeutung des Symbols der durchgestrichenen Mülltonne hinzuweisen.

IV. EU-Recht

Abs. 1 soll der Umsetzung von Erwägungsgrund 20 S. 1, Art. 20 RL 2006/66/EG dienen (BT-Drs. 16/12227, 31). Abs. 2 soll der Umsetzung von Erwägungsgrund 20 S. 1, Art. 16 Abs. 3, Art. 20 Abs. 1 und 2 RL 2006/66/EG, Abs. 3 der Umsetzung von Erwägungsgrund 16 S. 2, Art. 16 Abs. 3 RL 2006/66/EG und Abs. 4 der Umsetzung von Erwägungsgrund 16 S. 2 RL 2006/66/EG dienen (BT-Drs. 16/12227, 32). 5

B. Hinweis- und Informationspflichten der Vertreiber

Abs. 1 S. 1 regelt die Hinweispflichten der Vertreiber gegenüber ihren Kunden. Danach haben Vertreiber ihre Kunden auf die unentgeltliche Rücknahme im Handelsgeschäft (Nr. 1), die gesetzliche Rückgabepflicht des Endkundens (Nr. 2) und die Bedeutung des Symbols der durchgestrichenen Mülltonne (vgl. § 17 Abs. 1 iVm Anlage 1) und der Zeichen für die Überschreitung von Stoffgrenzwerten nach § 17 Abs. 3 (Nr. 3) hinzuweisen. Der Verlauf des Hauptkundenstroms iSv S. 1 bestimmt sich durch Bereiche, die der Kunde in der Regel unabhängig von seinen konkreten Einkäufen passieren muss; hierzu zählen insbesondere der Eingang, der Kassenbereich und der Ausgang (BT-Drs. 16/12227, 31). S. 2 regelt den Sonderfall des Versandhandels, da dort keine physischen Schrift- oder Bildtafeln zum Einsatz kommen. S. 2 modifiziert S. 1 also dahingehend, dass die Hinweise nach S. 1 in der vom Vertreiber verwendeten Darstellungsmedien zu geben oder der Warensendung beizufügen sind. 6

C. Hinweis- und Informationspflichten der Hersteller

Abs. 2 begründet Informationspflichten für die Hersteller von Batterien. Dabei hat der Hersteller die Endnutzer über dieselben Informationen wie der Vertreiber nach Abs. 1 hinzuweisen. Zusätzlich dazu ist der Pflichtenkreis der Hersteller aufgrund ihrer besonderen Kenntnis bzgl. des Herstellungsprozesses und der Bestandteile der Batterien auf weitere Hinweis- und Informationspflichten erweitert. So haben diese die Endnutzer auch über Abfallvermeidungsmaßnahmen und über Maßnahmen zur Vermeidung von Vermüllung (Nr. 2) sowie über die Vorbereitung zur Wiederverwendung von Altbatterien zu informieren (Nr. 3). Vor dem Hintergrund der mit lithiumhaltigen Altbatterien verbundenen Gefahren haben die Hersteller zudem über die möglichen Auswirkungen auch von Lithium in Batterien zu informieren (Nr. 4). Dies umfasst dabei eine Information über Risiken sowohl bei der Nutzung als auch bei der Sammlung und Behandlung der lithiumhaltigen Batterien (BR-Drs. 265/20, 51). Dem Klimaschutzgedanken des Art. 20a GG entsprechend müssen Hersteller die Endnutzer des Weiteren auch über die Bedeutung der getrennten Sammlung und der Verwertung von Altbatterien für Umwelt und Gesundheit hinweisen (Nr. 5). 7

In Hinblick auf den in der Regel nur mittelbaren Kontakt zwischen Hersteller und Endnutzer kann die Verbreitung der Informationen über allgemein zugängliche Medien erfolgen (BT-Drs. 16/12227, 31). Abfallwirtschaftliche Informationsmedien mit hoher Breitenwirkung und regelmäßiger Wahrnehmung durch den Endnutzer (z.B. kommunale Abfallkalender) sind dabei besonders zu berücksichtigen (BT-Drs. 16/12227, 31). Hersteller können ihre allgemeinen Informationspflichten durch die Informationskampagnen der Rücknahmesysteme erfüllen lassen. (BR-Drs. 265/20, 33) 8

D. Hinweis- und Informationspflichten der Rücknahmesysteme

9 **Abs. 3** regelt die Hinweis- und Informationspflichten der Rücknahmesysteme gegenüber den Endnutzern. Dabei haben die einzelnen Rücknahmesystemen eine „gemeinsame" Verpflichtung, um eine einheitliche Kommunikation zu gewährleisten (vgl. BR-Drs. 265/20, 51). Nach S. 1 sind die Rücknahmesysteme für Hersteller von Gerätebatterien verpflichtet, die Endnutzer über die Verpflichtung nach § 11 Abs. 1 zur Entsorgung von Geräte-Altbatterien (Nr. 1), den Telos der getrennten Sammlung von Geräte-Altbatterien (Nr. 2), die eingerichteten Rücknahmesysteme (Nr. 3) sowie die Rücknahmestellen selbst (Nr. 4) zu unterrichten. Um die Aktualität der Informationen zu gewährleisten, sind die Rücknahmesysteme gem. S. 2 der Verpflichtung in regelmäßigen Zeitabständen nachzukommen. Dabei sind sowohl lokale als auch überregionale Maßnahmen zu ergreifen (BR-Drs. 265/20, 51). Die Information kann dabei durch unterschiedliche Maßnahmen (TV-Spots, Plakatwerbung, Informationsarbeit in Schulen u.a.) erfolgen (BR-Drs. 265/20, 51). All diese Maßnahmen sollen eine vollständige Aufklärung der Endnutzer erreichen, damit es zu besseren Sammel- und Trennungsergebnissen durch die Endnutzer kommt, sodass die Rücknahmesysteme das Sammelziel leichter erreichen können (BR-Drs. 265/20, 51). Ebenso sollen die Hinweis- und Informationspflichten der Rücknahmesysteme auch die europarechtlichen Anforderungen an die Sammlung und Verwertung von Geräte-Altbatterien sicherstellen (BR-Drs. 265/20, 51).

10 Damit insbesondere der Aspekt der Einheitlichkeit gewährleistet werden kann, ist zur Erfüllung ihrer Pflichten nach S. 3 ein Dritter zur Aufgabenerfüllung einzuschalten. Dieser muss um eine einheitliche und wettbewerbsneutrale Information an den Endnutzer bemüht sein.

11 Die Rücknahmesysteme haben bei der Vorbereitung entsprechender Maßnahmen gem. S. 4 Vertreter der Einrichtungen der kommunalen Abfallberatung, Verbraucherschutzorganisationen, Hersteller- und Handelsverbände, der Entsorgungswirtschaft sowie der Länder und des Bundes einzubinden (BR-Drs. 265/20, 33). Der Dritte hat daher mit diesen Vertretern gem. S. 4 einen Beirat einzurichten, der sich gem. S. 5 eine Geschäftsordnung gibt. Es soll einmal jährlich eine Sitzung des Beirats stattfinden und im Übrigen soll die die Mitarbeit und Abstimmung über digitale Medien erfolgen (BR-Drs. 265/20, 27).

12 Mit Blick auf die Kostentragung regelt S. 5, dass die Kosten entsprechend dem durch das Rücknahmesystem vertretenen Marktanteil an der in Verkehr gebrachten Masse an Gerätebatterien aufzuteilen sind (BR-Drs. 265/20, 51).

13 Zudem haben die Rücknahmesysteme nach **Abs. 4** eine gemeinsame einheitliche Kennzeichnung für Sammelstellen zu entwerfen. Die Kennzeichnung ist den Rücknahmestellen unentgeltlich zur Verfügung zu stellen. Für dessen Nutzung ist bei den angeschlossenen Rücknahmestellen entsprechend zu werben. Auch im Rahmen der Entwicklung der gemeinsamen Kennzeichnung kann gem. S. 2 ein Dritter beauftragt werden. Hierbei gilt nach Abs. 4 S. 3 die Kostentragungsregel des Abs. 3 S. 6 entsprechend.

14 Konkrete Maßnahmen in Umsetzung der Hinweis- und Informationspflichten der Rücknahmesysteme sind, soweit ersichtlich, durch deren Betreiber bislang nicht erfolgt. Ein Verstoß gegen die Hinweis- und Informationspflichten aus Abs. 3 und 4 ist allerdings – anders ein Verstoß gegen die Hinweispflichten der Vertreiber, vgl. § 29 Abs. 1 Nr. 17 – auch nicht bußgeldbewehrt.

E. Ausblick auf Geltung der EU-Batterie-Verordnung

Die Verordnung (EU) 2023/1542 des europäischen Parlaments und des Rates v. 12.07.2023 über Batterien und Altbatterien, zur Änderung der Richtlinie 2008/98/EG und der Verordnung (EU) 2019/1020 und zur Aufhebung der Richtlinie 2006/66/EG, L 191/1 enthält in Art. 38 - 45 der VO vergleichbare Regelungen zu den Hinweis- und Informationspflichten. **15**

Abschnitt 6. Beauftragung Dritter, Verordnungsermächtigungen, Vollzug

§ 26 Beauftragung Dritter und Bevollmächtigung

(1) **Die nach diesem Gesetz Verpflichteten können Dritte mit der Erfüllung ihrer Pflichten beauftragen; § 22 Satz 2 und 3 des Kreislaufwirtschaftsgesetzes gilt entsprechend.**

(2) **Hersteller, die keine Niederlassung im Geltungsbereich dieses Gesetzes haben, können einen Bevollmächtigten mit der Wahrnehmung ihrer Verpflichtungen nach den §§ 4 und 5, § 7 Absatz 1 Satz 1, § 8 sowie § 15 Absatz 3 Satz 3 und 4 beauftragen. Die Aufgabenerfüllung durch den Bevollmächtigten erfolgt im eigenen Namen. Jeder Hersteller darf nur einen Bevollmächtigten beauftragen. Die Beauftragung nach Satz 1 hat schriftlich und in deutscher Sprache zu erfolgen.**

A. Allgemeines

I. Bedeutung der Vorschrift

1 Abs. 1 regelt die grundsätzliche Möglichkeit zur Drittbeauftragung. Die nach dem BattG Verpflichteten müssen diese Pflichten grundsätzlich nicht persönlich erfüllen, sondern können sich zur Erfüllung ihrer Pflichten Dritter bedienen. Die Norm verweist diesbezüglich auf § 22 S. 2 und 3 KrWG. Gemäß § 22 S. 2 KrWG bleibt jedoch bei Beauftragung Dritter die Verantwortung für die Erfüllung der sich aus dem Gesetz ergebenden Pflichten unberührt. Sie verbleibt beim Auftraggeber. Dies gilt insbesondere auch für die für den Betrieb ihres Rücknahmesystems von Herstellern beauftragten Dritten iSd § 7 Abs. 3 S. 2. Nach § 22 S. 3 KrWG müssen die beauftragten Dritten zudem über die erforderliche Zuverlässigkeit verfügen.

2 Abs. 2 regelt demgegenüber die Möglichkeit der Beauftragung eines Bevollmächtigten, der die Pflichten im eigenen Namen erfüllt. Konkret ermöglicht Abs. 2 nicht im Inland niedergelassenen Herstellern die Beauftragung und Benennung eines im Inland niedergelassenen Bevollmächtigten. Der Bevollmächtigte ist nach der Legaldefinition in § 2 Nr. 15a jede im Geltungsbereich dieses Gesetzes niedergelassene natürliche oder juristische Person oder Personengesellschaft, die ein Hersteller ohne Niederlassung im Geltungsbereich dieses Gesetzes beauftragt hat, in eigenem Namen sämtliche Aufgaben wahrzunehmen, um die Herstellerpflichten nach diesem Gesetz zu erfüllen. Er hat dann die Verpflichtungen nach den §§ 4, 5, 7 Abs. 1 S. 1, § 8 sowie § 15 Abs. 3 S. 3 und 4b wahrzunehmen.

II. Rechtsentwicklung

3 Die Regelung zur Beauftragung Dritter wurde mit dem Stammgesetz v. 25.06.2009 (BGBl. I 2009, S. 1582) eingeführt, damals als § 19 aF. Zuvor – unter Geltung der Batterieverordnung – griff die entsprechende Regelung zur Zulässigkeit der Drittbeauftragung aus dem KrW-/AbfG aF unmittelbar.

4 Das Erste Gesetz zur Änderung des Batteriegesetzes v. 3.11.2020 (BGBl. I S. 2280) verschob den Inhalt des bisherigen § 19 a.F. (Beauftragung Dritter) in den neuen § 26 und fasst diesen neu. Neben der Beauftragung Dritter wird explizit auch die Bevollmächtigung in die Überschrift aufgenommen (BR-Drs. 265/20, 57). Durch den Wegfall des Gemeinsamen Rücknahmesystems wird die Vorschrift um die Bezugnahme auf das Gemeinsame Rücknahmesystem in § 19 S. 2 aF bereinigt.

III. Abgrenzung zu anderen Vorschriften

5 § 26 ist aufgrund des Verweises in Abs. 1 Hs. 2 in Verbindung mit § 22 KrWG zu sehen. Zwar begrenzt § 26 Abs. 1 Hs. 1 den Anwendungsbereich für die Bevollmächtigung auf das BattG selbst. Die Kriterien der Beauftragung richten sich aber entsprechend den Anforderungen in § 22 S. 2 und S. 3 KrWG (s. § 26 BattG, Rn. 1).

6 § 26 weist Ähnlichkeiten zu § 35 VerpackG und zu § 43 ElektroG bzw. § 8 ElektroG auf. § 35 VerpackG und § 43 ElektroG regeln die Beauftragung Dritter im Rahmen des Anwendungsbereiches des VerpackG bzw. des ElektroG. Dabei verweisen auch § 35 VerpackG und § 43 ElektroG ihrerseits auf § 22 S. 2 und S. 3 KrWG und statuieren eine entsprechende Anwendung im Rahmen des VerpackG und ElektroG. Die Regelung zur originären und unvertretbaren Pflicht der Hersteller zur Registrierung fehlt in Abs. 1; die Unvertretbarkeit der Registrierungspflicht ergibt aber auch ohne diese ausdrücklich klarstellende Regelung unmittelbar aus der Adressierung dieser Pflicht in § 4. § 35 Abs. 2 VerpackG und § 8 ElektroG regeln ähnlich wie Abs. 2 die Bevollmächtigung. § 8 Abs. 1 und 2 ElektroG verpflichtet allerdings nicht im Inland niedergelassene Hersteller zur Beauftragung und Benennung eines im Inland niedergelassenen Bevollmächtigten. Abs. 2 S. 2 (Aufgabenwahrnehmung im eigenen Namen) hat im Übrigen eine Entsprechung in § 35 Abs. 2 S. 3 und § 3 Nr. 10 ElektroG; Abs. 2 S. 3 (Eindeutigkeit der Bevollmächtigung) hat eine Entsprechung in § 35 Abs. 2 S. 4 und § 8 Abs. 1 S. 2 ElektroG und Abs. 2 S. 4 (Form der Beauftragung) in § 35 Abs. 2 S. 5 und § 8 Abs. 1 S. 3 ElektroG.

IV. EU-Recht

7 Abs. 1 dient der Umsetzung von Erwägungsgrund 16 S. 2, Art. 8 Abs. 3 und 4 RL 2006/66/EG (BT-Drs. 16/12227, 32).

8 In Umsetzung der Vorgaben aus Art. 8a Abs. 5 Unterabs. 3 der geänderten RL 2008/98/EG wird mit dem neuen Abs. 2 ein eigener Absatz zur Bevollmächtigung aufgenommen (BR-Drs. 265/20, 57).

B. Beauftragung Dritter

9 **Abs. 1** umfasst die Möglichkeit, einen Dritten mit der Aufgabenerfüllung zu betrauen. Er stellt klar, dass sich die nach diesem Gesetz Verpflichteten zur Erfüllung dieser Pflichten Dritter bedienen können. Die Tätigkeit Dritter beschränkt sich auf die Erfüllung einer beim Verpflichteten verbleibenden Pflicht (BT-Drs. 16/12227, 32). Verpflichtete im Sinne des BattG sind nach dem Wortlaut all diejenigen, denen das BattG bestimmte Pflichten auferlegt. Dies sind sowohl Hersteller, Vertreiber, öffentlich-rechtliche Entsorgungsträger und Besitzer als auch die Rücknahmesysteme und das Umweltbundesamt. Der Regelungsgehalt von § 26 geht damit über jenen von einst § 11 VerpackV aF und § 15 BattV aF, die jeweils „Hersteller und Vertreiber" nennen, sowie über § 22 S. 1 KrWG, der „die zur Verwertung und Beseitigung Verpflichteten" nennt, hinaus und gleich sich den Regelungen in § 35 Abs. 1 VerpackG und § 43 ElektroG an.

10 „Dritter" im Sinne von § 26 ist jeder andere. Dritter kann jede rechtsfähige Person privaten oder öffentlichen Rechts sein, so z.B. eine GmbH, eine OHG, eine Gebietskörperschaft oder ein öffentlich-rechtlicher Zweckverband (Schink, in Schink/Versteyl, KrWG, § 22, Rn. 15; Jahn, in: Jahn/Dreifuß-Kruse/Brandt, KrWG, § 22, Rn. 5; Kahl, DVBl. 1995, 1327, 1329). Juristische Personen des öffentlichen Rechts sind von diesem Begriff damit ebenfalls erfasst (Giesberts, in: Giesberts/Hilf, ElektroG, § 43, Rn. 12).

„Dritter" in diesem Sinne kann schließlich auch jeder andere nach diesem Gesetz Verpflichtete sein. Damit kann auch der Hersteller den Vertreiber, der Vertreiber den öffentlich-rechtlichen Entsorgungsträger mit der Erfüllung von Pflichten beauftragen (Giesberts, in: Giesberts/Hilf, ElektroG, § 43, Rn. 12).

Abs. 1 ermöglicht lediglich die Hinzunahme eines Dritten, gewährt aber keinen Anspruch auf die Beauftragung und befreit auch nicht den Normadressaten von seinem öffentlich-rechtlichen Pflichtenprogramm. Die Beauftragung erfolgt grundsätzlich aufgrund der Vertragsfreiheit als Ausprägung der Privatautonomie frei nach dem Willen des Verpflichteten nach dem BattG. Dabei müssen aber vergabe- und kartellrechtliche Grundsätze und Vorgaben eingehalten werden. Der Anwendungsbereich der Beauftragung ist auf die Verpflichtungen im Rahmen des BattG beschränkt. Darauf weist der Wortlaut „soweit" hin. Daher kann eine Beauftragung des Dritten inhaltlich nur solche Handlungen erfassen, die der Verpflichtete nach dem BattG zu erfüllen hat. Aufgrund des Verweises auf § 22 S. 2 und 3 KrWG entsteht keine befreiende Pflichtenübertragung des Verpflichteten auf den Dritten. Nach § 22 S. 2 KrWG dient die Beauftragung eines Dritten nur der Erfüllung der Pflichten. Der Verpflichtete nach dem BattG trägt weiterhin die Verantwortung für die ordnungsgemäße Erfüllung der Pflichten aus dem BattG. Der Dritte ist damit lediglich Erfüllungsgehilfe des Verpflichteten iSv § 278 BGB (vgl. zu Vorstehendem im ElektroG: Giesberts, in: Giesberts/Hilf, ElektroG, § 43, Rn. 21). Der Dritte muss aufgrund des Verweises auf § 22 S. 2 KrWG zuverlässig sein. Es bedarf also einer Eignungsprüfung vor Beauftragung, die der Verpflichtete durchzuführen hat. Der Verpflichtete hat die Zuverlässigkeit auch im späteren Verlauf der Beauftragung in eigener Verantwortung zu überprüfen (Schink, in Schink/Versteyl, KrWG, § 22, Rn. 21). 11

§ 26 setzt nicht voraus, dass die Pflicht aus dem BattG bereits entstanden ist. Ein Dritter kann auch mit den im Gesetz normierten abstrakten Rechtspflichten beauftragt werden. § 26 soll zu einer Arbeitsentlastung und einer effizienteren Aufgabenerfüllung des Verpflichteten führen, sodass schon der Telos des § 26 BattG ergibt, dass die Auftragsverhältnisse auch langfristig ausgestaltet werden können. 12

Um einen Dritten zu beauftragen, wird zwischen Verpflichteten und Drittem ein privatrechtlicher Vertrag (idR ein Werkvertrag) geschlossen (Giesberts, in: Giesberts/Hilf, ElektroG, § 43, Rn. 19). Dies gilt grundsätzlich auch für den öffentlich-rechtlichen Entsorgungsträger und das Umweltbundesamt, wobei diese auch auf den öffentlich-rechtlichen Vertrag nach § 54 VwVfG zurückgreifen können (Giesberts, in: Giesberts/Hilf, ElektroG, § 43, Rn. 20). 13

C. Bevollmächtigung

Nach **Abs. 2** S. 1 können Hersteller, die über keine Niederlassung im Geltungsbereich des BattG verfügen, einen Bevollmächtigten nach § 2 Abs. 15a mit der Erfüllung der Herstellerpflichten beauftragen. Mit den Regelungen zum Bevollmächtigten soll ausländischen Herstellern die Wahrnehmung der Produktverantwortung im Geltungsbereich dieses Gesetzes erleichtert werden, indem durch eine entsprechende Beauftragung die Herstellerpflichten auf diesen übertragen werden können (BR-Drs. 265/20, 40). 14

Die Regelung beinhaltet keine Verpflichtung, sondern lediglich ein Recht zur Beauftragung eines Bevollmächtigten (BR-Drs. 265/20, 33). Aufgrund dieser Ausgestaltung und der zusätzlichen Kosten für die Hersteller ist daher davon auszugehen, dass nur ein sehr geringer Anteil der ausländischen Hersteller (geschätzt ca. 5 %) von diesem Institut Gebrauch macht (BR-Drs. 265/20, 33). 15

16 Durch die Rechtsfigur des Bevollmächtigten soll die grenzüberschreitende Durchsetzung der erweiterten Herstellerpflichten vereinfacht und eine bessere Nachverfolgung der Tätigkeiten von ausländischen Herstellern auf dem europäischen Markt ermöglicht werden (vgl. zum ElektroG (Grunow/Seitel, AbfallR 2014, 115, 121; Odendahl, AbfallR 2014, 176, 179; Jacobj, AbfallR 2015, 14, 19).

17 Die Beauftragung umfasst einen abschließenden Pflichtenkatalog für die folgenden Herstellerpflichten:
- Registrierung der Hersteller nach § 4,
- Rücknahmepflichten der Hersteller nach § 5,
- Errichtung und Betreiben eines Rücknahmesystems nach § 7 Abs. 1 S. 1,
- Schaffung von Rückgabemöglichkeiten für Fahrzeug- und Industriebatterien sowie anderweitige Vereinbarungen nach § 8 sowie
- die Erstellung und Veröffentlichung der Dokumentation für Fahrzeug- und Industriebatterien nach § 15 Abs. 3 S. 3 und 4.

18 Der Bevollmächtigte selbst muss eine Niederlassung im Geltungsbereich dieses Gesetzes haben (BR-Drs. 265/20, 57). Er muss die ihm zugeteilten Aufgaben nach Abs. 2 S. 2 im eigenen Namen wahrnehmen. Jeder Hersteller darf nach Abs. 2 S. 3 nur einen Bevollmächtigten beauftragen. Die Bevollmächtigung muss nach Abs. 2 S. 4 schriftlich und in deutscher Sprache erfolgen. Für die Bestimmung des Begriffs „Niederlassung" iSd BattG kann grundsätzlich auf die Legaldefinition in § 4 Abs. 3 GewO verwiesen werden. Eine Niederlassung besteht demnach, wenn eine selbstständige gewerbsmäßige Tätigkeit auf unbestimmte Zeit und mittels einer festen Einrichtung von dieser aus tatsächlich ausgeübt wird. Des Weiteren gebietet es eine unionskonforme Auslegung, dass eine Niederlassung des Produktverantwortlichen im Inland zur Erfüllung der sich aus dem BattG erwachsenden öffentlich-rechtlichen Pflichten dient, damit Sinn und Zweck der Bevollmächtigung (vgl. → Rn. 14, 16) erreicht werden können. Voraussetzung ist daher insbesondere auch, dass eine Zustellungsmöglichkeit besteht (vgl. zu Vorstehendem Hilf/Schleifenbaum, in: Giesberts/Hilf, ElektroG, § 8 Rn. 12). Der Hersteller bleibt daneben für die Erfüllung der Herstellerpflichten verantwortlich, sofern der Bevollmächtigte diesen nicht nachkommt (BR-Drs. 265/20, 40).

D. Ausblick auf Geltung der EU-Batterie-Verordnung

19 Die Verordnung (EU) 2023/1542 des europäischen Parlaments und des Rates v. 12.07.2023 über Batterien und Altbatterien, zur Änderung der Richtlinie 2008/98/EG und der Verordnung (EU) 2019/1020 und zur Aufhebung der Richtlinie 2006/66/EG, L 191/1 enthält in Art. 56 Abs. 3 eigene Regelungen zur teils nun obligatorischen Beauftragung eines Bevollmächtigten.

§ 27 Ermächtigung zum Erlass von Rechtsverordnungen

Das Bundesministerium für Umwelt, Naturschutz und nukleare Sicherheit wird ermächtigt, durch Rechtsverordnung, die nicht der Zustimmung des Bundesrates bedarf,

1. Mindestanforderungen für die Behandlung und Verwertung von Altbatterien festzulegen,

2. Vorschriften zur Umsetzung von Durchführungsbestimmungen gemäß Artikel 15 Absatz 3 der Richtlinie 2006/66/EG zu erlassen,

3. Vorgaben für die Bestimmung der Kapazität von Fahrzeug- und Gerätebatterien sowie für die Gestaltung der Kapazitätsangabe festzulegen und

4. Ausnahmen von § 17 Absatz 1 bis 6 zuzulassen.

A. Allgemeines

I. Bedeutung der Vorschrift

§ 27 enthält eine Verordnungsermächtigung für das Bundesministerium für Umwelt, Naturschutz, nukleare Sicherheit und Verbraucherschutz zur näheren Festlegung und Konkretisierung der Anforderungen an die Behandlung und Verwertung von Altbatterien. Die Rechtsverordnungen stehen nicht unter dem Vorbehalt der Zustimmung des Bundesrates. Damit sollen die zur RL 2006/66/EG ergehenden Durchführungsvorschriften der Europäischen Kommission (Komitologieverfahren) in nationales Recht umgesetzt werden sollen (BT-Drs. 16/12227, 32). 1

II. Rechtsentwicklung

Die Ermächtigung zum Erlass von Rechtsverordnungen wurde im Stammgesetz v. 25.06.2009 (BGBl. I 2009, S. 1582) eingeführt, damals in § 20 aF. 2

Das Erste Gesetz zur Änderung des Batteriegesetzes v. 3.11.2020 (BGBl. I S. 2280) verschob den Inhalt des bisherigen § 20 aF in den neuen § 27 und nahm zudem Änderungen vor. Die Ministeriumsbezeichnung wurden an die seinerzeitige Fassung („Bundesministerium für Umwelt, Naturschutz und nukleare Sicherheit) angepasst (mit Organisationserlass des Bundeskanzlers vom 8.12.2021 führt dieses Bundesministerium nun die Bezeichnung „Bundesministerium für Umwelt, Naturschutz, nukleare Sicherheit und Verbraucherschutz"). Außerdem wurde die vormals in § 20 Nr. 1 aF enthaltene Ermächtigung aufgehoben, da die damalige Anzeigepflicht nach § 4 aF in die neue Registrierungspflicht nach § 4 nF umgewandelt wurde und die entsprechenden Regelungen dazu sich unmittelbar aus § 4 ergeben. Ebenso kam es zu Folgeänderungen in Nrn. 2 und 3 und zur Anpassung der Verordnungsermächtigung in Nr. 4 (BR-Drs. 265/20, 58). 3

III. Abgrenzung zu anderen Vorschriften

§ 27 ist vergleichbar und damit abzugrenzen von mit §§ 11, 24 ElektroG. Im Gegensatz §§ 11, 24 ElektroG steht die Verordnungsermächtigung in § 27 nicht unter Vorbehalt der Zustimmung des Bundesrates und ermächtigt zudem allein an das Ressort und nicht nur die Bundesregierung insgesamt. 4

IV. EU-Recht

5 § 27 soll der Umsetzung von Erwägungsgrund 5 S. 2, Erwägungsgrund 14 S. 2, Erwägungsgrund 15, Erwägungsgrund 25, Art. 12 Abs. 2 und Abs. 4, Art. 12 Abs. 6, Art. 15 Abs. 3, Art. 17 S. 2 und 3, Art. 21 Abs. 7, Art. 24, Anhang III RL 2006/66/EG dienen (BT-Drs. 16/12227, 32).

B. Regelungsgegenstände der Verordnungsermächtigung

6 Nr. 1 ermächtigt das Bundesumweltministerium Rechtsverordnungen mit Mindestanforderungen für die Behandlung und Verwertung von Altbatterien zu erlassen.

7 Nr. 2 ermächtigt das Bundesumweltministerium Rechtsverordnungen mit Vorschriften zur Umsetzung von Durchführungsbestimmungen gem. Art. 15 Abs. 3 der RL 2006/66/EG zu erlassen. Vom 01.12.2009 bis 31.12.2020 galt die Batteriegesetz-Durchführungsverordnung (BattGDV). Die Durchführungsverordnung regelte die Anforderungen an die Hersteller zur Anzeige der Marktteilnahme sowie die Anforderungen an die Behandlung und Verwertung von Altbatterien.

8 Nr. 3 ermächtigt das Bundesumweltministerium Rechtsverordnungen mit Vorgaben für die Bestimmung der Kapazität von Fahrzeug- und Gerätebatterien sowie für die Gestaltung der Kapazitätsangabe zu erlassen.

9 Nr. 4 ermächtigt das Bundesumweltministerium Rechtsverordnungen mit Ausnahmen von der Kennzeichnungsplicht gem. § 17 Abs. 1 bis 6 zu erlassen.

10 Von der Verordnungsermächtigung wurde bislang nicht (mehr) Gebrauch gemacht.

C. Ausblick auf Geltung der EU-Batterie-Verordnung

11 Die Verordnung (EU) 2023/1542 des europäischen Parlaments und des Rates v. 12.07.2023 über Batterien und Altbatterien, zur Änderung der Richtlinie 2008/98/EG und der Verordnung (EU) 2019/1020 und zur Aufhebung der Richtlinie 2006/66/EG, L 191/1 erlaubt in Art. 54 Abs. 3 weiterhin besondere Regelungen der Aufsicht über die erweiterte Herstellerverantwortung durch die in den Mitgliedstaaten zuständigen Behörden. Ob insofern in der Praxis weiterer Regelungsbedarf besteht und es daher der Aufrechterhaltung dieser Verordnungsermächtigung bedarf, bleibt abzuwarten.

§ 28 Vollzug

(1) **Die zuständige Behörde soll gegenüber den Rücknahmesystemen nach § 7 Absatz 1 Satz 1 die Anordnungen treffen, die erforderlich sind, um die Einhaltung der Vorgaben nach § 7 Absatz 2 und der Verwertungsanforderungen nach § 14 dauerhaft sicherzustellen.**

(2) **Für den Vollzug dieses Gesetzes sind die § 47 Absatz 1 bis 6 und § 62 des Kreislaufwirtschaftsgesetzes entsprechend anzuwenden. Das Grundrecht auf Unverletzlichkeit der Wohnung (Artikel 13 Absatz 1 des Grundgesetzes) wird insoweit eingeschränkt.**

A. Allgemeines

I. Bedeutung der Vorschrift

§ 28 dient der zuständigen Behörde (§ 19) zusätzlich zu den in § 20 bis 22 benannten Aufgaben und Befugnissen als spezielle Ermächtigungsgrundlage für Anordnungen gegenüber den Rücknahmesystemen iSd § 7 Abs. 1 S. 1. Zuständig für den Vollzug ist die beliehene Stiftung ear (siehe dazu Kommentierung der §§ 23 -25). 1

Darüber hinaus werden die Regelungen zur allgemeinen Überwachung und die allgemeine Ermächtigungsgrundlage für Anordnungen im Einzelfall nach § 47 Abs. 1 bis 6 und § 62 KrWG für entsprechend anwendbar erklärt (Abs. 2). Zusammen mit den bereits in § 1 Abs. 3 enthaltenen Entsprechungsanordnungen (→ § 1 Rn. 23, 25) wird so ein Gleichlauf der Überwachung- und Anordnungsbefugnisse im Rahmen der gesetzlich ausgeformten erweiterten Herstellerverantwortung im Vergleich zu einer durch Rechtsverordnung auf Grund der §§ 24 und 25 KrWG normierten Produktverantwortung erzielt, für die § 47 Abs. 1 bis 6 und § 62 KrWG unmittelbar gelten. 2

II. Rechtsentwicklung

§ 28 idF des Ersten Gesetz zur Änderung des Batteriegesetzes v. 3.11.2020 (BGBl. I S. 2280) entspricht in Grundzügen § 21 des BattG aF, der zuvor zunächst bloß redaktionell an die entsprechenden Vorschriften des ProdSG in Folge der Aufhebung des seinerzeit geltenden GPSG (BT-Drs. 17/6276, 53) und an die entsprechenden Vorschriften des KrWG (mit den dortigen Verweisen auf nun das Marktüberwachungsgesetz) in Folge der Aufhebung des seinerzeit geltenden KrW-/AbfG (BT-Drs. 17/6052, 110) angepasst wurde. 3

§ 21 Abs. 1 aF enthielt eine Zuständigkeit des Umweltbundesamts für Anordnungen gegenüber dem vormaligen Gemeinsamen Rücknahmesystem nach § 6 aF. Diese Zuständigkeit des Bundes war seinerzeit im parlamentarischen Verfahren zum ursprünglichen BattG ergänzt worden. 4

Mit dem Ersten Gesetz zur Änderung des Batteriegesetzes v. 3.11.2020 (BGBl. I S. 2280) haben die Bestimmungen ihren gegenwärtigen Ort erhalten. Sie wurden dabei zum einen an den Wegfall der Regelungen zum Gemeinsamen Rücknahmesystem nach § 6 aF und zum anderen an die nunmehr im Bundesvollzug liegende Aufgabe der Genehmigung der Rücknahmesysteme nach § 7 angepasst. 5

Die im Entwurf des Ersten Gesetz zur Änderung des Batteriegesetzes von der Bundesregierung vorgeschlagene Kann-Regelung bezüglich der Anordnungen der zuständigen 6

Behörde gegenüber den Rücknahmesystemen (BT-Drs. 19/19930, 20) wurde im parlamentarischen Verfahren in eine Soll-Regelung abgeändert (BT-Drs. 19/22607, 4, 13).

III. Abgrenzung zu anderen Vorschriften

7 Abs. 1 weist Parallelen zu § 7 Abs. 2 S. 4 auf, geht indes darüber hinaus. Abs. 1 bestimmt, dass die zuständige Behörde gegenüber den Rücknahmesystemen nach § 7 Abs. 1 S. 1 die Anordnungen treffen soll, die erforderlich sind, um die Einhaltung der Vorgaben nach § 7 Abs. 2 und der Verwertungsanforderungen nach § 14 dauerhaft sicherzustellen. Nach § 7 Abs. 2 S. 4 kann die Genehmigung eines Rücknahmesystems auch nachträglich mit Auflagen verbunden werden, die erforderlich sind, um die Einhaltung der Verwertungsanforderungen nach § 14 und der Vorgaben aus § 7 Abs. 2 S. 2 dauerhaft sicherzustellen.

8 Die Ähnlichkeiten gehen auf die vormals unterschiedlichen subjektiven Anwendungsbereiche der Vorschriften in § 7 Abs. 2 S. 4 einerseits und § 21 aF andererseits zurück. Während der nachträgliche Auflagenvorbehalt die Genehmigung der Rücknahmesysteme nach § 7 durch die zuständige Landesbehörde betraf, regelte § 21 aF die Anordnungsbefugnis des Umweltbundesamts gegenüber dem vormaligen Gemeinsamen Rücknahmesystem nach § 6 aF. Mit dem Entfallen der Regelungen zum Gemeinsamen Rücknahmesystem und der Ausgestaltung der Befugnis der zuständigen Behörde (§ 19) in § 28 Abs. 1 für Anordnungen gegenüber den Rücknahmesystemen nach § 7 können sich nun Überschneidungen ergeben.

9 Im Ergebnis zielen beide Vorschriften auf Maßnahmen ab, die erforderlich sind, um die Einhaltung der Vorgaben nach § 7 Abs. 2 S. 2 (im Fall des § 28 Abs. 1 auch des § 7 Abs. 2 S. 1) und der Verwertungsanforderungen nach § 14 dauerhaft sicherzustellen. Allerdings enthält § 28 eine Anordnungsbefugnis in Form einer Soll-Bestimmung und dürfte aufgrund dieses intendierten Ermessens im Regelfall vorgehen, zumindest soweit die zu treffende Maßnahme Gegenstand einer selbständigen Anordnung sein kann.

10 Ungeachtet der jeweiligen Handlungsform der zuständigen Behörde dürften sich hinsichtlich der Eingriffsintensität gegenüber den Adressaten jedoch keine Unterschiede ergeben, da ein nicht nur unwesentlicher Verstoß gegen eine Auflage nach § 7 Abs. 2 oder eine Anordnung nach § 28 Abs. 1 im Rahmen der Widerrufsgründe gemäß § 21 Abs. 2 Nr. 2 gleichgestellt sind.

IV. EU-Recht

11 § 28 trägt – wie auch § 21 aF – dem Erwägungsgrund 23 der RL 2006/66/EG Rechnung (vgl. BT-Drs. 16/12227, 32), und dient damit (neben den Befugnissen in § 21 und den Ordnungswidrigkeitentatbestände in § 29) der Umsetzung von Art. 25 der RL 2006/66/EG, wonach die Mitgliedstaaten Sanktionen für Verstöße gegen die umsetzenden Vorschriften der RL 2006/66/EG festzulegen und alle zu ihrer Anwendung erforderlichen Maßnahmen zu treffen haben.

B. Anordnungsbefugnisse gegen über den Rücknahmesystemen

12 **Abs. 1** regelt die Anordnungsbefugnisse des Umweltbundesamtes gegenüber den Rücknahmesystemen iSd § 7 Abs. 1 S. 1. Aufgrund des Wegfalls des Gemeinsamen Rücknahmesystems musste die vormals in § 21 aF konkretisierte Regelung auf die Einführung der Rücknahmesysteme nach § 7 Abs. 1 S. 1 aktualisiert werden. Diese Anordnungsbefug-

nis soll dauerhaft sicherstellen, dass die Rücknahmesysteme ihren Pflichten nach § 7 Abs. 2 nachkommen und den Verwertungsanforderungen nach § 14 gerecht werden.

Als Soll-Regelung erfordert § 28 von der zuständigen Behörde ein Handeln gegenüber den Rücknahmesystemen, sofern dies erforderlich ist, damit diese die Vorgaben nach § 7 Abs. 2 und die Verwertungsanforderungen nach § 14 einhalten. Es wird der Behörde damit ein Tun als Regelfall vorgegeben. Das Tätigwerden ist aber im Gegensatz zu einem zwingenden Tätigwerden (im Wortlaut durch die Formulierung „muss" erkenntlich) nicht zwingend vorgegeben, sondern unterliegt einem (intendierten) Ermessen der Behörde. Der zuständigen Behörde wird damit (intendiertes) Ermessen bzgl. des „Ob" einer Anordnung eingeräumt (BT-Drs. 19/22607, 13). Freies Ermessen hingegen besteht für das „Wie" der Anordnung, also die Wahl der Anordnungsmaßnahme, damit die Pflichten nach § 7 Ab. 2 und die Verwertungsanforderungen nach § 14 sichergestellt werden können. Insbesondere mit Blick auf die Vorgabe in § 7 Abs. 1 S. 2 Nr. 1, wonach jedes Rücknahmesystem allen Vertreibern, allen öffentlich-rechtlichen Entsorgungsträgern, allen Behandlungsanlagen nach § 12 Abs. 1 und 2 und allen freiwilligen Rücknahmestellen die unentgeltliche Abholung der Geräte-Altbatterien anbieten muss, kommt der Änderung eine besondere Bedeutung zu (BT-Drs. 19/22607, 13). 13

Als Beispiel besonderer Anordnungen im Einzelfall führt die Gesetzesbegründung den Insolvenzfall eines Rücknahmesystems oder die Pflicht zur Angebotsunterbreitung an, sofern eine Rücknahmestelle keinem Rücknahmesystem angeschlossen ist und von keinem Rücknahmesystem ein Angebot nach § 7 Abs. 2 S. 2 Nr. 1 erhält (BR-Drs. 265/20, 58). In diesen Fällen ist eine Anordnung zur Angebotsabgabe gegenüber jedem Rücknahmesystem nach § 7 erforderlich, das trotz entsprechenden Verlangens kein Angebot abgegeben hat. Seitens der zuständigen Behörde ist keine Auswahlentscheidung zu treffen, welches Rücknahmesystem zur Angebotsabgabe aufgefordert werden soll, da die Pflicht nach § 7 Abs. 2 S. 2 Nr. 1 jedes Rücknahmesystem trifft und den Rücknahmestellen auch eine Auswahl unter mehreren Angeboten ermöglicht werden soll (BR-Drs. 265/20, 58). 14

Aufgrund des Verweises in Abs. 1 auf § 7 Abs. 1 ohne Differenzierung zwischen den Sätzen, kann die zuständige Behörde Anordnungen, die erforderlich sind, um sowohl die Einhaltung der Vorgaben aus § 7 Abs. 1 S. 1 (Sammelzielerreichung) als auch aus § 7 Abs. 1 S. 2 (weitere Anforderungen an den Systembetrieb) dauerhaft sicherzustellen. Die Verwirklichung der erweiterten Produktverantwortung kann dabei auch Anordnungen gegenüber einem Hersteller erforderlich machen, um die Anforderungen an sein Rücknahmesystem sicherzustellen, auch im Fall des Zusammenwirkens mit anderen und durch Beauftragung eines Dritten. 15

Konkrete Anwendungsfälle der behördlichen Anordnungen im BattG aufgrund § 28 Abs. 1 sind damit z.B.: 16

- Anordnungen zur dauerhaften Sicherstellung der Sammelzielerreichung (→ § 16 Rn. 13 ff), etwa mittels geeigneter Annualisierungsfaktoren bei unterjährigen Veränderungen des das Eigenrücknahmesystem betreibenden Herstellerkollektivs nach § 28 Abs. 1 iVm § 7 Abs. 2 S. 1,
- die Anordnung einer Angebotsabgabe nach § 28 Abs. 1 iVm § 7 Abs. 2 S. 2 Nr. 1,
- Anordnungen zur Bereitstellung geeigneter Rücknahmebehälter und den gefahrgutrechtlichen Anforderungen entsprechenden Transportbehälter § 28 Abs. 1 iVm § 7 Abs. 2 S. 2 Nr. 3 (ähnlich den Bereitstellungsanordnungen nach § 15 Abs. 4 ElektroG) und
- Anordnungen zur Abholung der bei den angeschlossenen Rücknahmestellen bereitgestellten Geräte-Altbatterien § 28 Abs. 1 iVm § 7 Abs. 2 S. 2 Nr. 4, sofern trotz Erreichen der dort geregelten Abholmasse und Meldung noch keine Abholung erfolgt (ähnlich den Abholanordnung nach § 38 Abs. 3 ElektroG).

17 Einzelne typisierte Anordnungen sind in Nr. 2 der Anlage 1 der Gebührenverordnung zum Elektro- und Elektronikgerätegesetz und zum Batteriegesetz (Elektro- und Elektronikgerätegesetz-Batteriegesetz-Gebührenverordnung - ElektroGBattGGebV) gelistet. Eine Herleitung standardisierter Annualisierungsfaktoren zur dauerhaften Sicherstellung der Sammelzielerreichung bei unterjährigen Veränderungen im Betreiberkollektiv des Eigenrücknahmesystems („ds-Faktor") ist zudem enthalten in den „Hinweisen zur sachverständigen Begutachtung nach § 7 Abs. 2 S. 3 BattG und regelmäßigen Überprüfung der Genehmigungsvoraussetzungen nach § 20 Abs. 2 S. 2 BattG" der Stiftung ear, Version 1.2 vom 13.5.2022, abrufbar unter https://www.stiftung-ear.de/fileadmin/Dokumente/Hinweise_Gutachten_Eigenruecknahmesysteme.pdf, zuletzt aufgerufen am 3.9.2023).

18 Die Anordnung ergeht als Verwaltungsakt, sodass der Adressat der Anordnung mit den in der VwGO dafür vorgesehenen Rechtsmitteln des Widerspruchs und der Anfechtungsklage vorgehen kann (vgl. → *Beckmann*, § 62 KrWG, Rn. 29).

C. Allgemeinen Überwachung und Anordnungen im Einzelfall

19 **Abs. 2** bestimmt die im Vollzug nach Abs. 1 entsprechend anwendbaren Vorschriften des KrWG als kreislaufwirtschaftsrechtlichen Grundpfeiler für das BattG. Entsprechend anzuwenden sind nach Abs. 2 S. 1 sowohl § 47 Abs. 1 bis 6 (einschließlich der dort genannten Vorschriften des Marktüberwachungsgesetzes – MüG) als auch § 62 KrWG (→ *Beckmann*, § 47 KrWG Rn. 1 ff, § 62 KrWG Rn. 1 ff).

20 § 28 Abs. 2 iVm § 47 regelt Überwachungspflichten und Überwachungsmöglichkeiten der zuständigen Behörde. § 47 Abs. 1 KrWG enthält eine allgemeine Aufgabenzuweisung, nicht hingegen eine Ermächtigung zu Rechtseingriffen (*Dippel* in: Schink/Versteyl, KrWG, § 62 Rn. 8a). Weitere Aufgaben und teils auch Eingriffsbefugnisse ergeben sich aus § 47 Abs. 1 S. 2 KrWG iVm den §§ 6, 7 Abs., 1 bis 3, § 8 Abs. 2 und §§ 9 und 10 MüG. § 47 Abs. 2 bis 4 KrWG regeln zudem konkrete Überwachungsbefugnisse und entsprechende Pflichten der Hersteller von Batterien. § 47 Abs. 5 KrWG bestimmt, dass für die nach § 47 zur Auskunft verpflichteten Personen § 55 StPO entsprechend gilt. Mit § 47 Abs. 6 verhindert der Gesetzgeber, dass sich Batteriehersteller bei Geltendmachung von Zweifeln über die Batterieeigenschaft der Überwachung entziehen können. Über Abs. 2 iVm § 47 Abs. 1 S. 2 KrWG gelten auch besondere Verfahrenspflichten der Wirtschaftsakteure etwa aus § 10 Abs. 1 MüG.

21 Abs. 2 iVm § 62 KrWG ist ferner – neben der speziellen Ermächtigungsgrundlage in Abs. 1 – die zentrale Ermächtigungsgrundlage für Anordnungen im Einzelfall (Generalklausel). Sie enthält eine allgemeine Ermächtigung für die zuständigen Behörden zur Durchsetzung batterierechtlicher Pflichten. Mit deren Hilfe soll die zuständige Behörde in die Lage versetzt werden, im Einzelfall die erforderlichen Anordnungen zur Durchführung des BattG und der auf Grund dieses Gesetzes erlassenen Rechtsverordnungen treffen zu können.

22 Für das BattG sollen damit insbesondere die notwendigen Eingriffsbefugnisse für eine effektive Kontrolle und Durchsetzung der Stoffverbote nach § 3 Abs. 1 und 2 geregelt werden, was regelmäßig eine Analyse von sichergestellten Materialproben erforderlich macht (BT-Drs. 16/12227, 32).

23 Abs. 2 S. 2 soll dem Zitiergebot aus Art. 19 Abs. 1 S. 2 GG Rechnung tragen und wurde für erforderlich gehalten, da § 21 Abs. 2 aF auf § 40 Abs. 2 S. 3 KrW-/AbfG verwies, der (wie nun § 47 Abs. 4 S. 3 KrWG) auch das Betreten von Wohnräumen gestattet (BT-Drs. 16/12721, 5, 16). Die Erforderlichkeit einer solchen Regelung erscheint jedoch zweifelhaft. Denn bereits seinerzeit enthielt § 40 Abs. 2 S. 4 KrW-/AbfG (wie nun § 47 Abs. 4

S. 4 KrWG) die Bestimmung, dass das Grundrecht auf Unverletzlichkeit der Wohnung (Art. 13 Abs. 1 GG) insoweit eingeschränkt wird. Auch enthalten §2 ElektroG und §2 VerpackG im Zusammenhang mit der Entsprechungsanordnung von §47 Abs. 1 bis 6 KrWG keine solche wiederholende Nennung der Einschränkung von Art. 13 GG.

D. Ausblick auf Geltung der EU-Batterie-Verordnung

Die Verordnung (EU) 2023/1542 des europäischen Parlaments und des Rates v. 12.07.2023 über Batterien und Altbatterien, zur Änderung der Richtlinie 2008/98/EG und der Verordnung (EU) 2019/1020 und zur Aufhebung der Richtlinie 2006/66/EG, L 191/1 enthält in Art. 54 Abs. 3 die Vorgabe an die Mitgliedstaaten, Verwaltungs- und Verfahrensvorschriften festzulegen, die zur Aufsicht über die Wahrnehmung der Pflichten der erweiterten Herstellerverantwortung erforderlich sind. §28 enthält insofern bereits entsprechende Bestimmungen über Aufsichtsmaßnahmen, die im Rahmen der Übergangsfristen (vgl. Art. 96 Abs. 2 der Verordnung (EU) 2023/1542) lediglich geringfügig anzupassen sein dürften. **24**

Abschnitt 7. Bußgeldvorschriften, Schlussbestimmungen

§ 29 Bußgeldvorschriften

(1) **Ordnungswidrig handelt, wer vorsätzlich oder fahrlässig**

1. entgegen § 3 Absatz 1 oder 2 Satz 1 Batterien in Verkehr bringt,

2. entgegen § 3 Absatz 3 Batterien in Verkehr bringt,

3. entgegen § 3 Absatz 4 Satz 1 Batterien anbietet,

3a. entgegen § 3 Absatz 4 Satz 2 Batterien anbietet,

4. entgegen § 4 Absatz 1 Satz 1 sich nicht, nicht richtig, nicht vollständig oder nicht rechtzeitig registrieren lässt,

5. entgegen § 4 Absatz 1 Satz 4 eine Änderungsmitteilung nicht, nicht richtig, nicht vollständig oder nicht rechtzeitig macht,

6. entgegen § 5 Absatz 1 Satz 1 in Verbindung mit § 14 Absatz 1 Satz 1, 2 oder 3, jeweils auch in Verbindung mit § 5 Absatz 2, dort genannte Altbatterien nicht, nicht richtig oder nicht vollständig verwertet,

7. entgegen § 5 Absatz 1 Satz 2 in Verbindung mit § 14 Absatz 1 Satz 7, jeweils auch in Verbindung mit § 5 Absatz 2, dort genannte Altbatterien nicht, nicht richtig oder nicht vollständig beseitigt,

8. (weggefallen)

9. (weggefallen)

10. entgegen § 9 Absatz 2 Satz 1 oder § 12 Absatz 1 oder Absatz 2 Geräte-Altbatterien einem Rücknahmesystem nicht überlässt,

11. entgegen § 9 Absatz 4 die dort genannten Kosten getrennt ausweist,

12. entgegen § 10 Absatz 1 Satz 1, 2 oder Satz 5 ein Pfand nicht erhebt oder nicht erstattet,

13. entgegen § 14 Absatz 2 Satz 1 Fahrzeug- oder Industrie-Altbatterien durch Verbrennung oder Deponierung beseitigt,

14. entgegen § 15 Absatz 1 Satz 1, auch in Verbindung mit Absatz 3 Satz 1 eine Dokumentation nicht, nicht richtig, nicht vollständig oder nicht rechtzeitig vorlegt,

14a. entgegen § 15 Absatz 2 einen Bericht nicht oder nicht rechtzeitig erstattet,

14b. entgegen § 16 Absatz 1 das Erreichen der dort genannten Sammelquote nicht sicherstellt,

15. entgegen § 17 Absatz 1 Satz 1 oder Absatz 3 Satz 1 eine Batterie nicht, nicht richtig oder nicht rechtzeitig kennzeichnet,

16. entgegen § 17 Absatz 6, auch in Verbindung mit einer Rechtsverordnung nach § 27 Nummer 3 eine Fahrzeug- oder Gerätebatterie nicht, nicht richtig, nicht vollständig oder nicht rechtzeitig mit einer Kapazitätsangabe versieht oder

17. entgegen § 18 Absatz 1 Satz 1 oder Satz 2 einen Hinweis nicht, nicht richtig, nicht vollständig oder nicht in der vorgeschriebenen Weise gibt oder einer Warensendung nicht beifügt.

(2) **Die Ordnungswidrigkeit kann in den Fällen des Absatzes 1 Nummer 1 bis 7, 10, 13, 14 und 14b mit einer Geldbuße bis zu hunderttausend Euro, in den übrigen Fällen mit einer Geldbuße bis zu zehntausend Euro geahndet werden.**

(3) **Verwaltungsbehörde im Sinne des § 36 Absatz 1 Nummer 1 des Gesetzes über Ordnungswidrigkeiten ist in den Fällen des Absatzes 1 Nummer 2, 3a bis 5 und 14 bis 14b das Umweltbundesamt.**

(4) **In den Fällen des Absatzes 3 fließen auch die im gerichtlichen Verfahren angeordneten Geldbußen und die Geldbeträge, deren Einziehung nach § 29a des Gesetzes über Ordnungswidrigkeiten gerichtlich angeordnet wurde, der Bundeskasse zu, die auch die der Staatskasse auferlegten Kosten trägt.**

Übersicht

A. Allgemeines

I. Bedeutung der Vorschrift

1 § 29 enthält die Bußgeldvorschriften des BattG und dient damit der Ahnung von Verstößen gegen Ge- und Verbote dieses Gesetzes. Indem dem Adressaten ein Bußgeld auferlegt werden, soll er zu ordnungsgemäßen Verhalten angehalten werden. Die Ordnungswidrigkeiten treten als **Sanktionsinstrument** mithin neben das Strafrecht und ahnden bereits Verstöße, die nicht die Schwelle zur Strafbarkeit überschreiten. In diesem Zusammenhang ist § 29 *lex specialis* Gesetz über Ordnungswidrigkeiten (OWiG). Das heißt jedoch nicht, dass das allgemeine Ordnungswidrigkeitenrecht unanwendbar wäre. Vielmehr gibt das OWiG die Rahmenbedingungen für die Verfolgung der im BattG aufgezählten Ordnungswidrigkeiten vor und ist hinsichtlich dessen ergänzend heranzuziehen (siehe à § 29 Abs. 2).

2 In systematischer Hinsicht enthält **Abs. 1** zunächst den **Bußgeld- bzw. Ordnungswidrigkeitenbestand**. Ein Verstoß gegen die dort genannten Handlungen ist bußgeldbewehrt. Sowohl vorsätzliches als auch fahrlässiges Handeln vermag den Tatbestand zu erfüllen.

3 **Abs. 2** enthält **Höchstgrenzen** für ein nach Abs. 1 entstandenes Bußgeld. Eine Ordnungswidrigkeit kann in den Fällen des Abs. 1 Nr. 1 bis 7, 10, 13, 14 und 14b mit einer Geldbuße bis zu **hunderttausend** Euro geahndet werden. Im Übrigen kann ein Verhalten mit einer Geldbuße bis zu **zehntausend** Euro geahndet werden. Gesetzlich vorgegeben wird somit nur die Höhe des (noch) zulässigen Bußgeldes.

4 Die **Zuständigkeit der Behörde** richtet sich nach der jeweiligen Ordnungswidrigkeit. **Abs. 3** legt in den Fällen des Abs. 1 Nr. 2, 3a bis 5 und 14 bis 14b das Umweltbundesamt als zuständige (Bundes-)Behörde fest. Im Wege eines Umkehrschlusses bedeutet dies, dass für all jene nicht explizit genannten Fälle eine andere Behörde als das Umweltbundesamt zuständig sein muss. Dies ist die nach Landesrecht zuständige Abfallbehörde.

5 Gemäß **Abs. 4** fließen in den Fällen des Abs. 3 auch die im gerichtlichen Verfahren angeordneten Geldbußen und die Geldbeträge, deren Einziehung nach § 29a OWiG gerichtlich angeordnet wurde, der Bundeskasse zu, die auch die der Staatskasse auferlegten Kosten trägt.

II. Rechtsentwicklung

6 In der alten Fassung des BattG war die Bußgeldvorschrift in § 22 aF angesiedelt. Infolge des Ersten Gesetzes zur Änderung des Batteriegesetzes v. 03.11.2020 (BGBl.IS.2280) ver-

schiebt sich deren Inhalt in den § 29 n.F., der zusätzlich an die neue Gesetzeslage angepasst wurde (BR-Drs. 265/20, 58 f).

Von den Änderungen betroffen sind zunächst die einzelnen Bußgeldtatbestände des **Abs. 1**. Jene Änderungen sind logische Konsequenz der inhaltlichen Neuerungen des Pflichtenprogramms des BattG. Daher umfassen die Änderungen im Rahmen von § 29 Abs. 1 insbesondere die Anpassungen der Bußgeldtatbestände an neu gefasste Pflichten und an veränderte Begrifflichkeiten. Ferner führen die Änderungen zur Einführung neuer Tatbestände, die nunmehr bußgeldbewehrt sind oder zum Wegfall ehemals bußgeldbewehrter Tatbestände. 7

Mit dem Ersten Gesetzes zur Änderung des Batteriegesetzes v. 03.11.2020 (BGBl.IS. 2280) wurde auch **Abs. 2** geändert. Der Kreis der Tatbestände, die mit einer Geldbuße bis zu hunderttausend Euro geahndet werden können, wird in der neuen Fassung um den Fall des § 14b erweitert. Grund hierfür ist die Bedeutsamkeit des Erreichens der Sammelquote (BR-Drs. 265/20, 60). 8

Schließlich wurde **Abs. 3** dergestalt modifiziert, dass das Umweltbundesamt nunmehr auch für Verstöße nach § 29 Abs. 1 Nr. 14a und 14b zuständig ist. Diese beziehen sich u.a. auf die Pflichten des § 15. Da dem Umweltbundesamt ohnehin nach § 15 Abs. 1 S. 1 BattG die Dokumentation über die Erfolgskontrolle und der Bericht über die ökologische Gestaltung nach § 15 Abs. 2 BattG vorzulegen ist, ist es sinnvoll, die gleiche Verwaltungsbehörde mit der Ahndung von Verstößen gegen § 15 zu betrauen (BR-Drs. 265/20, 59 f). 9

III. Abgrenzung zu anderen Vorschriften

§ 29 entspricht in seiner Systematik § 45 ElektroG. Die beiden Vorschriften beziehen zwar die Ordnungswidrigkeitentatbestände auf die jeweiligen Spezialregelungen des ElektroG bzw. des BattG. Jedoch sind sie in ihren Rechtsfolgen vergleichbar. So sind sowohl die Höhe der Bußgelder nach Abs. 2, die Verwaltungsbehördenvorschrift nach Abs. 3 und die Zuständigkeit der Bundeskasse nach Abs. 4 wortlautidentisch. 10

IV. EU-Recht

Abs. 1 soll der Umsetzung von Erwägungsgrund 23 S. 1, Art. 6 Abs. 2, Art. 25 RL 2006/66/EG, Abs. 2 der Umsetzung von Erwägungsgrund 23 S. 2, Art. 25 RL 2006/66/EG und Abs. 3 dient der Umsetzung von Erwägungsgrund 23 S. 1, Art. 25 RL 2006/66/EG dienen (BT-Drs. 16/12227, 32). 11

B. Ordnungswidrigkeiten (Abs. 1)

Die Definition einer **Ordnungswidrigkeit** kann aus dem § 1 Abs. 1 OWiG entnommen werden. Unter einer Ordnungswidrigkeit versteht man hiernach eine rechtswidrige und vorwerfbare Handlung, die den Tatbestand eines Gesetzes verwirklicht, das die Ahndung mit einer Geldbuße zulässt. 12

Entsprechend normiert **Abs. 1**, welche Gebote und Verbote nach dem BattG bußgeldbewehrt sind (BT-Drs. 16/12227, 32). 13

Dabei kann sowohl **vorsätzliches** als auch **fahrlässiges** Verhalten die Tatbestände des § 29 Abs. 1 erfüllen. Dies führt zu einer Halbierung in Abs. 2 bestimmten Höchstbeträge der Geldbuße im Falle nur fahrlässigen Handelns, § 17 Abs. 2 OWiG. 14

Für die Begriffe von Vorsatz und Fahrlässigkeit kann auf das im Strafrecht anerkannte Begriffsverständnis zurückgegriffen werden. So setzt sich der **Vorsatz** aus der Kenntnis 15 der objektiven Tatbestandsmerkmale bei gleichzeitigem Willen zu dessen Verwirklichung zusammen. Auch die unterschiedlichen Vorsatzbegriffe *dolus directus 1. Grades, dolus directus 2. Grades* und *dolus eventualis* können entsprechend übertragen werden. Ausreichend für die Annahme vorsätzlichen Verhaltens ist mithin schon der Eventualvorsatz *(dolus eventualis)*, der hinsichtlich des Willenselements die „billigende Inkaufnahme des Erfolges" ausreichen lässt.

16 **Fahrlässigkeit** erfordert hingegen das außer Achtlassen der erforderlichen Sorgfalt, die nach den Umständen und persönlichen Kenntnissen und Fähigkeiten hätte eingehalten werden müssen. Entweder wurde die Möglichkeit der Tatbestandsverwirklichung verkannt, hätte bei gehöriger Anstrengung aber erkannt werden können (*unbewusste* Fahrlässigkeit) oder es wurde auf den Nichteintritt der Tatbestandsverwirklichung vertraut (*bewusst* fahrlässig) (vgl. zur Bußgeldvorschrift im ElektroG: Hilf/Schleifenbaum, in: Giesberts/Hilf, ElektroG § 45 Rn. 8). Ferner kann die Schwere des Pflichtverstoßes in *grobe* oder *leichte Fahrlässigkeit* unterteilt werden.

17 Die Unterscheidung zwischen Vorsatz und Fahrlässigkeit sowie die Art des Vorsatzes oder der Fahrlässigkeit spielt bei der Bemessung der Bußgeldhöhe eine Rolle und wird von Seiten der Behörde im Rahmen ihrer Ermessensausübung beachtet.

18 Schließlich kann zwar in Anwendung des § 13 Abs. 2 OWiG grundsätzlich auch der Versuch eines Ordnungswidrigkeitentatbestands geahndet werden. Voraussetzung hierfür ist aber, dass das Gesetz dies ausdrücklich bestimmt. Eine von § 13 Abs. 2 OWiG geforderte ausdrückliche Anordnung der Ahndung eines Versuchs fehlt im Rahmen des § 29 gänzlich. Mithin scheidet die Ahndung eines versuchten Verstoßes gegen die genannten Verbote und Gebote aus. Indem Nrn. 3, 3a jedoch ebenso wie § 3 Abs. 3 als Tathandlung bereits an dem „Anbieten" anknüpfen und damit bereits den Tatbestand vorverlagern, ist damit gleichsam der Versuch des Bereitstellens von Batterien ohne hinreichende Rückgabemöglichkeit bzw. von nicht oder nicht ordnungsgemäß registrierten Herstellern bußgeldbewehrt.

19 Nach **Nr. 1** ist ein Verstoß gegen das Verkehrsverbot aus § 3 Abs. 1 bzw. Abs. 2 S. 1 mit einem Bußgeld bedroht. § 29 Abs. 1 Nr. 1 hat im Zuge der Novellierung lediglich eine **sprachliche Bereinigung** erfahren; der Inhalt entspricht indes der alten Gesetzeslage (BR-Drs. 265/20, 59). Eine Ungenauigkeit, die es zu bereinigen galt, lag darin, dass Nr. 1 a.F. auf § 3 Abs. 1 S. 1 verwies. § 3 Abs. 1 hatte aber auch nach alter Gesetzeslage nur einen Satz, sodass es der Nennung des Satzes nicht bedurfte. Gemeint gewesen sein kann mithin nur ein Verweis auf § 3 Abs. 1. Dieser redaktionelle Fehler wurde durch das Änderungsgesetz ausgebessert. Zum anderen wurde „in den Verkehr bringt" zu „in Verkehr bringen" sprachlich umgeschrieben.

20 Gem. **Nr. 2** verwirklicht eine Ordnungswidrigkeit, wer entgegen § 3 Abs. 3 Batterien in Verkehr bringt. Ordnungswidrig verhält sich mithin ein Hersteller, der Batterien im Geltungsbereich des BattG in Verkehr bringen, ohne dass er oder sein Bevollmächtigter bei der zuständigen Behörde ordnungsgemäß registriert ist (§ 4 Abs. 1 S. 1) oder nicht sicherstellt, dass Altbatterien nach Maßgabe des § 5 iVm §§ 7 Abs. 1 S. 1 bzw. 8 Abs. 1 S. 1 zurückgegeben werden können. Nur wer diese Vorgaben des § 3 Abs. 3 Nr. 1 und 2 *kumulativ* erfüllt, bringt Batterien ordnungsgemäß in den Verkehr. **Inverkehrbringen** im Sinne des BattG richtet sich nach § 2 Abs. 16. Bekannt geworden sind entsprechende Verstöße des Autobauers Tesla in Hinblick auf die von ihm in Verkehr gebrachten Batterien. Das ursprünglich vom UBA ausgesprochene Bußgeld in Höhe von zwölf Millionen Euro wurde im Rahmen des gerichtlichen Verfahrens auf 600.000 Euro reduziert (AG Dessau-Roßlau Az. 13 OWi 1385/21).

21 Ferner handelt ordnungswidrig, wer entgegen § 3 Abs. 4 S. 1 Batterien anbietet **(Nr. 3)** und entgegen § 3 Abs. 4 S. 2 Batterien anbietet **(Nr. 3a)**. Während Nr. 2 iVm § 3 Abs. 3

an das Inverkehrbringen anknüpft, knüpfen die Nr. 3 und 3a iVm § 3 Abs. 4 an die Handlung des Anbietens nach § 2 Abs. 14 an.

Ordnungswidrig handelt nach **Nr. 4**, wer sich entgegen § 4 Abs. 1 S. 1 nicht, nicht richtig, nicht vollständig oder nicht rechtzeitig registrieren lässt. Ferner handelt ordnungswidrig gem. **Nr. 5**, wer entgegen § 4 Abs. 1 S. 4 eine Änderungsmitteilung nicht, nicht richtig, nicht vollständig oder nicht rechtzeitig macht. Die beiden Tatbestände wurden durch das Änderungsgesetz an die neu gefasste Registrierungspflicht des § 4 angepasst (BR-Drs. 265/20, 59). **22**

Bußgeldbewehrt ist gem. **Nr. 6** ferner, wenn entgegen § 5 Abs. 1 S. 1 iVm § 14 Abs. 1 S. 1, 2 oder 3, jeweils auch iVm § 5 Abs. 2, dort genannte Altbatterien nicht, nicht richtig oder nicht vollständig verwertet. Infolge der Novellierung enthält § 14 selbst nun die Vorgaben zur Verwertung von Altbatterien und ist nicht länger eine bloße Verweisnorm. Dies zog eine Anpassung im Rahmen von § 29 Abs. 1 Nr. 6 dergestalt nach sich, dass die ursprüngliche Verweisung entfällt und durch eine Verweisung auf die Vorgaben des § 14 ersetzt wurde. **23**

Ordnungswidrig handelt iSv **Nr. 7**, wer entgegen § 5 Abs. 1 S. 2 iVm § 14 Abs. 1 S. 7, jeweils auch iVm § 5 Abs. 2, dort genannte Altbatterien nicht, nicht richtig oder nicht vollständig beseitigt. Infolge der Gesetzesänderung wurde Nr. 7 hinsichtlich ihrer Verweisung angepasst; die nicht ordnungsgemäße Entsorgung von Altbatterien ist im gleichen Umfang – wie zuvor – auch nach neuer Gesetzeslage bußgeldbewehrt.

Nr. 8 und **9** wurden durch das Erste Gesetz zur Änderung des Batteriegesetzes (→ Rn. 8) aufgehoben, da beide auf die Regelung des Gemeinsamen Rücknahmesystems nach § 6 aF verwiesen. Da dieses nun durch die neue Registrierungspflicht ersetzt wurde, wurden auch die jeweiligen Bußgeldtatbestände obsolet. **24**

Werden Geräte-Altbatterien einem Rücknahmesystem nach § 9 Abs. 2 S. 1 oder § 12 Abs. 1 oder Abs. 2 Geräte-Altbatterien nicht überlassen, so kann dies mit einem Bußgeld von bis zu hunderttausend Euro geahndet werden **(Nr. 10)**. Auch dieser Tatbestand wurde im Zuge des Ersten Gesetzes zur Änderung des Batteriegesetzes aufgrund des Wegfalls des Gemeinsamen Rücknahmesystems nach § 6 aF angepasst werden, da die Bereitstellungpflicht diesem gegenüber wegfiel und durch eine Überlassungspflicht gegenüber den neuen Rücknahmesystemen nach § 7 nF ersetzt wurde. Eine solche Überlassungspflicht ist Ausdruck der Produktverantwortung der Hersteller von Gerätebatterie und damit wesentlich, nicht nur um ihren Rücknahme- und Entsorgungspflichten nachkommen zu können, sondern insb. auch zur Sicherstellung einer ordnungsgemäßen Entsorgung (BR-Drs. 265/20, 59). Mit Blick auf die Bedeutung dieser Überlassungspflicht erscheint es gerechtfertigt, einen Verstoß dagegen mit einem Bußgeld zu bedrohen. **25**

Nach **Nr. 11** handelt ordnungswidrig, wer entgegen § 9 Abs. 4 die dort genannten Kosten getrennt ausweist. Wer Kosten für die Rücknahme, Sortierung, Verwertung und Beseitigung von Geräte-Altbatterien beim Vertrieb neuer Gerätebatterien gegenüber dem Endnutzer getrennt ausweist, der kann mit einem Bußgeld bis zu zehntausend Euro geahndet werden. Insofern gab es keine inhaltlichen Neuerungen im Vergleich zur alten Gesetzeslage. **26**

Ordnungswidrig handelt gemäß **Nr. 12**, wer entgegen § 10 Abs. 1 S. 1, 2 oder 5 ein Pfand nicht erhebt oder nicht erstattet. Nr. 12 sichert damit das Pflichtenprogramm des § 10 ab, indem es Zuwiderhandlungen gegen die Pfandpflicht für Fahrzeugbatterien mit einem Bußgeld bedroht. Denn nach § 10 Abs. 1 S. 1 und 2 sind Vertreiber, die Fahrzeugbatterien an Endnutzer abgeben, verpflichtet, je Fahrzeugbatterie ein Pfand in Höhe von 7,50 Euro einschließlich Umsatzsteuer zu erheben, wenn der Endnutzer zum Zeitpunkt des Kaufs einer neuen Fahrzeugbatterie keine Fahrzeug-Altbatterie zurückgibt und der Vertreiber, der das Pfand erhoben hat, ist bei Rückgabe einer Fahrzeug-Altbatterie zur

Erstattung des Pfandes verpflichtet. Nr. 12 hat keine inhaltliche Modifikation erfahren und entspricht wortgleich dem BattG in der Fassung vor der Änderung.

27 Ordnungswidrig iSv **Nr. 13** handelt, wer entgegen § 14 Abs. 2 S. 1 Fahrzeug- oder Industrie-Altbatterien durch Verbrennung oder Deponierung beseitigt. § 14 Abs. 2 S. 1 untersagt die Beseitigung von Fahrzeug- und Industrie-Altbatterien durch Verbrennung oder Deponierung. Dies dient der Verwirklichung einer **umweltgerechten Entsorgung** und ist auf diese Weise Ausfluss des Umwelt- und Klimaschutzes. Das Verbot nach S. 1 gilt – nach § 14 Abs. 2 S. 2 – nicht für Rückstände von zuvor ordnungsgemäß behandelten und stofflich verwerteten Altbatterien.

28 Den Bußgeldtatbestand der **Nr. 14** erfüllt, wer entgegen § 15 Abs. 1 S. 1, auch iVm Abs. 3 S. 1 eine Dokumentation nicht, nicht richtig, nicht vollständig oder nicht rechtzeitig vorlegt. Nr. 14 wurde mit Blick auf das Vorlegen der Dokumentation zur Erfolgskontrolle nach § 15 an den Wegfall des Gemeinsamen Rücknahmesystems angepasst (BR-Drs. 265/20, 59). Rücknahmesysteme, die keine Dokumentation oder keine richtige oder vollständige Dokumentation oder diese erst verspätet vorlegen, unterfallen dem Bußgeldtatbestand. Das heißt auch, dass eine fehlende Prüfung und Bestätigung der Dokumentation durch einen Sachverständigen hiermit sanktioniert werden kann (BR-Drs. 265/20, 59). Geahndet werden kann zudem, wenn Vertreiber von Fahrzeug- und Industriebatterien ihren Dokumentationspflichten nach § 15 Abs. 3 S. 1 nicht, nicht richtig, nicht vollständig oder nicht rechtzeitig nachkommen.

29 Mit dem Ersten Gesetz zur Änderung des Batteriegesetzes (→ Rn. 8) neu eingeführt wurde **Nr. 14a.** Danach liegt eine Ordnungswidrigkeit vor, wenn entgegen § 15 Abs. 2 ein Bericht nicht oder nicht rechtzeitig erstattet wird. § 15 Abs. 2 ist insbesondere iVm § 7a in materieller Hinsicht eine (neue) Verpflichtung der Rücknahmesysteme zur ökologischen Gestaltung der Beiträge (BR-Drs. 265/20, 59), so dass es eines neuen Bußgeldtatbestandes bedurfte.

30 Ebenfalls neu eingeführt im Zuge dieser Gesetzesänderung wurde **Nr. 14b**. Dieser erfasst Verstöße gegen die Sammelquote gem. § 16 Abs. 1. Hierdurch soll das Erreichen derselbigen sichergestellt werden. Können die Rücknahmesysteme die Sammelquote nicht sicherstellen, so sieht das Gesetz ein Bußgeld – bis zur Grenze von hunderttausend Euro – vor. Allein die Bedrohung eines solchen Verstoßes mit der Bußgeldhöchstgrenze unterstreicht die Bedeutsamkeit der Einhaltung des Sammelziels nach § 16 Abs. 1, das infolge der Novellierung auf 50 % angehoben wurde. Zuvor waren die Genehmigung der Rücknahmesysteme mit dem Nichterreichen der Sammelquote noch derart verbunden, dass sobald die Sammelquote nicht erreicht wurde, entsprechend auch die Genehmigung für das Rücknahmesystem entfiel (BR-Drs. 265/20, 60). Dies wurde nunmehr durch den Bußgeldtatbestand ersetzt. Die Lösung über den Bußgeldtatbestand ist angesichts seiner Natur als Ermessensentscheidung der jeweiligen Verwaltungsbehörde weniger starr: so *kann* ein Rücknahmesystem, das die Sammelquote nicht erfüllt, mit einem Bußgeld geahndet werden, aber verliert nicht automatisch die Genehmigung; ferner können im Rahmen des Ordnungswidrigkeitenverfahrens besondere Umstände, die zu einer Verfehlung des Sammelziels beigetragen haben, berücksichtigt werden (BR-Drs. 265/20, 60). Beispielsweise können auf diesem Wege etwaige Probleme beim Handel mit Sammelmengen zwischen den Rücknahmesystemen in die Entscheidung miteinbezogen werden (BR-Drs. 265/20, 60). Dass für den Fall des Nichterreichens der vorgeschriebenen 50 % eine Sanktionierung möglich sein muss, findet seine Legitimation im gesetzgeberischen Willen, der das Erreichen der Sammelquote als essenziell für das Erreichen der Europäischen Sammelvorgaben ansieht (BR-Drs. 265/20, 60).

Der Bußgeldtatbestand des **Nr. 15** ist bei einem **Verstoß gegen die Kennzeichnungspflicht** erfüllt. Das setzt voraus, dass entgegen § 17 Abs. 1 S. 1 oder Abs. 3 S. 1 eine Batterie nicht, nicht richtig oder nicht rechtzeitig gekennzeichnet ist. 31

Ordnungswidrig gem. **Nr. 16** handelt, wer entgegen § 17 Abs. 6, auch iVm einer Rechtsverordnung nach § 27 Nr. 3 eine Fahrzeug- oder Gerätebatterie, nicht, nicht richtig, nicht vollständig oder nicht rechtzeitig mit einer Kapazitätsangabe versieht. Durch das Änderungsgesetz wurde dieser Bußgeldtatbestand an die Ermächtigungsgrundlagen in § 27 und deren Nummerierung angepasst (Drs. 265/20, S. 60). 32

Nr. 17 sanktioniert einen Verstoß gegen die Hinweis- und Informationspflichten aus § 18. Ordnungswidrig handelt, wer ein Hinweis nicht, nicht richtig, nicht vollständig oder nicht in der vorgeschriebenen Weise gibt oder einer Warensendung nicht beifügt. 33

C. Bußgeldobergrenzen (Abs. 2)

Sofern der Tatbestand einer Ordnungswidrigkeit nach Abs. 1 erfüllt ist, ergibt sich sodann auf zweiter Stufe gem. **Abs. 2** die **Bußgeldobergrenze**. Diese variiert hinsichtlich der einzelnen Tatbestände des Abs. 1. Die Ordnungswidrigkeit in den Fällen des Abs. 1 Nr. 1 bis 7, 10, 13, 14 und 14b kann mit einer Geldbuße bis zu **hunderttausend** Euro geahndet werden. In den übrigen Fällen kann sie mit einer Geldbuße bis zu **zehntausend** Euro geahndet werden. Im Falle nur fahrlässigen Handelns gilt die Hälfte der bestimmten Höchstbeträge, § 17 Abs. 2 OWiG. 34

Die **Divergenz** der Bußgeldhöchstgrenzen (zehntausend Euro zu hunderttausend Euro) findet ihre Rechtfertigung darin, dass Verstöße gegen elementare Grundpflichten im Zusammenhang mit der Wahrnehmung der abfallwirtschaftlichen Produktverantwortung – wie zum Beispiel das Erreichen der Sammelquote – notwendigerweise mit höheren Bußgeldern bedroht werden müssen als Verstöße gegen Kennzeichnungs-, Informations- und sonstige Pflichten (BR-BT-Drs. 16/12227, 32). Indem das Gesetz für einzelne Verstöße unterschiedliche Höchstgrenzen normiert, differenziert es mithin selbst zwischen schweren und weniger schweren Verstößen. 35

Durch das Änderungsgesetz wurde der Kreis der Tatbestände, die mit einer Geldbuße bis zu hunderttausend Euro geahndet werden können, um den Fall der neuen Nr. 14b erweitert. 36

Ausweislich des Wortlautes in Abs. 2 („kann“) liegt die Auferlegung eines Bußgeldes im Ermessen der zuständigen Behörde. Ihr ist gesetzlich sowohl Entschließungs- als auch Auswahlermessen eingeräumt. Das bedeutet zunächst, dass die zuständige Behörde auch ganz von einer Sanktionierung absehen kann. Die Auferlegung eines Bußgeldes ist also nicht zwingend. Vielmehr gilt das **Opportunitätsprinzip** in Anlehnung an § 47 Abs. 1 OWiG, wonach die Verfolgung von Ordnungswidrigkeiten im pflichtgemäßen Ermessen der Behörde liegt (vgl. zu § 45 ElektroG: Hilf/Schleifenbaum, in: Giesberts/Hilf, ElektroG, § 45 Rn. 39). Anders als im Strafverfahren, wo das Legalitätsprinzip gilt, ist die Verfolgungsbehörde also nicht stets verpflichtet, ein Bußgeldverfahren einzuleiten und durchzuführen. 37

Übt die Behörde ihr Ermessen dahingehend aus, dass sie sich zur Auferlegung eines Bußgeldes entscheidet, so muss sie ferner ihr **Auswahlermessen** ordnungsgemäß ausüben. Dies setzt zunächst voraus, dass sie die gesetzlich vorgegebenen Grenzen nicht überschreitet. Das heißt mit Blick auf Abs. 2, dass die im Einzelnen geltenden Bußgeldobergrenze (ggf. unter Beachtung der Halbierung im Fall nur fahrlässigen Handelns, § 17 Abs. 2 OWiG) nicht überschritten werden dürfen. Unterhalb jener Grenze ist die Behörde bei der Festlegung der Bußgeldhöhe nur an die gesetzlichen Grenzen der Ermessensaus- 38 übung (vgl. § 40 VwVfG) und damit insbesondere an den Grundsatz der Verhältnismäßigkeit gebunden. Die Verhältnismäßigkeit erfordert bei der Bemessung der Geldbuße unter anderem, dass gem. § 17 Abs. 3 S. 1 OWiG die Bedeutung der Ordnungswidrigkeit und der Vorwurf, der den Täter trifft, berücksichtigt werden. Zudem soll die Geldbuße im Sinne ihres Sanktionscharakters so gewählt sein, dass sie den wirtschaftlichen Vorteil, den der Täter aus der Ordnungswidrigkeit gezogen hat, übersteigt; reicht das gesetzliche Höchstmaß hierzu nicht aus, so kann es überschritten werden (vgl. § 17 Abs. 4 OWiG). Der Verpflichtete soll demnach spürbar zu rechtstreuem Verhalten angehalten werden.

D. Zuständige Behörde (Abs. 3)

39 **Abs. 3** bestimmt, wer für den Vollzug der Bußgeldvorschriften nach Abs. 1 zuständig ist. Sachlich zuständig ist nach § 29 Abs. 3 in den Fällen des Abs. 1 Nr. 2, 3a bis 5 und 14 bis 14b das Umweltbundesamt. Es übernimmt als Bundesbehörde den bundeseinheitlichen Vollzug von Bußgeldtatbeständen in Bereichen des BattG, die im Zusammenhang mit der gegenüber dem Umweltbundesamt anzuzeigenden Marktteilnahme stehen sowie bei Tatbeständen, die bestimmte Grundpflichten der Herstellerproduktverantwortung absichern (BT-Drs. 16/12227, 32).

40 Seit der Novellierung durch das erste Änderungsgesetz (→ Rn. 8) ist das Umweltbundesamt auch für Verstöße nach Nr. 14a und 14b zuständig. Die Aufnahme von 14a und 14b in den Abs. 3 waren naheliegend: wenn die Dokumentation über die Erfolgskontrolle sowie die ökologische Gestaltung der Beiträge ohnehin dem Umweltbundesamt vorzulegen ist, ist es nur sinnvoll und effektiv, wenn etwaige Verstöße vom Umweltbundesamt selbst sanktioniert werden (BR-Drs. 265/20, 60). Zudem wurde Nr. 8 aus Abs. 3 gestrichen, da Nr. 8 aF aufgehoben wurde.

41 Soweit die sachliche Zuständigkeit des Umweltbundesamtes nicht ausdrücklich begründet ist, ist die nach dem jeweiligen Landesrecht bestimmte Abfallbehörde zuständig. Insofern erfolgt der Vollzug nicht vollständig bundeseinheitlich, sondern bleibt teils den einzelnen Ländern vorbehalten.

E. Zuweisung zur Bundeskasse (Abs. 4)

42 **Abs. 4** blieb trotz Novellierung im Zuge des ersten Änderungsgesetzes (→ Rn. 8) unverändert. Danach fließen in den Fällen des Bundevollzugs nach Abs. 3 auch die im gerichtlichen Verfahren angeordneten Geldbußen und die Geldbeträge, deren Einziehung nach § 29a OWiG gerichtlich angeordnet wurde, der Bundeskasse zu, die auch die der Staatskasse auferlegten Kosten trägt.

43 Die in den Tatbeständen nach Abs. 3 im gerichtlichen Verfahren verwirkten Bußgelder sowie die Geldbeträge, deren Verfall das Gericht angeordnet hat, werden also *kraft* Gesetzes der Bundeskasse zugewiesen (BT-Drs. 16/12227, 32). Diese Rechtsfolge erscheint vor dem Hintergrund angebracht, dass im Zusammenhang mit der Verfolgung der Ordnungswidrigkeiten nach Abs. 3 ein nicht unwesentlicher Sach- und Personalaufwand maßgeblich beim Umweltbundesamt anfällt (BT-Drs. 16/12227, 32). Als Kehrseite trägt die Bundeskasse auch diejenigen Kosten, die vom Gericht der Behördenseite auferlegt werden (BT-Drs. 16/12227, 32).

F. Ausblick auf Geltung der EU-Batterie-Verordnung

Die Verordnung (EU) 2023/1542 des europäischen Parlaments und des Rates v. 12.07.2023 über Batterien und Altbatterien, zur Änderung der Richtlinie 2008/98/EG und der Verordnung (EU) 2019/1020 und zur Aufhebung der Richtlinie 2006/66/EG, L 191/1 enthält in Art. 93 der VO Regelungen zu Sanktionen. Danach müssen die die Mitgliedstaaten Vorschriften über Sanktionen erlassen, die bei Verstößen gegen diese Verordnung zu verhängen sind, und alle für die Anwendung der Sanktionen erforderlichen Maßnahmen treffen. Die vorgesehenen Sanktionen müssen wirksam, verhältnismäßig und abschreckend sein und werden dementsprechend im Rahmen Übergangsfristen (vgl. Art. 96 Abs. 2 der Verordnung (EU) 2023/1542) anzupassen sein. **44**

§ 30 Einziehung

Ist eine Ordnungswidrigkeit nach § 29 Absatz 1 begangen worden, so können Gegenstände eingezogen werden,

1. auf die sich die Ordnungswidrigkeit bezieht oder

2. die zu ihrer Begehung oder Vorbereitung gebraucht worden oder bestimmt gewesen sind.

§ 23 des Gesetzes über Ordnungswidrigkeiten ist anzuwenden.

A. Allgemeines

I. Bedeutung der Vorschrift

§ 30 dient der Möglichkeit einer Einziehung von Gegenständen durch die Verfolgungsbehörden, sofern sich die entsprechende Ordnungswidrigkeit auf diese bezieht oder sie mit diesen begangen wurde (BR-Drs. 265/20, 60). Die Einziehung von Gegenständen nach den §§ 22 und 23 des Gesetzes über Ordnungswidrigkeiten (OWiG) ist gem. § 23 Abs. 1 OWiG nur möglich, wenn das entsprechende Gesetz dies ausdrücklich zulässt. Die Einführung des § 30 beseitigt dieses Vollzugshindernis, sodass nunmehr auch im Anwendungsbereich des BattG eine Einziehung möglich ist (BR-Drs. 265/20, 60). 1

Die Einziehung stellt eine Nebenfolge einer Ordnungswidrigkeit dar und wird gem. § 66 Abs. 1 Nr. 5 OWiG mit dem Bußgeldbescheid angeordnet. Sowohl gegen den Bußgeldbescheid als auch gegen den Einziehungsbescheid selbst ist ein Einspruch möglich. 2

§ 30 bezweckt den Schutz der Allgemeinheit vor Umweltbeeinträchtigungen, die mit dem einzuziehenden Gegenstand verursacht werden könnten (→ *Beckmann*, § 70 KrWG Rn. 6). 3

II. Rechtsentwicklung

§ 30 war nicht im Stammgesetz v. 25.06.2009 (BGBl. I 2009, S. 1582) enthalten. Dessen Einführung erfolgte mit Wirkung zum 01.01.2021 durch das Erste Gesetz zur Änderung des Batteriegesetzes vom 03.11.2020 (BGBl. I S. 2280). 4

III. Abgrenzung zu anderen Vorschriften

Mit § 70 KrWG und § 37 VerpackG finden sich im Bereich des Umweltrechts noch zwei andere wortgleiche Vorschriften über die Einziehung von Gegenständen. Die drei Vorschriften folgen derselben Systematik und sind in ihren Rechtsfolgen identisch. Während § 70 KrWG den Anwendungsbereich der Einziehung auf bestimmte der in § 69 KrWG aufgezählten Ordnungswidrigkeiten begrenzt, ist die Einziehung im BattG für alle nach § 29 Abs. 1 begangenen Ordnungswidrigkeiten möglich. 5

Über die ohnehin nach § 29a OWiG möglich Einziehung von Geldbeträgen, die in § 29 Abs. 4 oder auch in → § 45 Abs. 4 ElektroG ausdrücklich genannt wird, und den Möglichkeiten einer Einziehung von Gegenständen nach § 23 OWiG hinaus erweiterte damit § 30 die Zulässigkeit der Einziehung von Gegenständen gemäß den erweiterten Voraussetzungen nach § 23 OWiG. 6

B. Begriff der Einziehung und Gegenstände

7 Taugliche Gegenstände der Einziehung sind zum einen alle Gegenstände, auf die sich die entsprechende Ordnungswidrigkeit bezieht (Beziehungsgegenstände, § 30 S. 1 Nr. 1) und zum anderen alle Gegenstände, die zur Begehung oder Vorbereitung der entsprechenden Ordnungswidrigkeit gebraucht worden oder bestimmt gewesen sind (Tatwerkzeuge, § 30 S. 1 Nr. 2 BattG). Der Gegenstandsbegriff ist dabei weit zu verstehen, so dass Gegenstände im Einziehungsrecht sowohl Sachen iSv §§ 90, 90a BGB als auch nicht körperliche Gegenstände, insbesondere Rechte, sein können.

8 Unter Beziehungsgegenständen sind Gegenstände zu verstehen, auf die sich die Ordnungswidrigkeit bezieht, die also deren notwendiges Objekt, nicht aber deren Mittel sind (*Sackreuther,* in: BeckOK OWiG, § 22 Rn. 11). Darunter fällt nicht der Wert dessen, was der Täter aus der Tat erlangt hat, da diese der Abschöpfung des wirtschaftlichen Vorteils nach § 17 Abs. 4 OWiG oder der Einziehung nach § 29a OWiG unterfallen.

9 Tatwerkzeuge sind Gegenstände, die zur Begehung oder zur Vorbereitung der Tat eingesetzt worden sind oder dafür nach der Vorstellung des Täters bestimmt gewesen sind (BGH, Beschl. v. 09.07.2002 - 3 StR 165/02, NStZ-RR 2002, 332)

10 Beziehungsgegenstände im BattG sind damit solche Gegenstände, die Umweltbeeinträchtigungen hervorrufen und daher schnellstmöglich vom Markt und aus der Kreislaufwirtschaft entfernt werden müssen. Darunter fallen bspw. Altbatterien, die
– die vorgegebenen Stoffwertgrenzen aus § 3 nicht einhalten und überschreiten,
– nicht, nicht richtig, nicht vollständig oder nicht rechtzeitig nach § 4 registriert wurden,
– nicht, nicht richtig oder unvollständig nach § 17 gekennzeichnet wurden.

C. Voraussetzungen des OWiG

11 Erste Voraussetzung des § 30 ist das Vorliegen des Tatbestandes einer Ordnungswidrigkeit nach § 29 (siehe zu den einzelnen Ordnungswidrigkeitentatbeständen → § 29).

12 Zweite Voraussetzung ist das Vorliegen der Voraussetzungen der nach dem OWiG geregelten Einziehung nach den §§ 22 ff. OWiG.

13 Nach § 22 Abs. 2 Nr. 1 und Nr. 2, Abs. 3 OWiG ist eine Einziehung nur zulässig, wenn die Gegenstände zur Zeit der Entscheidung dem Täter gehören oder zu stehen (Abs. 2 Nr. 1) oder die Gegenstände nach ihrer Art und den Umständen die Allgemeinheit gefährden oder die Gefahr besteht, dass sie der Begehung von Handlungen dienen werden, die mit Strafe oder Geldbuße bedroht sind (Abs. 2 Nr. 2).

14 Über den Verweis in § 30 S. 2 ist jedoch auch § 23 OWiG ausdrücklich anzuwenden. Die Anwendung des § 23 OWiG hat zur Folge, dass Gegenstände abweichend von § 22 Abs. 2 Nr. 1 OWiG auch dann eingezogen werden dürfen, wenn sie zu diesem Zeitpunkt nicht dem Täter, sondern einem Dritten gehören oder zustehen. Voraussetzung dafür ist, dass der Dritte wenigstens leichtfertig dazu beigetragen hat, dass die fragliche Sache oder das fragliche Recht Mittel oder Gegenstand der vorgeworfenen Handlung oder ihrer Vorbereitung gewesen ist, oder er die Gegenstände in Kenntnis der Umstände, welche die Einziehung zugelassen hätten, in verwerflicher Weise erworben hat.

15 Gem. § 22 Abs. 3 OWiG ist eine Einziehung auch ohne vorwerfbares Verhalten des Täters möglich, wenn die Voraussetzungen einer Gefährdung nach § 22 Abs. 2 Nr. 2 OWiG vorliegen.

D. Ermessen und Verhältnismäßigkeit

Eine Einziehung erfolgt durch Ermessensausübung der Verwaltungsbehörde bzw. des Gerichts. Ermessensreduzierungen oder gar eine Pflicht zur Einziehung kann sich ergeben, sofern ein erneutes Fehlverhalten des Täters zu erwarten ist, die die Einziehung erschwert oder verhindert, oder dies zum Schutz der Allgemeinheit erforderlich ist (wohl hauptsächlich im Falle des § 22 Abs. 2 Nr. 2 OWiG). **16**

Eine Anordnung der Einziehung ist jedoch rechtswidrig, wenn sie zur Bedeutung der begangenen Handlung und zum Vorwurf, der den von der Einziehung betroffenen Täter oder in den Fällen des § 23 OWiG den Dritten trifft, erkennbar außer Verhältnis steht (→ *Beckmann,* § 70 KrWG Rn. 15). **17**

E. Rechtsfolgen

Die Rechtsfolgen der Einziehung richten sich nach § 26 OWiG. Ergeht eine Einziehung als Nebenfolge einer Ordnungswidrigkeit, geht gem. § 26 Abs. 1 OWiG das Eigentum an der betroffenen Sache oder das eingezogene Recht auf den Staat oder, soweit das Gesetz dies bestimmt, auf die Körperschaft oder Anstalt des öffentlichen Rechts über, deren Organe oder Stellen die Einziehung angeordnet hat, über. Gem. § 26 Abs. 2 S. 1 OWiG bleiben Rechte Dritter am Gegenstand jedoch grundsätzlich bestehen. **18**

Die Einziehung stellt vor ihrer Rechtskraft zusätzlich gem. § 26 Abs. 3 S. 1 OWiG ein vorübergehendes Veräußerungsverbot nach § 136 BGB dar. Gem. § 26 Abs. 3 S. 2 OWiG gilt dies auch für die Anordnung des Vorbehalts der Einziehung. **19**

F. Ausblick auf Geltung der EU-Batterie-Verordnung

Die Verordnung (EU) 2023/1542 des europäischen Parlaments und des Rates v. 12.07.2023 über Batterien und Altbatterien, zur Änderung der Richtlinie 2008/98/EG und der Verordnung (EU) 2019/1020 und zur Aufhebung der Richtlinie 2006/66/EG, L 191/1 enthält in Art. 93 Regelungen zu Sanktionen. Danach müssen die die Mitgliedstaaten Vorschriften über Sanktionen erlassen, die bei Verstößen gegen diese Verordnung zu verhängen sind, und alle für die Anwendung der Sanktionen erforderlichen Maßnahmen treffen. Die vorgesehenen Sanktionen müssen wirksam, verhältnismäßig und abschreckend sein. Anpassungsbedarf für § 30 ergibt sich vor diesem Hintergrund nicht. **20**

D. Ermessen und Verhältnismäßigkeit

16 Eine Einziehung erfolgt durch Ermessensausübung der Verwaltungsbehörde bzw. des Gerichts. Ermessenseinschränkungen oder gar eine Pflicht zur Einziehung kann sich ergeben, sofern ein erneutes Fehlverhalten des Täters zu erwarten ist, die die Einziehung erschwert oder verhindert, oder dies zum Schutz der Allgemeinheit erforderlich ist (wohl hauptsächlich im Falle des § 22 Abs. 2 Nr. 2 OWiG).

17 Eine Anordnung der Einziehung ist jedoch rechtswidrig, wenn sie zur Bedeutung der begangenen Handlung und zum Vorwurf, der den von der Einziehung betroffenen Täter oder in den Fällen des § 23 OWiG den Dritten trifft, erkennbar außer Verhältnis steht (→ Beckmann § 70 KrWG Rn. 15).

E. Rechtsfolgen

18 Die Rechtsfolgen der Einziehung richten sich nach § 26 OWiG. Ergeht eine Einziehung als Nebenfolge einer Ordnungswidrigkeit, geht gemäß § 26 Abs. 1 OWiG das Eigentum an der betroffenen Sache oder das eingezogene Recht auf den Staat oder, soweit das Gesetz dies bestimmt, auf die Körperschaft oder Anstalt des öffentlichen Rechts über, deren Organ oder Stelle die Einziehung angeordnet hat. Gem. § 26 Abs. 2 S. 1 OWiG bleiben Rechte Dritter am Gegenstand jedoch grundsätzlich bestehen.

19 Die Einziehung stellt vor ihrer Rechtskraft zusätzlich gem. § 26 Abs. 3 S. 1 OWiG ein vorübergehendes Veräußerungsverbot nach § 136 BGB. Gem. § 26 Abs. 3 S. 2 OWiG gilt dies auch für die Anordnung des Vorbehalts der Einziehung.

F. Ausblick auf Geltung der EU-Batterie-Verordnung

20 Die Verordnung (EU) 2023/1542 des Europäischen Parlaments und des Rates v. 12.07.2023 über Batterien und Altbatterien, zur Änderung der Richtlinie 2008/98/EG und der Verordnung (EU) 2019/1020 und zur Aufhebung der Richtlinie 2006/66/EG, L 191 enthält in Art. 93 Regelungen zu Sanktionen. Danach müssen die Mitgliedstaaten Vorschriften über Sanktionen erlassen, die bei Verstößen gegen diese Verordnung zu verhängen sind, und alle für die Anwendung der Sanktionen erforderlichen Maßnahmen treffen. Die vorgesehenen Sanktionen müssen wirksam, verhältnismäßig und abschreckend sein. Anpassungsbedarf für § 30 ergibt sich vor diesem Hintergrund nicht.

§ 31 Übergangsvorschriften

(1) [1]§ 2 Absatz 15 Satz 2, § 3 Absatz 1 und 2 und § 17 Absatz 1, 3 und 6 Satz 1 gelten nicht für Batterien, die bereits vor dem 1. Dezember 2009 in einem Mitgliedstaat der Europäischen Union erstmals in Verkehr gebracht worden sind. [2]§ 3 Absatz 1 gilt nicht für Knopfzellen und aus Knopfzellen aufgebaute Batteriesätze mit einem Quecksilbergehalt von höchstens 2 Gewichtsprozent, die vor dem 1. Oktober 2015 erstmals in Verkehr gebracht worden sind. [3]§ 3 Absatz 2 Satz 1 gilt nicht für Batterien, die für die Verwendung in schnurlosen Elektrowerkzeugen bestimmt sind und die vor dem 1. Januar 2017 erstmalig in Verkehr gebracht worden sind.

(2) Abweichend von § 3 Absatz 3 müssen Hersteller, die das Inverkehrbringen bereits nach § 4 Absatz 1 Satz 1 des Batteriegesetzes vom 25. Juni 2009 in Verbindung mit der Verordnung zur Durchführung des Batteriegesetzes vom 12. November 2009, jeweils in der bis zum Ablauf des 31. Dezember 2020 geltenden Fassung, beim Umweltbundesamt angezeigt haben, erst ab dem 1. Januar 2022 nach § 4 bei der zuständigen Behörde registriert sein, sofern sich nicht zuvor gegenüber den angezeigten Angaben Änderungen ergeben haben.

(3) Das Umweltbundesamt veröffentlicht bis zum Ablauf des 31. Dezember 2021 die folgenden bis zum Ablauf des 31. Dezember 2020 von den angezeigten Herstellern gemäß § 4 in der bis zum Ablauf des 31. Dezember 2020 gelten Fassung mitgeteilten Daten auf seinen Internetseiten:

1. Name und Rechtsform des Herstellers,
2. Anschrift des Herstellers, bestehend aus Postleitzahl, Ort und Staat,
3. Internetadresse des Herstellers,
4. Art der Batterie nach § 2 Absatz 4 bis 6, die der Hersteller in den Verkehr zu bringen beabsichtigt, und Marke, unter der er dabei tätig ist,
5. beim Inverkehrbringen von Gerätebatterien: eine Erklärung über die Einrichtung eines herstellereigenen Rücknahmesystems für Geräte-Altbatterien durch den Hersteller sowie Name und Rechtsform des vom Hersteller mit dem Betrieb seines herstellereigenen Rücknahmesystems beauftragten Dritten,
6. beim Inverkehrbringen von Fahrzeug- und Industriebatterien: eine Erklärung über die erfolgte Einrichtung einer den Anforderungen des § 8 entsprechenden Rückgabemöglichkeit für Altbatterien sowie Angaben über die Art der eingerichteten Rückgabemöglichkeit und den Zugriff der Rückgabeberechtigten auf das Angebot.

(4) [1]Rücknahmesysteme nach § 7 Absatz 1 Satz 1, die bis zum Ablauf des 31. Dezember 2020 bereits durch die am Sitz des Herstellers für Abfallwirtschaft zuständige Behörde oder durch eine von dieser bestimmten Behörde genehmigt sind, gelten längstens bis zum Ablauf des 31. Dezember 2021 weiterhin als genehmigt. [2]Änderungen von bereits erteilten Genehmigungen sowie Anordnungen nach 28 Absatz 1 werden bis zum Ablauf des 31. Dezember 2021 durch die am Sitz des Herstellers für Abfallwirtschaft zuständige Behörde oder durch eine von dieser bestimmten Behörde vorgenommen.

(5) Die §§ 7a und 15 Absatz 2 sind erst ab dem 1. Januar 2023 anzuwenden.

(6) Für die Ermittlung der Sammelquote nach § 15 Absatz 1 Satz 1 Nummer 4, Absatz 2 und 3 gilt § 16 für das erste Kalenderjahr der Tätigkeit als Rücknahmesystem mit der Maßgabe, dass die Masse der in diesem Kalenderjahr zurückgenommenen Geräte-Altbatterien zur Masse der in diesem Kalenderjahr erstmals in den Verkehr gebrachten Gerätebatterien ins Verhältnis zu setzen ist.

(7) **Für das zweite Kalenderjahr der Tätigkeit eines Rücknahmesystems gilt § 16 mit der Maßgabe, dass die Masse der im zweiten Kalenderjahr zurückgenommenen Geräte-Altbatterien zur Masse der im Durchschnitt der ersten beiden Kalenderjahre der Tätigkeit des Rücknahmesystems erstmals in Verkehr gebrachten Gerätebatterien ins Verhältnis zu setzen ist.**

A. Allgemeines

I. Bedeutung der Vorschrift

1 § 31 regelt Übergangsvorschriften zur Einführung des BattG und zu den Änderungen im Zuge des Ersten Gesetzes zur Änderung des Batteriegesetzes v. 3.11.2020 (BGBl. I S. 2280) und die verbundene neue Registrierungspflicht der Hersteller gem. § 4 und den neuen gestalteten Rücknahmesystembetrieb gem. § 7. Die Übergangsregelungen sollen den einzelnen Akteuren und Verpflichteten des BattG eine angemessene Vorbereitungszeit ermöglichen, um die neuen Regelungen umzusetzen, und leiten einzelne, unter Geltung des BattG aF begründete Rechtsverhältnisse unter den jeweils näher bestimmten Voraussetzungen auf die geltende Rechtslage über.

II. Rechtsentwicklung

2 Eingeführt wurden die Übergangsregelungen mit dem Stammgesetz v. 25.06.2009 (BGBl. I 2009, S. 1582), um den Übergang für den Umgang mit Altbatterien vor Inkrafttreten des BattG zu regeln, damals im § 23 aF.

3 Das Erste Gesetz zur Änderung des Batteriegesetzes v. 3.11.2020 (BGBl. I S. 2280) verschiebt des bisherigen § 23 (Übergangsvorschriften) in den neuen § 31 und fasst diesen neu (BR-Drs. 265/20, 60). Der bisherige Abs. 2 wurde gestrichen und durch einen neuen Absatz ersetzt. Die bisherige Formulierung umfasste eine Regelung zum Umrechnungskurs von Deutscher Mark auf Euro. Eine solche Regelung ist aufgrund der bislang verstrichenen Zeit obsolet (BR-Drs. 265/20, 60).

III. EU-Recht

4 Durch die Übergangsvorschriften des Änderungsgesetzes wird Art. 1 Nr. 2 der RL 2013/56/EU umgesetzt, damit gewährleistet werden kann, dass Batterien, die von den Stoffbeschränkungen des § 3 Abs. 1 und 2 bislang zumindest teilweise befreit waren und bis zu den jeweiligen genannten Stichtagen rechtmäßig in Verkehr gebracht wurden, auch nach dem Auslaufen der Ausnahmegenehmigung abverkauft werden dürfen (BT-Drs. 18/5759, 12).

5 Ebenso dienen Abs. 1, 3 und 4 der Umsetzung von Art. 6 Abs. 2, 10 Abs. 1 S. 1 RL 2006/66/EG (BT-Drs. 16/12227, 32).

B. Übergangsfrist für Altbatterien vor 2009

6 **Abs. 1** nimmt Batterien, die bereits vor dem Inkrafttreten dieses Gesetzes in einem Mitgliedstaat der Europäischen Union in Verkehr gebracht worden sind, vom Anwendungsbereich der Stoffverbote (§ 3 Abs. 1 und 2) und der Kennzeichnungspflichten (§ 17 Abs. 1, 3 und 6 S. 1) aus (BT-Drs. 16/12227, 32). Davon betroffen sind:
– Batterien, die vor dem 1.12.2009 in Verkehr gebracht worden sind (S. 1),

- Knopfzellen und aus Knopfzellen aufgebaute Batteriesätze mit einem Quecksilbergehalt von höchstens 2 Gewichtsprozent, die vor dem 1.10.2015 erstmals in Verkehr gebracht worden sind (S. 2) und
- Batterien, die für die Verwendung in schnurlosen Elektrowerkzeugen bestimmt sind und die vor dem 1.1.2017 erstmalig in Verkehr gebracht worden sind (S. 3).

Der bisherige Verweis auf S. 1 in § 3 Abs. 1 wurde gestrichen, da dieser Absatz nur über einen Satz verfügt. Insofern wurde der Teilverweis in S. 2 gestrichen (BR-Drs. 265/20, 60). 7

C. Karenzzeit für die Registrierungspflicht

Abs. 2 umfasst eine Übergangsvorschrift im Hinblick auf die neue Registrierungspflicht gem. § 7 Abs. 1. Hersteller, die sich bereits vor dem Inkrafttreten dieses Gesetzes beim Umweltbundesamt gem. § 4 aF. angezeigt haben, müssen sich bis spätestens bis zum 31.12.2021 bei der zuständigen Behörde registrieren lassen. Die mit dem Änderungsgesetz v. 3.11.2020 (BGBl. I S. 2280) eingeführte Registrierungspflicht gilt für diese Hersteller damit nicht bereits mit Inkrafttreten der Novelle zum 1.1.2021, sondern erst ein Jahr später. Hierdurch soll sowohl den Herstellern als auch der zuständigen Behörde genügend Zeit gegeben werden, die neuen Regelungen zur Anwendung kommen zu lassen (BR-Drs. 265/20, 60). Ebenso soll es so zu einer Erleichterung für Batteriehersteller und zur Vermeidung einer zeitlichen Ballung zu bearbeitender Registrierungsanträge bei der zuständigen Behörde (Stiftung ear als Beliehene) kommen (BT-Drs. 19/19930, 56). 8

Es gilt aber mit Abs. 2 aE eine Ausnahme für solche Fälle, in denen sich zwischen dem 1.1.2021 und dem 31.12.2021 Abweichungen zu den angezeigten Informationen (beispielsweise Firmierung oder Adresse des Herstellers, Beteiligung an einem neuen Rücknahmesystem) ergeben. Soweit solche Änderungen vorliegen, kann die in Abs. 2 vorgesehene Übergangsfrist von den entsprechenden Herstellern nicht mehr in Anspruch genommen werden. In diesem Fall ist daher ab dem Zeitpunkt, ab dem sich die Abweichungen ergeben, die Vornahme der Registrierung erforderlich. Daher ist seit dem 1.1.2021 auch rein faktisch eine Veränderung der Angaben im BattG-Melderegister beim Umweltbundesamt nicht mehr möglich (*Öttinger*, NVwZ 2021, 1084, 1086). 9

Ebenso gibt es keinen automatischen Transfer der im BattG-Melderegister des Umweltbundesamtes angezeigten Informationen in das Herstellerregister der Stiftung *ear*, so dass auf jeden Fall ein aktives Tätigwerden jedes Batterieherstellers erforderlich wird, der auch nach dem 31.12.2021 noch Batterien in Deutschland in Verkehr bringen möchte (*Öttinger*, NVwZ 2021, 1084, 1086). 10

D. Übergangsfrist für Veröffentlichung

Abs. 3 überführt die Regelung des § 2 Abs. 4 der Durchführungsverordnung zum BattG (BattGDV) in eine Übergangsregelung. Danach hat das Umweltbundesamt bestimmte Daten der Hersteller auf seiner Internetseite bis zum Ablauf des 31.12.2021 zu veröffentlichen. Bis sämtliche Hersteller am 1.1.2022 bei der zuständigen Behörde registriert und durch diese veröffentlicht sind, bedarf es weiterhin die Veröffentlichungspflicht des Umweltbundesamtes mit Blick auf die bislang angezeigten Hersteller (BR-Drs. 265/20, 61). Nur so kann auch über den Übergangszeitraum eine Transparenz des Registers sichergestellt sein (BR-Drs. 265/20, 61). Die Aufgabe entfällt mit dem Ablauf des 11

31.12.2021. Danach ist allein das Register der zuständigen Behörde (Stiftung ear als Beliehene) maßgeblich (BR-Drs. 265/20, 61).

E. Übergangsfrist für die Genehmigung der Rücknahmesysteme

12 **Abs. 4** trifft eine Übergangsregelung für bereits genehmigte Rücknahmesysteme. Nach S. 1 galt jedes herstellereigene Rücknahmesystem, das zum Inkrafttreten des BattG bereits genehmigt ist, bis zum 31.12.2021 auch weiterhin als genehmigt. Dadurch sollte den Wirtschaftsbeteiligten (Hersteller und deren Drittbeauftrage) und der zuständigen Behörde (Stiftung ear als Beliehene) erleichtert werden, die Umstellung von der Anzeige- zur Registrierungspflicht der Hersteller vorzunehmen und die neuen Anforderungen an den Rücknahmesystembetrieb umzusetzen (BR-Drs. 265/20, 61). Seit dem 1.1.2022 benötigt nun auch jedes bereits unter dem BattG aF genehmigte Rücknahmesystem einer neuen Genehmigung durch die zuständige (Bundes-)Behörde.

13 Änderungen an der Genehmigung und Vollzugsmaßnahmen gem. § 28 Abs. 1 hinsichtlich der einst gem. § 7 aF bis zum 31.12.2021 landesrechtlich genehmigten Rücknahmesysteme waren nach S. 2 von der zuständigen Landesbehörde vorzunehmen. Im Gegensatz zur Registrierungspflicht für Hersteller wurde damit bei einer im Jahr 2021 eintretenden Veränderung nicht bereits eine Genehmigung nach den Vorgaben des neuen BattG erforderlich (*Öttinger*, NVwZ 2021, 1084, 1087f.).

F. Übergangsfrist für die Berichtspflicht über ökologische Gestaltung der Entgelt

14 **Abs. 5** gewährt eine Übergangsfrist bis zum 31.12.2022 für die ökologische Gestaltung der Beiträge durch die Rücknahmesysteme sowie für die Dokumentationspflicht hierüber. Er bestimmt, dass §§ 7a, 15 Abs. 2 erst ab dem 1.1.2023 anzuwenden sind. Diese Vorgabe bedarf der konkreten Konzeptionierung und Umsetzung durch die einzelnen Rücknahmesysteme (BR-Drs. 265/20, 61). Um diese Umsetzung zu ermöglichen, ist den Rücknahmesystemen ein ausreichender Zeitraum zur Konzeptionierung einzuräumen (BR-Drs. 265/20, 61).

G. Übergangsregelungen für den Rücknahmesystembetrieb

15 Die **Abs. 6 und 7** enthält seit dem Ersten Gesetz zur Änderung des Batteriegesetzes v. 3.11.2020 (BGBl. I S. 2280) gegenüber den vormaligen Abs. 3 und 4 modifizierte Regelungen und sind nun nicht (mehr) auf bestimmte Kalenderjahre bezogen. Abs. 6 trifft eine Regelung für das erste Kalenderjahr der erstmaligen Tätigkeit als Rücknahmesystem. Danach muss dieses bei der Berechnung der Sammelquote im ersten Jahr seiner Tätigkeit die Masse der zurückgenommenen Altbatterien ins Verhältnis zu der in diesem Jahr erstmals in Verkehr gebrachten Batterien setzen (BR-Drs. 265/20, 61). Abs. 7 trifft eine Regelung für das zweite Kalenderjahr der erstmaligen Tätigkeit als Rücknahmesystem. Für das zweite Jahr sind die zurückgenommenen Mengen im zweiten Jahr der Tätigkeit ins Verhältnis zum Durchschnitt der Masse des vorangegangenen sowie des betreffenden Jahres zu setzen (BR-Drs. 265/20, 61).

16 Durch diese Regelungen erfolgt bei dem für den jeweiligen Hersteller neuen Rücknahmesystem (unabhängig davon, ob der Hersteller also „Neugründer" oder „Wechsler")

ein stufenweiser Einstieg in die rollierende Durchschnittsbildung der Inverkehrbringungsmasse dieses Herstellers (→ § 16 R. 13 ff.). Die Regelungen in Abs. 6 und 8 stellen systematisch gesehen daher besondere Regelungen zur Ermittlung der Sammelquote dar, die lediglich aus historischen Gründen bei den Übergangsregelungen verortet sind.

H. Ausblick auf Geltung der EU-Batterie-Verordnung

Die Verordnung (EU) 2023/1542 des europäischen Parlaments und des Rates v. 12.07.2023 über Batterien und Altbatterien, zur Änderung der Richtlinie 2008/98/EG und der Verordnung (EU) 2019/1020 und zur Aufhebung der Richtlinie 2006/66/EG, L 191/1 enthält in Art. 59 Abs. 3 und Art. 60 Abs. 4 i.V.m. Anhang XI neue Regelungen zur Ermittlung der Sammelquote, die allerdings erst nach Ablauf der Übergangszeit aus Art. 96 Abs. 2 UAbs. 2 lit. c ab dem 18. August 2025 gelten. **17**

LANDMANN/ROHMER

UMWELTRECHT

BAND III

KOMMENTAR

Herausgegeben von

Prof. Dr. Martin Beckmann
Rechtsanwalt und Fachanwalt für Verwaltungsrecht, Honorarprofessor der Universität Münster

Prof. Dr. Dr. Wolfgang Durner LL. M.
Rheinische Friedrich-Wilhelms-Universität Bonn und Direktor des Instituts für das Recht der Wasser- und Entsorgungswirtschaft

Prof. Dr. Thomas Mann
Direktor des Instituts für Öffentliches Recht, Lehrstuhl für Verwaltungsrecht der Georg-August-Universität Göttingen

Prof. Dr. Marc Röckinghausen
Hochschule für Polizei und öffentliche Verwaltung NRW, Abteilung Gelsenkirchen, Fachbereich Allgemeine Verwaltung/ Rentenversicherung

Stand: 1. September 2023
(102. Ergänzungslieferung)

(Zum Bearbeitungsstand im Einzelnen siehe die Datumszeile am unteren Ende jeder Seite)

C.H.BECK

Dieses Titelblatt stammt aus der 102. Ergänzungslieferung September 2023.

(Anschluss an die 101. Ergänzungslieferung Juni 2023)

ISBN 978 3 406 81565 2

Der Kommentar wurde von der 1. bis zur 50. Ergänzungslieferung
von Prof. Dr. Klaus Hansmann und von der 51. bis zur 58. Ergänzungslieferung
von Prof. Dr. Martin Beckmann herausgegeben.

Zitiervorschläge:

Beckmann in Landmann/Rohmer UmweltR KrWG § 17 Rn. 1
Landmann/Rohmer UmweltR/*Beckmann* KrWG § 17 Rn. 1

www.beck.de

Grundwerk ISBN 978 3 406 34327 8 ergänzt bis ISBN 978 3 406 81565 2

Wilhelmstraße 9, 80801 München
Druck: Druckerei C.H.Beck, Nördlingen
(Adresse wie Verlag)

Satz: mediaTEXT Jena GmbH, Jena

CO_2 neutral
chbeck.de/nachhaltig

Gedruckt auf säurefreiem, alterungsbeständigem Papier
(Hergestellt aus chlorfrei gebleichtem Zellstoff)

Dr. Kay Artur Pape Rechtsanwalt in Bonn	Vorb. WHG, §§ 6–22 WHG
Dr. Malte Petersen LL. M. Ministerium für Umwelt, Naturschutz und Verkehr des Landes Nordrhein-Westfalen	§§ 89–95 WHG
Prof. Dr. Alexander Proelß O. Professor an der Universität Trier	§§ 43–45l WHG
Prof. Dr. Eckard Rehbinder Em. Professor an der Universität Frankfurt/Main	§ 14 BImSchG UmweltHG (§§ 6, 7 mit Hager)
Prof. Dr. Olaf Reidt Rechtsanwalt in Berlin	§ 16 BImSchG (mit Schiller), 18. BImSchV (mit Schiller), Fluglärmgesetz (mit Fellenberg und Schiller), Umweltinformationsgesetz (mit Schiller)
Rainer Remus Umweltbundesamt, Dessau	TA Luft (mit Hansmann)
Dr. Christoph Riese Rechtsanwalt in Berlin	§§ 67–71, 86 WHG
Prof. Dr. Marc Röckinghausen Hochschule für Polizei und öffentliche Verwaltung NRW, Abteilung Gelsenkirchen	§§ 20, 21, Vor § 32, §§ 32–37, 52, 52b, 62, 66, 67 BImSchG (mit Hansmann), §§ 37a bis 37f, Vor §§ 44–47, 52a, 63, 73 BImSchG, 1., 10., 26., 28., 36., 37., 38., 42. BImSchV, 4., 11., 20., 21., 25., 27., 30., 34 und 35. BImSchV, TA Luft (mit Hansmann), 2. BImSchV (mit Hansmann und Mahrwald), Schadstofffreisetzungs- und Verbringungsregistergesetz
Christoph Sahm LL. M. E. ON Kernkraft GmbH	§§ 23–25, 27 der 17. BImSchV (mit Ohms)
Prof. Dr. Dr. Joachim Sanden † Behörde für Stadtentwicklung und Umwelt, Freie und Hansestadt Hamburg, zugl. Apl. Prof. an der Universität Lüneburg	§§ 41–43 BNatSchG (mit Gellermann)
Dr. Gernot Schiller Rechtsanwalt in Berlin	§ 16 BImSchG (mit Reidt), 18. BImSchV (mit Reidt), Fluglärmgesetz (mit Reidt und Fellenberg), Umweltinformationsgesetz (mit Reidt) Umweltrechtsbehelfsgesetz (mit Fellenberg), §§ 14a, 15 BImSchG

Bearbeiter

Matthias Schleifenbaum, LL.M. Rechtsanwalt in Köln	BattG
Prof. Dr. Hendrik Schoen Hochschule für Polizei und öffentliche Verwaltung NRW, Abteilung Münster	§ 50 BImSchG
Prof. Dr. Meinhard Schröder Em. Professor an der Universität Trier	EG-Abfallverbringungs-VO
Prof. Dr. Max-Jürgen Seibert Vorsitzender Richter am Oberverwaltungsgericht Münster	§ 13 BImSchG
Prof. Dr. Reinhard Sparwasser Rechtsanwalt in Freiburg	Vor § 22 BImSchG, §§ 22–25 BImSchG (mit Heilshorn)
Prof. Dr. Indra Spiecker genannt Döhmann, LL.M. O. Professorin an der Universität Frankfurt a.M.	UStatG BImSchG (mit Heilshorn)
Prof. Dr. Peter-Tobias Stoll O. Professor an der Universität Göttingen	EG-Artenschutzverordnung
Silvia Strecker Ministerium für Umwelt, Naturschutz und Verkehr des Landes Nordrhein-Westfalen	39. BImSchV (mit Bruckmann)
Prof. Dr. Dr. Markus Thiel Deutsche Hochschule der Polizei, Münster	§§ 3, 48–48b BImSchG
Dr. Christian Tünnesen-Harmes Rechtsanwalt in Duisburg	AbfAEV
Dr. Klaus Vogt Landesamt für Natur, Umwelt und Verbraucherschutz Nordrhein-Westfalen	39. BImSchV (mit Bruckmann und Strecker), 43. BImSchV (mit Bruckmann und van Endern)
Anne-Barbara Walter Umweltbundesamt	OberflächengewässerV (mit Dörr)
Dr. Andreas Wasielewski Ministerium für Energiewende, Klima, Umwelt und Naturschutz des Landes Schleswig-Holstein	TA Luft (mit Hansmann)
Dr. Dirk Weinreich Bundesministerium für Umwelt, Naturschutz, nukleare Sicherheit und Verbraucherschutz	Vorb. TEHG, §§ 7, 19 TEHG
Dr. Armin von Weschpfennig Akademischer Rat, Universität Bonn	§§ 13a, 13b, 103–107 WHG
Dr. Antje Wittmann Rechtsanwältin in Münster	UmweltschadensG (zusammen mit Beckmann), § 51 UVPG, § 11 KSG
Frank Wolke Bundesministerium für Umwelt, Naturschutz, nukleare Sicherheit und Verbraucherschutz	§§ 4, 18, 24 TEHG, UERV (mit Erxleben)

(Fortsetzung Seite 7)

LANDMANN/ROHMER

UMWELTRECHT

BAND IV

KOMMENTAR

Herausgegeben von

Prof. Dr. Martin Beckmann
Rechtsanwalt und Fachanwalt für Verwaltungsrecht,
Honorarprofessor der Universität Münster

Prof. Dr. Dr. Wolfgang Durner LL. M.
Rheinische Friedrich-Wilhelms-Universität Bonn und Direktor des Instituts für das Recht der Wasser- und Entsorgungswirtschaft

Prof. Dr. Thomas Mann
Direktor des Instituts für Öffentliches Recht,
Lehrstuhl für Verwaltungsrecht der Georg-August-Universität Göttingen

Prof. Dr. Marc Röckinghausen
Hochschule für Polizei und öffentliche Verwaltung NRW, Abteilung Gelsenkirchen,
Fachbereich Allgemeine Verwaltung/Rentenversicherung

Stand: 1. September 2023
(102. Ergänzungslieferung)

(Zum Bearbeitungsstand im Einzelnen siehe die Datumszeile am unteren Ende jeder Seite)

C.H.BECK

Dieses Titelblatt stammt aus der 102. Ergänzungslieferung September 2023.

(Anschluss an die 101. Ergänzungslieferung Juni 2023)

ISBN 978 3 406 81565 2

Der Kommentar wurde von der 1. bis zur 50. Ergänzungslieferung
von Prof. Dr. Klaus Hansmann und von der 51. bis zur 58. Ergänzungslieferung
von Prof. Dr. Martin Beckmann herausgegeben.

Zitiervorschläge:

Beckmann in Landmann/Rohmer UmweltR KrWG § 17 Rn. 1
Landmann/Rohmer UmweltR/*Beckmann* KrWG § 17 Rn. 1

www.beck.de

Grundwerk ISBN 978 3 406 34327 8 ergänzt bis ISBN 978 3 406 81565 2

Wilhelmstraße 9, 80801 München
Druck: Druckerei C.H.Beck, Nördlingen
(Adresse wie Verlag)

Satz: mediaTEXT Jena GmbH, Jena

CO_2 neutral
chbeck.de/nachhaltig

Gedruckt auf säurefreiem, alterungsbeständigem Papier
(hergestellt aus chlorfrei gebleichtem Zellstoff)

Dr. Kay Artur Pape Rechtsanwalt in Bonn	Vorb. WHG, §§ 6–22 WHG
Dr. Malte Petersen LL. M. Ministerium für Umwelt, Naturschutz und Verkehr des Landes Nordrhein-Westfalen	§§ 89–95 WHG
Prof. Dr. Alexander Proelß O. Professor an der Universität Trier	§§ 43–45l WHG
Prof. Dr. Eckard Rehbinder Em. Professor an der Universität Frankfurt/Main	§ 14 BImSchG UmweltHG (§§ 6, 7 mit Hager)
Prof. Dr. Olaf Reidt Rechtsanwalt in Berlin	§ 16 BImSchG (mit Schiller), 18. BImSchV (mit Schiller), Fluglärmgesetz (mit Fellenberg und Schiller), Umweltinformationsgesetz (mit Schiller)
Rainer Remus Umweltbundesamt, Dessau	TA Luft (mit Hansmann)
Dr. Christoph Riese Rechtsanwalt in Berlin	§§ 67–71, 86 WHG
Prof. Dr. Marc Röckinghausen Hochschule für Polizei und öffentliche Verwaltung NRW, Abteilung Gelsenkirchen	§§ 20, 21, Vor § 32, §§ 32–37, 52, 52b, 62, 66, 67 BImSchG (mit Hansmann), §§ 37a bis 37f, Vor §§ 44–47, 52a, 63, 73 BImSchG, 1., 10., 26., 28., 36., 37., 38., 42. BImSchV, 4., 11., 20., 21., 25., 27., 30., 34 und 35. BImSchV, TA Luft (mit Hansmann), 2. BImSchV (mit Hansmann und Mahrwald), Schadstofffreisetzungs- und Verbringungsregistergesetz
Christoph Sahm LL. M. E. ON Kernkraft GmbH	§§ 23–25, 27 der 17. BImSchV (mit Ohms)
Prof. Dr. Dr. Joachim Sanden † Behörde für Stadtentwicklung und Umwelt, Freie und Hansestadt Hamburg, zugl. Apl. Prof. an der Universität Lüneburg	§§ 41–43 BNatSchG (mit Gellermann)
Dr. Gernot Schiller Rechtsanwalt in Berlin	§ 16 BImSchG (mit Reidt), 18. BImSchV (mit Reidt), Fluglärmgesetz (mit Reidt und Fellenberg), Umweltinformationsgesetz (mit Reidt) Umweltrechtsbehelfsgesetz (mit Fellenberg), §§ 14a, 15 BImSchG

Bearbeiter

Matthias Schleifenbaum, LL.M. Rechtsanwalt in Köln	BattG
Prof. Dr. Hendrik Schoen Hochschule für Polizei und öffentliche Verwaltung NRW, Abteilung Münster	§ 50 BImSchG
Prof. Dr. Meinhard Schröder Em. Professor an der Universität Trier	EG-Abfallverbringungs-VO
Prof. Dr. Max-Jürgen Seibert Vorsitzender Richter am Oberverwaltungsgericht Münster	§ 13 BImSchG
Prof. Dr. Reinhard Sparwasser Rechtsanwalt in Freiburg	Vor § 22 BImSchG, §§ 22–25 BImSchG (mit Heilshorn)
Prof. Dr. Indra Spiecker genannt Döhmann, LL.M. O. Professorin an der Universität Frankfurt a.M.	UStatG BImSchG (mit Heilshorn)
Prof. Dr. Peter-Tobias Stoll O. Professor an der Universität Göttingen	EG-Artenschutzverordnung
Silvia Strecker Ministerium für Umwelt, Naturschutz und Verkehr des Landes Nordrhein-Westfalen	39. BImSchV (mit Bruckmann)
Prof. Dr. Dr. Markus Thiel Deutsche Hochschule der Polizei, Münster	§§ 3, 48–48b BImSchG
Dr. Christian Tünnesen-Harmes Rechtsanwalt in Duisburg	AbfAEV
Dr. Klaus Vogt Landesamt für Natur, Umwelt und Verbraucherschutz Nordrhein-Westfalen	39. BImSchV (mit Bruckmann und Strecker), 43. BImSchV (mit Bruckmann und van Endern)
Anne-Barbara Walter Umweltbundesamt	OberflächengewässerV (mit Dörr)
Dr. Andreas Wasielewski Ministerium für Energiewende, Klima, Umwelt und Naturschutz des Landes Schleswig-Holstein	TA Luft (mit Hansmann)
Dr. Dirk Weinreich Bundesministerium für Umwelt, Naturschutz, nukleare Sicherheit und Verbraucherschutz	Vorb. TEHG, §§ 7, 19 TEHG
Dr. Armin von Weschpfennig Akademischer Rat, Universität Bonn	§§ 13a, 13b, 103–107 WHG
Dr. Antje Wittmann Rechtsanwältin in Münster	UmweltschadensG (zusammen mit Beckmann), § 51 UVPG, § 11 KSG
Frank Wolke Bundesministerium für Umwelt, Naturschutz, nukleare Sicherheit und Verbraucherschutz	§§ 4, 18, 24 TEHG, UERV (mit Erxleben)

(Fortsetzung Seite 7)

3 Rechtliche Grundsätze für Genehmigung, Vorbescheid und Zulassung des vorzeitigen Beginns

3.1 Prüfung der Anträge auf Erteilung einer Genehmigung zur Errichtung und zum Betrieb neuer Anlagen

Eine Genehmigung zur Errichtung und zum Betrieb einer genehmigungsbedürftigen Anlage ist nach § 6 Absatz 1 Nummer 1 in Verbindung mit § 5 Absatz 1 Nummern 1 und 2 BImSchG nur zu erteilen, wenn sichergestellt ist, dass die Anlage so errichtet und betrieben wird, dass

a) die von der Anlage ausgehenden Luftverunreinigungen keine schädlichen Umwelteinwirkungen für die Allgemeinheit und die Nachbarschaft hervorrufen können und

b) Vorsorge gegen schädliche Umwelteinwirkungen durch Luftverunreinigungen dieser Anlage getroffen ist.

Für die Prüfung der Genehmigungsvoraussetzungen gelten Nummern 4 und 5.

3.2 Prüfung der Anträge auf Erteilung einer Teilgenehmigung (§ 8 BImSchG) oder eines Vorbescheids (§ 9 BImSchG)

Soweit sich die Prüfung auf den Gegenstand einer Teilgenehmigung oder im Vorbescheidsverfahren auf das Vorliegen bestimmter Genehmigungsvoraussetzungen bezieht, ist Nummer 3.1 anzuwenden.
Bei einem Standortvorbescheid ist nach Nummer 3.1 zu prüfen, ob an dem angegebenen Standort Gründe der Luftreinhaltung der Errichtung und dem Betrieb einer Anlage der vorgesehenen Art entgegenstehen.
Bei der durch §§ 8 und 9 BImSchG weiter geforderten Beurteilung der gesamten Anlage ist die Prüfung darauf zu beschränken, ob dem Vorhaben aus Gründen der Luftreinhaltung unüberwindliche Hindernisse entgegenstehen. Zur Beurteilung der grundsätzlichen Genehmigungsfähigkeit genügt die Feststellung, dass den Anforderungen nach Nummer 3.1 durch technische oder betriebliche Maßnahmen Rechnung getragen werden kann; durch derartige Maßnahmen darf die Art des Vorhabens jedoch nicht verändert werden.

3.3 Prüfung der Anträge auf Zulassung des vorzeitigen Beginns (§ 8a BImSchG)

Die Zulassung des vorzeitigen Beginns der Errichtung einer Anlage setzt die Feststellung voraus, dass mit einer Entscheidung zu Gunsten des Antragstellers zu rechnen ist. Dabei ist die Einhaltung der Nummern 4 und 5 summarisch zu überprüfen. Eine positive Feststellung kann auch dann getroffen werden, wenn den Anforderungen zur Luftreinhaltung nur bei Beachtung noch festzulegender Auflagen entsprochen werden kann; es muss dann aber ausgeschlossen sein, dass sich die Auflagen auf die nach § 8a BImSchG zugelassenen Errichtungsarbeiten in einem solchen Maße auswirken können, dass deren Durchführung in Frage gestellt wird.

3.4 Prüfung der Genehmigungsbedürftigkeit einer Änderung (§ 15 Absatz 2 BImSchG)

Wird die beabsichtigte Änderung der Lage, der Beschaffenheit oder des Betriebs einer genehmigungsbedürftigen Anlage angezeigt, ist zu prüfen, ob die Änderung

einer Genehmigung bedarf. Das ist der Fall, wenn durch die Änderung nachteilige Auswirkungen auf die Schutzgüter des § 1 BImSchG hervorgerufen werden können, die für die Prüfung nach § 6 Absatz 1 Nummer 1 BImSchG erheblich sein können, es sei denn, die nachteiligen Auswirkungen sind offensichtlich gering und die Erfüllung der sich aus § 6 Absatz 1 Nummer 1 BImSchG ergebenden Anforderungen ist sichergestellt (§ 16 Absatz 1 BImSchG).
Bei der Prüfung, ob durch angezeigte Änderungen nachteilige Auswirkungen für die Luftreinhaltung im Sinne des § 16 Absatz 1 BImSchG hervorgerufen werden können, ist Nummer 3.1 nicht anwendbar. Bei dieser Prüfung kommt es nämlich nicht darauf an, ob die Genehmigungsvoraussetzungen eingehalten worden sind; das ist erst Gegenstand eines eventuellen Genehmigungsverfahrens.
Zusätzliche Luftverunreinigungen erfordern – außer in den Fällen des § 16 Absatz 1 Satz 2 BImSchG – eine Änderungsgenehmigung.

3.5 Prüfung der Anträge auf Erteilung einer Änderungsgenehmigung

3.5.1 Begriff der Änderung

Nach § 16 Absatz 1 Satz 1 BImSchG bedarf die wesentliche Änderung der Lage, der Beschaffenheit oder des Betriebes einer genehmigungsbedürftigen Anlage der Genehmigung. Als Änderung ist dabei nur eine Abweichung von dem genehmigten Zustand, nicht eine weitergehende Ausnutzung der vorliegenden Genehmigung anzusehen.

3.5.2 Angeordnete Änderung

Eine wesentliche Änderung bedarf nicht der Genehmigung, wenn sie der Erfüllung einer nachträglichen Anordnung nach § 17 BImSchG dient, die abschließend bestimmt, in welcher Weise die Lage, die Beschaffenheit oder der Betrieb der Anlage zu ändern sind.

3.5.3 Prüfungsumfang

Bei der Entscheidung über die Erteilung einer Änderungsgenehmigung ist Nummer 3.1 entsprechend anzuwenden. Zu prüfen sind die Anlagenteile und Verfahrensschritte, die geändert werden sollen, sowie die Anlagenteile und Verfahrensschritte, auf die sich die Änderung auswirken wird. Bei anderen Anlagenteilen und Verfahrensschritten soll geprüft werden, ob Anforderungen nach dieser Verwaltungsvorschrift, die der Vorsorge dienen, mit Zustimmung des Anlagenbetreibers aus Anlass der vorgesehenen Änderung erfüllt werden können. Durch die gleichzeitige Durchführung der Maßnahmen kann unter Umständen der Aufwand vermindert und eine frühere Anpassung an die Anforderungen dieser Verwaltungsvorschrift erreicht werden. Falls Regelungen in Anspruch genommen werden, die die Bestimmung der Gesamtzusatzbelastung erfordern, ist die Prüfung in diesem Punkt auf die gesamte Anlage auszudehnen.

3.5.4 Verbesserungsmaßnahmen

Bei der Entscheidung über die Erteilung einer Änderungsgenehmigung gilt § 6 Absatz 3 BImSchG. Bei der Entscheidung über die Erteilung einer Änderungsgenehmigung können sich Immissionswerte nicht nur aus Verwaltungsvorschriften nach § 48 BImSchG oder Rechtsverordnungen nach § 48a BImSchG, sondern auch aus Sonderfallprüfungen nach Nummer 4.8 ergeben. § 6 Absatz 3 BImSchG gilt auch hierfür entsprechend.

Übersicht

A. Allgemeines

I. Bedeutung der Vorschrift

1 Als Verwaltungsvorschrift wendet sich die TA Luft unmittelbar an Behörden. Sie interpretiert und konkretisiert die allgemeinen Regelungen des Bundes-Immissionsschutzgesetzes und steuert die Ermessensausübung (vgl. dazu näher → Vorb. Rn. 1 ff.). Nr. 3 enthält einige rechtliche Vorgaben für die **Auslegung und Anwendung** der §§ 5, 8, 8a, 9, 15 und 16 BImSchG durch die Genehmigungsbehörden. Hierbei geht es nicht um technische Anleitungen, sondern um **Norminterpretationen**. Diese sind für die zuständigen Behörden verbindlich. Es handelt sich aber nicht um Normkonkretisierungen (vgl. dazu → Vorb. Rn. 4 f.), die nur in Nummern 4 und 5 vorgenommen werden. Deshalb sind die Gerichte an die Aussagen in Nr. 3 nicht gebunden (vgl. → Vorb. Rn. 12 ff.).

II. Entstehungsgeschichte

2 Allgemeine rechtliche Grundsätze für Genehmigung und Vorbescheid enthielten bereits die frühen Fassungen der TA Luft (vgl. Nr. 2.2 TA Luft 1983 und 1986). Sie waren dort jedoch nicht scharf von den normkonkretisierenden Regelungen getrennt. In der TA Luft 2002 wurden die konkretisierenden Anforderungen zum Schutz vor schädlichen Umwelteinwirkungen nach § 5 Abs. 1 Nr. 1 BImSchG und zur Vorsorge nach § 5 Abs. 1 Nr. 2 BImSchG in eigenen Nummern (Nrn. 4 und 5) besonders herausgestellt. Deshalb wurden die allgemeinen rechtlichen Grundsätze für die Genehmigung in Nr. 3 gleichsam „vor die Klammer gezogen" und die allgemeinen (vorwiegend ermessenslenkenden) Regelungen für nachträgliche Anordnungen an das Ende der TA Luft gerückt (Nr. 6).

3 Die Nr. 3 der TA Luft 2021 entspricht weitgehend der Vorgängerregelung. Im Referentenentwurf vom 16.7.2018 (vgl. → Vorb. Rn. 31) waren noch Ergänzungen in Nr. 3.4 und 3.5 zu **störfallrelevanten Änderungen** (vgl. dazu → BImSchG § 16a Rn. 8 f.) vorgesehen. Diese finden sich nicht mehr im Kabinettsbeschluss vom 16.12.2020 (BR-Drs. 767/20, berichtigt mit BR-Drs. 314/21). Eine Konkretisierung für das störfallrelevante Änderungsverfahren dürfte damit einer etwaigen **TA Abstand** vorbehalten bleiben (vgl. dazu den Abschlussbericht *Unterstützung der Erarbeitung einer Verwaltungsvorschrift zum*

angemessenen Sicherheitsabstand, März 2021, https://www.umweltbundesamt.de/sites/default/files/medien/5750/publikationen/2021-03-25_texte_48-2021_sicherheitsabstand.pdf).

4 Vorgesehen hatte die Bundesregierung in einer neuen Nr. 3.6 die Aufnahme von konkretisierenden Anforderungen an die **Prüfung der Betriebsorganisation** in Genehmigungsverfahren. In die endgültige Fassung der TA Luft 2021 hat es Nr. 3.6 jedoch nicht geschafft. Gemäß einem von insgesamt 207 Änderungsbegehren des Bundesrates (BR-Drs. 314/21 (Beschluss), vgl. → Vorb. Rn. 31) wurde sie wieder gestrichen (vgl. dazu auch Theuer/Kenyeressy I+E 2015, 100 (102); Badewitz/Theuer/Willbrand UWP 2021, 176 (178)). Als Änderungen gegenüber der TA Luft 2002 verblieben sind eine Neuformulierung der Nr. 3.5.4 (vgl. dazu → Rn. 18 f.) sowie der neue Satz 5 in Nr. 3.5.3 (vgl. dazu → Rn. 22).

B. Errichtung und Betrieb neuer Anlagen

I. Prüfung der Anträge auf Erteilung einer Vollgenehmigung (Nr. 3.1)

5 Innerhalb der Nr. 3 befassen sich die Nummern 3.1 bis 3.3 mit der Errichtung neuer Anlagen und die Nummern 3.4 und 3.5 mit der Änderung bestehender Anlagen. Hinsichtlich der Neuanlagen behandelt Nr. 3.1 die Erteilung einer Vollgenehmigung. Dabei stellt **Absatz 1** – bezogen auf die Luftreinhaltung – klar, dass § 6 Abs. 1 Nr. 1 in Verbindung mit § 5 Abs. 1 Nr. 1 und 2 BImSchG notwendige Voraussetzungen für die Genehmigungserteilung enthält, während **Absatz 2** auf die **Konkretisierung** dieser Genehmigungsvoraussetzungen in Nummern 4 und 5 verweist. Aus Nr. 3.1 darf nicht geschlossen werden, dass die Genehmigung erteilt werden müsse, wenn lediglich den Anforderungen der TA Luft genügt ist. Ein Genehmigungsanspruch besteht nur, wenn *alle* in § 6 Abs. 1 BImSchG genannten Voraussetzungen erfüllt sind. Insbesondere dürfen auch keine schädlichen Umwelteinwirkungen durch andere Emissionen als Luftverunreinigungen (z.B. Lärm, Erschütterungen) und keine Gefahren durch sonstige Einwirkungen (z.B. Brand, Explosion) zu erwarten sein; außerdem muss allen übrigen anlagebezogenen öffentlich-rechtlichen Vorschriften und den Belangen des Arbeitsschutzes entsprochen sein (vgl. § 6 Abs. 1 Nr. 2 BImSchG).

6 **Zur Auslegung** des § 5 Abs. 1 Nr. 1 und 2 BImSchG enthält Nr. 3.1 Abs. 1 zwei bedeutsame Hinweise: Unter Buchstabe a wird zum Ausdruck gebracht, dass im Rahmen der Schutzpflicht nur *„die von der Anlage ausgehenden Luftverunreinigungen"* zu betrachten sind; es kommt demnach darauf an, ob durch die Anlage ein **kausaler Beitrag** zu schädlichen Umwelteinwirkungen geleistet wird. Ähnliches wird unter Buchstabe b für das Vorsorgegebot ausgesagt; auch hier wird nur auf die Luftverunreinigungen *„dieser Anlage"* abgestellt. Das bedeutet nicht, dass die Emissionen der Anlage nicht im Zusammenhang mit den von anderen Anlagen ausgehenden Luftverunreinigungen bewertet werden müssten. Die Pflichten des Betreibers beziehen sich aber immer nur auf Errichtung und Betrieb der zu beurteilenden Anlage.

II. Prüfung der Anträge auf Erteilung einer Teilgenehmigung oder eines Vorbescheides (Nr. 3.2)

7 Nr. 3.2 war in ähnlicher Fassung bereits in Nr. 2.2.2 der TA Luft 1986 enthalten (vgl. auch Nrn. 2.2.2 und 2.2.4 TA Luft 1974 und Nr. 2.2.2 TA Luft 1983). Die Regelungen zur Beurteilung des Gesamtvorhabens (Abs. 3) sind jedoch konkretisiert und diejenigen zum Standortvorbescheid (Abs. 2) neu eingefügt worden.

1. Prüfung in Bezug auf den Antragsgegenstand. Nr. 3.2 Abs. 1 schreibt die Anwendung der Nr. 3.1 vor, soweit es um den im Antrag bezeichneten Gegenstand der Entscheidung geht. Dabei wird **nicht** zwischen Teilgenehmigung und Vorbescheid **differenziert**, obwohl die in Nr. 3.1 angesprochene Vorschrift des § 6 BImSchG beim Vorbescheid nur *„sinngemäß"* gilt (§ 9 Abs. 3 BImSchG). Rechtlich ist das nicht zu beanstanden. Die **Teilgenehmigung** ist für den Teil, über den sie entscheidet, eine abschließende Genehmigung (vgl. → BImSchG § 8 Rn. 17); insoweit müssen die in Nr. 3.1 genannten Genehmigungsvoraussetzungen in vollem Umfang vorliegen. Soweit ein **Vorbescheid** das Vorliegen bestimmter Genehmigungsvoraussetzungen feststellen soll, muss dieser Feststellung eine Prüfung im Sinne der Nr. 3.1 vorausgehen; lässt sich die Feststellung nicht uneingeschränkt treffen, kann der Vorbescheid nur unter bestimmten Voraussetzungen oder Vorbehalten erteilt werden (vgl. § 23 Abs. 2 Nr. 4 der 9. BImSchV, → 9. BImSchV § 23 Rn. 4). 8

Für den in § 9 Abs. 1 BImSchG genannten **Standortvorbescheid** (vgl. dazu → BImSchG § 9 Rn. 24 f.) enthält Nr. 3.2 Abs. 2 eine Sonderregelung: In diesem Fall ist der Prüfung nicht ein konkretes Vorhaben, sondern eine *Anlage der vorgesehenen Art* zugrunde zu legen. Ähnliches gilt für einen **Konzeptvorbescheid**, bei dem es (vor Durchführung der Detailplanung) um die Genehmigungsfähigkeit eines bestimmten Anlagenkonzepts geht (vgl. dazu → BImSchG § 9 Rn. 21). Entsprechend dem eingeschränkten Prüfungsumfang bei Standort- oder Konzeptvorbescheid ist dann auch dessen Wirkung eingeschränkt. 9

2. Beurteilung der gesamten Anlage. Voraussetzung für die Erteilung einer Teilgenehmigung oder eines Vorbescheides ist neben der Erfüllung der auf den unmittelbaren Regelungsgegenstand bezogenen Anforderungen das vorläufige Urteil, dass die immissionsschutzrechtlichen Genehmigungsvoraussetzungen auch im Hinblick auf das gesamte Vorhaben vorliegen werden (§ 8 Satz 1 Nr. 3 und § 9 Abs. 1 BImSchG). Nr. 3.2 Abs. 3 enthält nähere Vorgaben zu der dazu erforderlichen Prüfung. In diesem Zusammenhang werden drei wichtige Aussagen getroffen: 10

- Bei einem **Vorbescheid** ist im Sinne des § 9 Abs. 1 BImSchG eine ausreichende Beurteilung des gesamten Vorhabens möglich, wenn – wie für die Teilgenehmigung in § 8 Satz 1 Nr. 3 BImSchG ausdrücklich bestimmt – **keine unüberwindlichen Hindernisse** für eine Genehmigungserteilung bestehen; für die Teilgenehmigung und den Vorbescheid sind trotz des unterschiedlichen Gesetzeswortlauts keine unterschiedlichen Maßstäbe anzuwenden.
- Im Hinblick auf die **Luftreinhaltung** genügt es zur Feststellung der grundsätzlichen Genehmigungsfähigkeit, dass den in Nr. 3.1 genannten Anforderungen durch – ggf. in Auflagen zu fordernde – technische und betriebliche Maßnahmen Rechnung getragen werden kann; damit wird die Formulierung *„von vornherein"* in § 8 Satz 1 Nr. 3 BImSchG für die Genehmigungsbehörden verbindlich interpretiert (vgl. → Rn. 1).
- Bei der Prüfung der **grundsätzlichen Genehmigungsfähigkeit** darf nur von dem im Antrag zur Entscheidung gestellten Vorhaben ausgegangen werden; technische und betriebliche Maßnahmen, durch die die Art des Vorhabens verändert würde, dürfen von der Genehmigungsbehörde nicht berücksichtigt werden; sie setzen eine Antragsänderung durch den Betreiber voraus.

III. Prüfung der Anträge auf Zulassung des vorzeitigen Beginns (Nr. 3.3)

Nr. 3.3 enthält Vorgaben für die nach § 8a Abs. 1 Nr. 1 BImSchG erforderliche Prüfung, ob im Genehmigungsverfahren (Neugenehmigung oder Änderungsgenehmigung) 11 mit einer Entscheidung zugunsten des Antragstellers gerechnet werden kann. Wenn an diese Prüfung zu strenge Anforderungen gestellt werden, kann der Zweck der Zulassung des vorzeitigen Beginns (vgl. dazu → BImSchG § 8a Rn. 1 ff.) nicht erreicht werden. § 8a BImSchG setzt nach seinem Sinn und Zweck keine alle Erkenntnismöglichkeiten ausschöpfende und alle Zweifelsfragen ausräumende Beurteilung voraus, sondern verlangt lediglich ein **Wahrscheinlichkeitsurteil** (vgl. → BImSchG § 8a Rn. 39 ff. mit weiteren Nachweisen), wobei der Grad der Wahrscheinlichkeit vom Umfang und von der Bedeutung der zuzulassenden Arbeiten abhängt (vgl. Jarass BImSchG § 8a Rn. 10; → BImSchG § 8a Rn. 47; Wirths in GK-BImSchG § 8a Rn. 37).

12 Dementsprechend bestimmt Nr. 3.3 Abs. 1, dass bei der Prüfung, ob Gründe der Luftreinhaltung einer Entscheidung zugunsten des Antragstellers entgegenstehen können, die in Nummern 4 und 5 genannten Anforderungen nur *„summarisch"* zu prüfen sind. „Summarisch" bedeutet in diesem Zusammenhang nicht „oberflächlich" oder „nur pauschal", sondern „zusammenfassend, übergreifend" im Sinne einer **Gesamtbewertung**. Das bedeutet, dass insbesondere die Ermittlung der Immissionskenngrößen zum Vergleich mit den Immissionswerten nach Nr. 4 nicht in allen Details abgeschlossen sein muss. Es genügt, wenn die bisher vorliegenden Erkenntnisse **mit hoher Wahrscheinlichkeit** für die Genehmigungsfähigkeit des Vorhabens sprechen. Soweit es um die anlagebezogenen Anforderungen zur Vorsorge in Nr. 5 geht, reicht es aus, wenn ihnen bei Beachtung von **Auflagen zur Genehmigung** entsprochen werden kann (Absatz 2). Allerdings darf es sich dann nicht um Auflagen handeln, deren Durchführung solche Auswirkungen auf die vorläufig zuzulassenden Arbeiten hätte, dass sie ggf. rückgängig gemacht werden müssten. In einem derartigen Fall läge ein vorzeitiger Beginn der Errichtungsarbeiten weder im öffentlichen Interesse noch im Interesse des Antragstellers (vgl. § 8a Abs. 1 Nr. 2 BImSchG, → BImSchG § 8a Rn. 61 ff.).

C. Änderung bestehender Anlagen

I. Prüfung der Genehmigungsbedürftigkeit (Nr. 3.4)

13 Nr. 3.4 enthält Hinweise zur Prüfung von Anzeigen über beabsichtigte Änderungen (§ 15 Abs. 2 BImSchG). **Absatz 1** gibt dabei die Rechtslage nach dem Bundes-Immissionsschutzgesetz wieder. In diesem Zusammenhang ist ein weiterer wichtiger Hinweis für die behördliche Prüfung auch **Nummer 3.5.1 Satz 2** zu entnehmen. Dort geht es um die Frage, wann überhaupt eine Änderung vorliegt, die eine Anzeige erforderlich macht: Die Anzeige nach § 15 BImSchG ist entbehrlich, wenn die vorgesehenen Maßnahmen sich im Rahmen der vorliegenden Genehmigung halten und die durch die Genehmigung verliehenen Befugnisse nur weitergehend ausgenutzt werden sollen (Nr. 3.5.1 Satz 2; vgl. zu dieser Problematik näher → BImSchG § 15 Rn. 21 ff.).

14 **Nr. 3.4 Abs. 2** bezieht sich auf den Inhalt der behördlichen Prüfung nach § 15 Abs. 2 BImSchG, nämlich auf die Frage, ob durch die angezeigten Änderungen nachteilige Auswirkungen für die Luftreinhaltung hervorgerufen werden können, die dann als wesentliche Änderungen zu werten sind und eine Genehmigung nach § 16 BImSchG erfordern. Hierzu wird klargestellt, dass es bei dieser Prüfung noch nicht um die Einhaltung der Genehmigungsvoraussetzungen geht und dass dementsprechend Nr. 3.1 nicht anwendbar ist. Für die Genehmigungsbedürftigkeit von Änderungen kommt es lediglich auf die *Möglichkeit* von nachteiligen Auswirkungen an (vgl.→ BImSchG § 15 Rn. 64; → BImSchG § 16 Rn. 52 f.). Bei zusätzlichen Luftverunreinigungen ist eine solche *Möglichkeit* nur dann nicht anzunehmen, wenn deren Auswirkungen offensichtlich gering sind und die Einhal-

tung der Genehmigungsvoraussetzungen sichergestellt ist (**Nr. 3.4 Abs. 3**; vgl. dazu auch → BImSchG § 16 Rn. 93 ff.).

II. Prüfung der Anträge auf Erteilung einer Änderungsgenehmigung (Nr. 3.5)

1. Erforderlichkeit der Prüfung. Nummern 3.5.1 und 3.5.2 behandeln die Frage, wann ein Änderungsgenehmigungsverfahren nicht erforderlich ist. Ein solches ist in keinem Fall durchzuführen (auch nicht auf einen entsprechenden Antrag hin; vgl. → BImSchG § 16 Rn. 151), wenn nicht einmal eine anzeigebedürftige Änderung beabsichtigt ist (Nr. 3.5.1; vgl. dazu → Rn. 13). Soll zwar eine wesentliche Änderung vorgenommen werden, ist diese aber nach § 17 BImSchG angeordnet worden und ist in der Anordnung abschließend (d.h. ebenso detailliert wie in einer Genehmigung, vgl. → BImSchG § 17 Rn. 206 ff.) bestimmt, in welcher Weise sie zu erfüllen ist, so ist die Einholung einer Genehmigung nicht erforderlich (Nr. 3.5.2), bei einem entsprechenden Antrag des Vorhabenträgers allerdings auch nicht ausgeschlossen (§ 16 Abs. 4 BImSchG). Die Regelung in Nr. 3.5.2 beruht auf einem Gegenschluss aus § 17 Abs. 4 BImSchG (vgl. → BImSchG § 17 Rn. 206 mit zahlreichen Nachweisen). Wird bei abschließender Bestimmtheit einer nachträglichen Anordnung von einem Änderungsgenehmigungsverfahren abgesehen, so bleibt die Anzeigepflicht nach § 15 Abs. 1 BImSchG zu beachten (vgl. → BImSchG § 17 Rn. 214; a.A. Jarass BImSchG § 17 Rn. 79; Altenschmidt in Appel/Ohms/Saurer BImSchG § 17 Rn. 123; Czajka in Feldhaus BImSchR § 17 BImSchG Rn. 110). Einer abschließend bestimmten nachträglichen Anordnung kommt im Übrigen **keine Konzentrationswirkung** nach § 13 BImSchG zu, so dass für die Durchführung baulicher Änderungen u.U. eine vorherige Baugenehmigung eingeholt werden muss (vgl. → BImSchG § 17 Rn. 213; Jarass BImSchG § 17 Rn. 79). 15

2. Prüfungsmaßstab. a) Entsprechende Anwendung der Nr. 3.1. Für die Änderungsgenehmigung gelten grundsätzlich dieselben Genehmigungsvoraussetzungen wie für eine Neugenehmigung; nur ist die Prüfung **gegenständlich beschränkt** (Nr. 3.5.3 S. 2; vgl. dazu → Rn. 20 ff.). Die Anwendbarkeit der in Nr. 3.1 in Bezug genommenen Nrn. 4 und 5 im Änderungsgenehmigungsverfahren liegt deshalb auf der Hand. Nr. 3.5.3 S. 1 sieht allerdings nur eine *entsprechende* Anwendung der Nr. 3.1 vor. Damit soll zum Ausdruck gebracht werden, dass bei vorgesehenen Änderungen atypische Verhältnisse vorliegen können, die ein Abweichen von den in Nr. 3.1 in Bezug genommenen Regelungen in Nrn. 4 und 5 rechtfertigen können. Derartige Umstände können insbesondere in freiwillig durchgeführten Genehmigungsverfahren (vgl. § 16 Abs. 4 BImSchG), aber auch bei besonderen Standortverhältnissen (z.B. bei Raummangel für bestimmte Abgasreinigungseinrichtungen) oder bei technischen Problemen (z.B. Undurchführbarkeit der zu fordernden technischen Emissionsminderungsmaßnahmen bei Fortbestand der genehmigten Anlagentechnik) gegeben sein. Während Nr. 3.5.3 S. 2 den Umfang der Prüfung im Verfahren der Genehmigung einer wesentlichen Änderung reduzieren kann, gilt dies nicht für den materiell-rechtlichen Maßstab, der sich bei Änderungsgenehmigungen nicht anders als bei Neugenehmigungen aus § 6 Abs. 1 BImSchG ergibt (dies verkennt das BVerwG in seiner Entscheidung zum Kraftwerk Mannheim, BVerwGE 148, 155 ff. Rn. 38 ff.; vgl. auch → Rn. 22). 16

Die entsprechende Anwendung der Nr. 3.1 bedeutet daher nicht, dass im Änderungsgenehmigungsverfahren grundsätzlich andere Maßstabe anzulegen sind. Dem entspricht, dass eine grundsätzliche Pflicht zur Ermittlung der Gesamtzusatzbelastung (vgl. dazu → Rn. 22) auch im Änderungsgenehmigungsverfahren besteht (vgl. dazu Röckinghausen Immissionsschutz 2022, 160 (166)). Und nur, wenn die Gesamtzusatzbelastung irrelevant ist, kann auf die Ermittlung sämtlicher Kenngrößen verzichtet werden. Auch diese in 17

Nr. 4.1 Abs. 4 getroffene Regelung gilt uneingeschränkt im Änderungsgenehmigungsverfahren. Kritisch zu bewerten sind daher allein die Regelungen in Nr. 4.2.2 Abs. 1 lit. a), 4.3.1.2 Abs. 1 lit. a), 4.4.3 Abs. 1 lit. a), 4.5.2 Abs. 1 lit. a) und Nr. 3.3 des Anhangs 7. **Irrelevante Zusatzbelastungen** durch eine wesentliche Änderung können eine Genehmigungserteilung auch dann nicht verhindern, wenn die ermittelte Gesamtbelastung eine Immissionswertüberschreitung ergeben hat. Da mit dem Begriff der Zusatzbelastung der Prüfungsumfang der Änderungsgenehmigung verbunden ist (vgl. → Rn. 22), unterscheidet sich diese Irrelevanzregelung bei Neuanlagen und wesentlichen Änderungen. Da die TA Luft sich nicht in Widerspruch zur gesetzlichen Grundlage setzen darf, nach der der Betrieb der (gesamten) Anlage nicht kausal zum Entstehen **schädlicher Umwelteinwirkungen** beitragen darf (vgl. dazu → BImSchG § 5 Rn. 94 ff.), verbietet sich eine schematische Anwendung dieser Irrelevanzregelung in Änderungsverfahren. Zumindest in **atypischen Fällen** kann daher eine Sonderfallprüfung nach Nr. 4.8 geboten sein.

18 **b) Verbesserungsmaßnahmen.** Die Genehmigungsfähigkeit sog. Verbesserungsmaßnahmen, bei denen nach deren Durchführung nicht sämtliche Immissionswerte eingehalten werden, war in den beiden Vorgängerregelungen zur TA Luft 2021 zunächst **ausschließlich in Nr. 3.5.4** normiert. Die Vereinbarkeit dieser untergesetzlichen Regelung mit der gesetzlichen Grundlage war nicht allgemein anerkannt, entsprach aber der herrschenden Ansicht in Literatur und Rechtsprechung (vgl. dazu Jarass UPR 2006, 45 ff.; VG Düsseldorf Urt. v. 19.4.2005 – 3 K 7458/03, Rn. 11; vgl. auch die Vorkommentierung zu Nr. 3 TA Luft a.F. Rn. 14, Stand EL 98, April 2022, abrufbar unter www.beck-online.de)). Mit Inkrafttreten des **Rechtsbereinigungsgesetzes Umwelt** vom 11.8.2009 (BGBl. I S. 2723) wurde dem § 6 BImSchG ein Absatz 3 hinzugefügt, der die Regelung in Nr. 3.5.4 TA Luft 2002 auf gesetzlicher Ebene fortentwickeln sollte. Die gegenüber dieser gesetzlichen Regelung engere Fassung der Nr. 3.5.4 TA Luft 2002 verlor damit ihre Geltung (vgl. die Begründung zu § 6 Abs. 3 BImSchG in BT-Drs. 16/13301, S. 7). In der Fassung der TA Luft 2021 verweist Nr. 3.5.4 S. 1 zur Klarstellung auf die gesetzliche Normierung der Genehmigungsfähigkeit von Verbesserungsmaßnahmen in § 6 Abs. 3 BImSchG. Eine konkretisierende Wirkung hat die TA Luft an dieser Stelle damit nicht mehr. **Auslegungsfragen** müssen daher ausschließlich vor dem Hintergrund der Formulierung in § 6 Abs. 3 BImSchG beantwortet werden (vgl. dazu → BImSchG § 6 Rn. 62a ff.).

19 Aus der Formulierung in Nr. 3.5.4 S. 2 und 3, mit der eine entsprechende Anwendbarkeit des § 6 Abs. 3 BImSchG auf Anwendungsfälle der Nr. 4.8 TA Luft (Sonderfallprüfungen) erklärt wird, könnte sich jedoch ableiten lassen, wie weit der **Anwendungsbereich des § 6 Abs. 3 BImSchG** zu ziehen ist (vgl. zum Streitstand → BImSchG § 6 Rn. 62b sowie Jarass BImSchG § 6 Rn. 16 f.). Während Nr. 3.5.4 TA Luft 2002 allgemein von Immissionswerten sprach, nimmt § 6 Abs. 3 BImSchG nämlich in Nr. 1 und Nr. 2 Bezug auf den Bereich der **Luftreinhaltung**, so dass eine eingeschränkte Anwendbarkeit auf Immissionswerte zur Luftreinhaltung vertretbar ist (vgl. dazu mit guten Argumenten Scheidler in Feldhaus BImSchR § 6 BImSchG Rn. 94). Überzeugend ist jedoch die Annahme (vgl. Jarass BImSchG § 6 Rn. 17; → BImSchG § 16 Rn. 173; Wasielewski in GK-BImSchG § 6 Rn. 63), dass § 6 Abs. 3 BImSchG wenigstens **entsprechend** auf andere Immissionswerte anwendbar ist, soweit nicht für bestimmte Anwendungsfälle eine spezielle Regelung besteht (§ 16b Abs. 3 BImSchG, vgl. dazu → BImSchG § 16b Rn. 64 ff.). Dieser Auslegung entspricht es, wenn Nr. 3.5.4 S. 3 mit Blick auf Sonderfallprüfungen § 6 Abs. 3 BImSchG ***auch*** für entsprechend anwendbar erklärt. Genau das steht ebenfalls im Einklang mit der gesetzgeberischen Absicht, durch die Schaffung des § 6 Abs. 3

BImSchG die Regelung in Nr. 3.5.4 TA Luft 2002 auf gesetzlicher Ebene *fortzuentwickeln* (vgl. BT-Drs. 16/13301, S. 7).

3. Prüfungsumfang. a) Notwendiger Prüfungsumfang. In Nr. 3.5.3 S. 2 wird der notwendige Prüfungsumfang in einem Änderungsgenehmigungsverfahren näher eingegrenzt. Die Prüfung muss sich zunächst auf den Antragsgegenstand der Änderungsgenehmigung, nämlich die zu ändernden Anlagenteile und Verfahrensschritte, erstrecken. Darüber hinaus sind auch die Anlagenteile, auf die sich die Änderungen auswirken können, in die Prüfung einzubeziehen. Als Grundsatz entspricht das der Rechtsprechung (vgl. u.a. BVerwG DVBl. 1977, 770 (771); NVwZ 1985, 750 (751); NVwZ 1997, 161 (163 f.); NVwZ 2014, 515 (518)) und den – in Einzelheiten differenzierenden – Äußerungen im Schrifttum (vgl. Czajka in Feldhaus BImSchR § 16 Rn. 87; Jarass BImSchG § 16 Rn. 32 f.; → BImSchG § 16 Rn. 165 ff.; Führ in GK-BImSchG § 16 Rn. 85; Storost in Ule/Laubinger BImSchG § 16 Rn. B 7; Frenz in Kotulla BImSchG § 16 Rn. 71). 20

Offen bleibt bei der Fassung der Nr. 3.5.3 S. 2 die Frage, wann Auswirkungen auf die unverändert bleibenden Anlagenteile oder Verfahrensschritte anzunehmen sind. Die Antwort wird dadurch bestimmt, dass sich die Änderungsgenehmigung nicht auf den Änderungsvorgang, sondern **auf die Anlage und deren Betrieb** bezieht (vgl. Hansmann DVBl. 1997, 1421 (1425 f.)). Die Anlage ist als eine Einheit zu betrachten, die in allen Teilen einer Genehmigung bedarf. Deshalb muss auch bei der Änderungsgenehmigung immer die Gesamtanlage in den Blick genommen werden, soweit sich aus Anlass der Änderung die Genehmigungsfrage neu stellt (vgl. OVG Bautzen Beschl. v. 8.1.2018 – 4 B 102/17, Rn. 19). Bei einer solchen Betrachtungsweise sind Auswirkungen auch dann anzunehmen, wenn bei den Emissionen und den durch sie verursachten Immissionen nicht zwischen den zu ändernden und den unveränderten Anlagenteilen und Verfahrensschritten unterschieden werden kann (z.B. bei Ableitung aller Emissionen über einen gemeinsamen Schornstein). Darüber hinaus sind Auswirkungen anzunehmen, wenn die Eigenschaften, insbesondere die Sicherheit, der unveränderten Anlagenteile durch die Änderungen beeinflusst werden *können;* ob sie tatsächlich beeinflusst werden, ist erst Gegenstand der Prüfung. 21

An einem so zu bestimmenden notwendigen Prüfungsumfang ändert auch die mit der TA Luft 2021 neu eingeführte Kenngröße der **Gesamtzusatzbelastung** nichts. Mit dieser Änderung sollte eine klarstellende Regelung in Reaktion auf die Entscheidung des BVerwG zum Kraftwerk Mannheim (BVerwGE 148, 155 ff.; vgl. dazu Friedrich/Heesen UPR 2014, 256 ff.; Hansmann NVwZ 2014, 522 ff.; Koch in FS für Jarass S. 319 (324 f.); Badewitz/Theuer/Willbrand UWP 2021, 176 ff.; Porsch NVwZ 2021, 449 ff.) erfolgen. Danach sei im Falle einer Anlagenänderung die Kenngröße der **Zusatzbelastung** auf das Änderungsvorhaben bezogen (BVerwGE 148, 155 ff. Rn. 37 ff.). Der Begriff des Vorhabens jedoch wird vom BVerwG nicht anders definiert als der in der hier dargestellten Weise *notwendige Prüfungsumfang.* Es kann daher angenommen werden, dass die TA Luft 2021 mit ihrer Differenzierung zwischen Zusatz- und Gesamtzusatzbelastung der Begriffsbestimmung des BVerwG folgen wollte. Davon unabhängig ist die Frage der Genehmigungsfähigkeit einer wesentlichen Änderung, wenn eine so definierte Zusatzbelastung als irrelevant anzusehen ist (Nr. 4.2.2 Abs. 1 lit a) TA Luft; vgl. dazu Hansmann NVwZ 2014, 522 ff.). In diesem Sinne stellt der **neue Satz 5 in Nr. 3.5.3** klar, dass bei der Bestimmung der Gesamtzusatzbelastung in Verfahren zur Genehmigung einer wesentlichen Änderung auch der Teil der Bestandsanlage zu berücksichtigen ist, der nicht zur Zusatz-, sondern zur Vorbelastung zu rechnen ist (vgl. auch → Rn. 17). 22

23 **b) Prüfung zusätzlicher Vorsorgemaßnahmen.** Soweit unveränderte Anlagenteile und Verfahrensschritte in die Prüfung einzubeziehen sind (vgl. → Rn. 20), können in die Änderungsgenehmigung Nebenbestimmungen zu deren Beschaffenheit oder Betriebsweise aufgenommen werden, um die Genehmigungsfähigkeit des Änderungsvorhabens zu erreichen (§ 12 Abs. 1 BImSchG). Weitergehende Nebenbestimmungen zur **Sanierung der Gesamtanlage** sind ohne Einverständnis des Anlagenbetreibers nicht zulässig (vgl. → BImSchG § 16 Rn. 171). Das wird auch durch Nr. 3.5.3 S. 3 nicht in Frage gestellt. Die Vorschrift befasst sich mit der Frage, inwieweit das Änderungsvorhaben zum Anlass genommen werden soll zu prüfen, ob in Nr. 5 vorgesehene Vorsorgemaßnahmen, die nach Nr. 6.2 u.U. erst zu einem späteren Zeitpunkt durchzuführen sind, (bereits) im Zusammenhang mit dem Änderungsvorhaben verwirklicht werden können. Dazu gibt Satz 4 eine Begründung zur Zweckmäßigkeit eines solchen Vorgehens.

24 Wenn die Prüfung nach Satz 3 ergibt, dass bestimmte Vorsorgeanforderungen nach Nr. 5 im Zusammenhang mit dem Änderungsvorhaben erfüllt werden können, muss die (Genehmigungs- oder Überwachungs-)Behörde mit dem Anlagenbetreiber erörtern, ob er die Maßnahmen gleichzeitig durchführen will. Stimmt er dem Vorschlag der Behörde zu, kann er seinen Antrag erweitern oder seine Zustimmung zu einer entsprechenden Auflage geben. **Gegen seinen Willen** können die Vorsorgeanforderungen nach Nr. 5 nur unter Beachtung der Nr. 6.2 im Wege einer nachträglichen Anordnung nach § 17 BImSchG durchgesetzt werden. Eine solche Anordnung steht in keiner rechtlichen Verbindung zu der beantragten Änderungsgenehmigung; es handelt sich dann nur um eine (rechtlich unbedenkliche) zeitliche Koinzidenz.

5.4.10 Sonstiges

5.4.10.6/8 Anlagen der Nummer 10.6 und 10.8: Anlagen zur Herstellung von Klebemitteln

Anlagen zur Herstellung von Bautenschutz–, Reinigungs– oder Holzschutzmitteln

Gesamtstaub
Bei der Herstellung von Klebemitteln dürfen die staubförmigen Emissionen im Abgas die Massenkonzentration 10 mg/m³ nicht überschreiten.
Bei der Herstellung von Bautenschutz–, Reinigungs– oder Holzschutzmitteln dürfen die staubförmigen Emissionen im Abgas die Massenkonzentration 5 mg/m³ nicht überschreiten.

5.4.10.7 Anlagen der Nummer 10.7: Bauliche und betriebliche Anforderungen

Abgase sind möglichst an der Entstehungsstelle zu erfassen und einer Abgasreinigungseinrichtung zuzuführen.

Organische Stoffe
Nummer 5.2.5 gilt mit der Maßgabe, dass die Emissionen an organischen Stoffen im Abgas die Massenkonzentration 80 mg/m³, angegeben als Gesamtkohlenstoff, nicht überschreiten dürfen.

Formaldehyd
Die Emissionen an Formaldehyd im Abgas dürfen die Massenkonzentration von 10 mg/m³ nicht überschreiten.

5.4.10.15 Anlagen der Nummer 10.15: Prüfstände

5.4.10.15.1 Prüfstände für oder mit Verbrennungsmotoren

Bauliche und betriebliche Anforderungen
Es sind Maßnahmen zur Nutzung von Abwärme und von mechanischer Energie zu prüfen.
Bei Prüfständen, an denen Verbrennungsmotoren geprüft und Generatoren eingesetzt werden, ist der durch die Generatoren erzeugte Strom einzuspeisen oder innerhalb der Anlage zu nutzen, soweit dies technisch möglich und verhältnismäßig ist.

5.4.10.15.1a Prüfstände mit Verbrennungsmotoren

Für Prüfstände mit Verbrennungsmotoren sollen die Emissionsgrenzwerte und die Anforderungen an die Abgasreinigungseinrichtungen sowie die Anforderungen an die Messung und Überwachung der 44. BImSchV, die in dieser Verordnung für Verbrennungsmotoranlagen festgelegt sind, entsprechend angewendet werden.

5.4.10.15.1b Prüfstände für Verbrennungsmotoren

Die Anforderungen dieser Nummer gelten nicht für Anlagen, die in der Entwicklung von Motoren für den Straßenverkehr oder zum Antrieb von mobilen Arbeitsma-

schinen eingesetzt werden (Entwicklungsprüfstände), wenn ausschließlich Motoren mit integrierten, für den Einsatz vorgesehenen Nachbehandlungseinrichtungen, zum Beispiel Katalysator, Dieselrußfilter, geprüft werden.
Bei Entwicklungsprüfständen für sonstige Motoren prüft die zuständige Behörde im Einzelfall, ob die Einhaltung der Anforderungen technisch möglich und verhältnismäßig ist.

Bauliche und betriebliche Anforderungen
Abgase von Anlagen zur Prüfung von Motorkategorien, für die eine Abgasreinigung erforderlich ist, dürfen nicht mit dem Ziel der Einhaltung von Emissionswerten mit Abgas von anderen Motorkategorien vermischt werden.
Der Betreiber hat der zuständigen Behörde bei Errichtung oder wesentlicher Änderung der Anlage die geprüften Motorleistungsklassen und für jede Leistungsklasse die eingesetzten Brennstoffe, Laufprofile, Leistungskurven und Abgastemperatur-Verläufe mitzuteilen.

Bezugsgröße
Die folgenden Emissionswerte beziehen sich auf einen Volumengehalt an Sauerstoff im Abgas von 5 Prozent.

Gesamtstaub
Bei Prüfständen zur Prüfung von Motoren mit Dieselkraftstoff gemäß § 4 der 10. BImSchV mit einer Feuerungswärmeleistung von bis zu 2 MW des Einzelaggregats sind die Abgase einem Rußfilter nach dem Stand der Technik zuzuführen oder die Emissionen sind gleichwertig zu vermindern.
Bei Prüfständen für Motoren mit Dieselkraftstoff gemäß § 4 der 10. BImSchV mit einer Feuerungswärmeleistung über 2 MW und für Motoren mit sonstigen flüssigen Brennstoffen ist der Einsatz eines Rußfilters zu prüfen.

Kohlenmonoxid
Die Möglichkeiten, die Emissionen durch dem Stand der Technik entsprechende Maßnahmen zu vermindern, sind auszuschöpfen. Soweit technisch möglich und verhältnismäßig, sollen Oxidationskatalysatoren eingesetzt werden. Die Emissionen an Kohlenmonoxid im Abgas dürfen bei Einsatz von Katalysatoren die Massenkonzentration 0,30 g/m³ nicht überschreiten.

Ammoniak
Bei Prüfständen, die Verfahren der selektiven katalytischen Reduktion einsetzen, dürfen die Emissionen an Ammoniak im Abgas die Massenkonzentration 10 mg/m³ nicht überschreiten.

Stickstoffoxide
Nummer 5.2.4 findet keine Anwendung. Es ist zu prüfen, ob die Baugröße sowie der Verlauf und die Dauer der Prüfzyklen, zum Beispiel im Hinblick auf die Abgastemperatur den Einsatz selektiver katalytischer Reduktion ermöglicht und dies verhältnismäßig ist.
Bei der Neuerrichtung von Einzelprüfständen für Dieselmotoren einschließlich Zündstrahlmotoren einer Feuerungswärmeleistung von 1 MW und mehr ist genügend Platz für den Einbau einer selektiven katalytischen Reduktion vorzuhalten.

Schwefeloxide
Werden Motoren mit Rückstandsölen, Schwerölen oder anderen Treibstoffen betrieben, die einen höheren Massengehalt an Schwefel aufweisen, als die 10. BImSchV für leichtes Heizöl vorschreibt, sind Regelungen zur Begrenzung der Emissionen an Schwefeloxiden zu treffen.

Organische Stoffe
Nummer 5.2.5 findet keine Anwendung.
Formaldehyd
Nummer 5.2.7.1.1 findet in Bezug auf Formaldehyd keine Anwendung. Die Möglichkeiten, die Emissionen durch dem Stand der Technik entsprechende Maßnahmen zu vermindern, sind auszuschöpfen.
Bei Anlagen zur Prüfung von Zündstrahl- und Magermotoren mit gasförmigen Brennstoffen sowie bei Anlagen zur Prüfung von Zweitaktmotoren sind Oxidationskatalysatoren einzusetzen, soweit dies technisch möglich und verhältnismäßig ist.
Bei Anlagen zur Prüfung von Motoren mit flüssigen Brennstoffen sind die Emissionen an Formaldehyd im Abgas durch Maßnahmen nach dem Stand der Technik zu vermindern.

Benzol
Bei Sportmotorprüfständen sind die Möglichkeiten, die Emissionen an Benzol durch dem Stand der Technik entsprechende Maßnahmen zu vermindern, auszuschöpfen.

Messung und Überwachung
Im Zuge der wiederkehrenden Überwachung hat der Betreiber der zuständigen Behörde Informationen über Art, Menge und Schwefelgehalt der seit der letzten wiederkehrenden Überwachung eingesetzten Brennstoffe vorzulegen. Werden Motoren mit Rückstandsölen, Schwerölen oder vergleichbaren Brennstoffen betrieben, sind der zuständigen Behörde zusätzlich Informationen über Art, Menge und Gehalte der eingesetzten Brennstoffe an Asche, Vanadium, Nickel, Chrom und Phosphor vorzulegen.
Bei Entwicklungsprüfständen mit prüfstandsseitigen Abgasreinigungseinrichtungen nach dem Stand der Technik soll auf die Messung der Emissionen verzichtet werden, wenn der Betreiber im Zuge der Überwachung Nachweise über die regelmäßige Wartung der Abgasreinigungseinrichtung und über die Erneuerung von Katalysatoren nach Angaben des Herstellers vorlegt.

Einzelmessung
Messungen sind im Abgas jedes Einzelprüfstands oder nach Abgasreinigung durchzuführen.
Nummer 5.3.2 gilt mit der Maßgabe, dass die Massenkonzentrationen an Stickstoffoxiden und Kohlenmonoxid jährlich zu überwachen sind.
Bei Einsatz von Dieselmotoren einschließlich Zündstrahlmotoren gilt Nummer 5.3.2 mit der Maßgabe, dass die Massenkonzentration an Staub jährlich zu überwachen ist. Die Massenkonzentration an Kohlenmonoxid ist zu dem Zeitpunkt und an dem Messort zu messen, an dem Messungen für Formaldehyd, Benzol, NMVOC (flüchtige organische Verbindungen ohne Methan) oder Stickstoffoxide erforderlich sind.
Bei Anlagen, die Verfahren der selektiven katalytischen Reduktion oder selektive nichtkatalytische Reduktion einsetzen, gilt Nummer 5.3.2 mit der Maßgabe, dass die Massenkonzentrationen an Ammoniak jährlich zu überwachen ist.

Beim Einsatz von Brennstoffen in Zweitaktmotoren oder von gasförmigen Brennstoffen in Mager- oder Zündstrahlmotoren gilt Nummer 5.3.2 mit der Maßgabe, dass die Massenkonzentration an Formaldehyd jährlich zu überwachen ist.
Bei Anlagen zur Prüfung von Motoren, die ohne Abgasreinigung den Emissionswert nach Nummer 5.2.7.1.1 für Benzol nicht einhalten, gilt Nummer 5.3.2 mit der Maßgabe, dass die Massenkonzentration an Benzol jährlich zu überwachen ist.

Prüfstände mit geringer Laufzeit
Bei Prüfständen mit Betriebszeiten von 300 Stunden oder weniger im Jahr finden die Anforderungen dieser Nummer keine Anwendung. Für diese Anlagen ist eine Einzelfallbetrachtung vorzunehmen.

5.4.10.20 Anlagen der Nummer 10.20:

Anlagen zur Reinigung von Werkzeugen, Vorrichtungen oder sonstigen metallischen Gegenständen durch thermische Verfahren
Bezugsgröße
Die Emissionswerte beziehen sich auf einen Volumengehalt an Sauerstoff im Abgas von elf Prozent, ausgenommen bei katalytischen Nachverbrennungseinrichtungen.

Organische Stoffe
Nummer 5.2.5 gilt mit der Maßgabe, dass die Emissionen an organischen Stoffen im Abgas den Massenstrom 0,05 kg/h oder die Massenkonzentration 10 mg/m³, angegeben als Gesamtkohlenstoff, nicht überschreiten dürfen. Die Anforderungen der Nummer 5.2.5 für die Emissionen an organischen Stoffen der Klassen I und II finden keine Anwendung.

5.4.10.21 Anlagen der Nummer 10.21: Anlagen zur Innenreinigung von Eisenbahnkesselwagen, Straßentankfahrzeugen, Tankschiffen oder Tankcontainern sowie Anlagen zur automatischen Reinigung von Fässern, soweit die Behälter von organischen Stoffen gereinigt werden

5.4.10.21a Anlagen zur Innenreinigung von Eisenbahnkesselwagen, Straßentankfahrzeugen, Tankschiffen oder Tankcontainern

Bauliche und betriebliche Anforderungen
Die Anlagen sind mit Abgaserfassung und –reinigung, Abwassererfassung und –behandlung und ausreichenden Lagerflächen für Abfälle zu errichten und zu betreiben. Zur Abwasserbehandlung kann auch eine vorhandene geeignete Behandlungsanlage genutzt werden.
Zu den Behandlungsschritten, zum Beispiel Restentleerung, Entgasung, Reinigung, Abgaserfassung und –reinigung, Abwassererfassung und –reinigung, Abfallerfassung und -zuordnung, sind stoffgruppenbezogene Betriebsanweisungen festzulegen. Die Behandlungsschritte sind so auszuführen, dass möglichst geringe Emissionen entstehen. Zur Verminderung der Entstehung von Emissionen sollte bei Stoffen, die bei einer Temperatur von 293,15 K einen Dampfdruck von 10 hPa oder mehr aufweisen, vor dem Waschgang mit kalter Waschlösung vorgespült werden. Nicht zulässig ist eine direkte Behandlung leichtflüchtiger Stoffe mit Dampf oder Heißwasser.

Organische Stoffe
Die Emissionen an organischen Stoffen im Abgas, angegeben als Gesamtkohlenstoff, dürfen insgesamt den Massenstrom 0,10 kg/h oder die Massenkonzentration 20 mg/m³ nicht überschreiten. Die Anforderungen der Nummer 5.2.5 für die Emissionen an organischen Stoffen der Klassen I und II finden keine Anwendung.

Karzinogene, keimzellmutagene oder reproduktionstoxische Stoffe
Die Emissionen an organischen Stoffen der Nummer 5.2.7.1 dürfen als Mindestanforderung insgesamt den Massenstrom 2,5 g/h oder die Massenkonzentration 5 mg/m³ nicht überschreiten.

5.4.10.21b Anlagen zur automatischen Reinigung von Fässern oder vergleichbaren Behältern, zum Beispiel Tankpaletten einschließlich zugehöriger Aufarbeitungsanlagen

Bauliche und betriebliche Anforderungen
Der Waschbereich ist einzuhausen. Abgase, die zum Beispiel beim Öffnen der Behälter, bei der Restentleerung der Behälter, beim pneumatischen Ausbeulen der Behälter, beim Verschrotten, zum Beispiel Pressen nicht recyclingfähiger Fässer, oder beim Transport der geöffneten, ungereinigten Fässer oder Behälter entstehen, sind zu erfassen. Lagerbehälter für Restinhaltsstoffe aus der Restentleerung, die Waschwasseraufbereitung, Abwasserbehandlung und die zugehörigen Lagerbehälter sind soweit wie möglich als geschlossenes System auszulegen und zu betreiben.
Vor dem Waschprozess sind die Behälter soweit wie möglich zu entleeren (Restentleerung).
Beim Betrieb der Fass- oder Behälterreinigungsanlagen ist darauf zu achten, dass Fässer oder Behälter, die mit Stoffen der Nummer 5.2.5 Klasse I oder Stoffen der Nummer 5.2.7.1 verunreinigt sind, im Wechsel mit Fässern oder Behältern, die mit weniger gefährlichen Stoffen verunreinigt sind, aufgegeben werden. Hierzu ist eine Betriebsanweisung zu erstellen und ein Betriebsbuch zu führen.

Organische Stoffe und karzinogene, keimzellmutagene oder reproduktionstoxische Stoffe
Bei Anlagen, in denen Fässer oder Behälter gereinigt werden, die nicht mit organischen Stoffen der Nummer 5.2.5 Klasse I oder der Nummer 5.2.7.1 verunreinigt sind, dürfen die Emissionen an organischen Stoffen im Abgas, angegeben als Gesamtkohlenstoff, insgesamt die Massenkonzentration 50 mg/m³ nicht überschreiten.
Die Anforderungen der Nummer 5.2.5 für die Emissionen an organischen Stoffen der Klassen I und II finden keine Anwendung.
Bei Anlagen, in denen auch Fässer oder Behälter gereinigt werden, die mit Stoffen der Nummer 5.2.5 Klasse I oder Stoffen der Nummer 5.2.7.1 verunreinigt sind, dürfen die Emissionen an organischen Stoffen im Abgas, angegeben als Gesamtkohlenstoff, insgesamt den Massenstrom 0,10 kg/h oder die Massenkonzentration 20 mg/m³ nicht überschreiten.
Bei Anlagen, in denen schwerpunktmäßig Fässer oder Behälter gereinigt werden, die mit organischen Stoffen der Nummer 5.2.7.1 verunreinigt sind, dürfen die Emissionen an organischen Stoffen der Nummer 5.2.7.1 im Abgas, angegeben als Gesamtkohlenstoff, insgesamt den Massenstrom 0,05 kg/h oder die Massenkonzentration 10 mg/m³ nicht überschreiten.

5.4.10.22.1 Anlagen der Nummer 10.22.1:

Anlagen zur Begasung, Sterilisation oder Entgasung, mit einem Rauminhalt der Begasungs- oder Sterilisationskammer oder des zu begasenden Behälters von 1 Kubikmeter oder mehr, soweit Stoffe oder Gemische eingesetzt werden, die gemäß der Verordnung (EG) Nr. 1272/2008 in die Gefahrenklassen „akute Toxizität" Kategorie 1, 2 oder 3, „spezifische Zielorgan-Toxizität (einmalige Exposition)" Kategorie 1 oder „spezifische Zielorgan-Toxizität (wiederholte Exposition)" Kategorie 1 einzustufen sind.

Mindestabstand
Der Abstand von Anlagen zur Begasung, Sterilisation und Entgasung zu Orten, die zum nicht nur vorübergehenden Aufenthalt von Personen bestimmt sind, soll mindestens 100 m betragen. Der Abstand kann unterschritten werden, wenn das Abgas in einer Abgasreinigungseinrichtung behandelt wird. Bei Altanlagen, in denen der Mindestabstand die Grenzen des Betriebsgrundstücks nicht überschreitet, gilt der Mindestabstand als eingehalten, wenn die arbeitsschutzrechtlichen Sicherheits- und Abstandsbestimmungen eingehalten sind.

Bauliche und betriebliche Anforderungen
Während der Begasung von Transporteinheiten (Containern) sind Leckagen aus geschlossenen Containern soweit wie möglich zu vermeiden.
Nach erfolgter Begasung von Transporteinheiten mit Begasungsmitteln der Kategorie Acute Tox. 1, 2 oder 3, ausgenommen Stoffe oder Gemische, deren Einstufung in die Kategorie Acute Tox. 3 sich lediglich auf das Einatmen von Dämpfen bezieht, mit den Gefahrenhinweisen H300, H301, H310, H311, H330 oder H331 oder karzinogenen, keimzellmutagenen oder reproduktionstoxischen Begasungsmitteln ist bei der Entgasung eine geeignete stationäre oder mobile Abgasreinigungseinrichtung einzusetzen.
Dabei soll der Schornstein bei stationären Einrichtungen zur Abgasreinigung, die nicht im Umluftverfahren betrieben werden eine Bauhöhe über Grund von mindestens 10 m haben. Bei mobilen Abgasreinigungseinrichtungen soll die Bauhöhe der Abgasauslässe mindestens 2,5 m betragen.

5.4.10.23 Anlagen der Nummer 10.23: Anlagen zur Textilveredlung durch Sengen, Thermofixieren, Thermosolieren, Beschichten, Imprägnieren oder Appretieren, einschließlich der zugehörigen Trocknungsanlagen

5.4.10.23a Anlagen zur Textilveredlung durch Thermofixieren, Thermosolieren, Beschichten, Imprägnieren oder Appretieren, einschließlich der zugehörigen Trocknungsanlagen

Soweit Anlagen Anforderungen zur Begrenzung der Emissionen an flüchtigen organischen Stoffen nach der Verordnung zur Begrenzung der Emissionen flüchtiger organischer Verbindungen bei der Verwendung organischer Lösemittel in bestimmten Anlagen (31. BImSchV) vom 21. August 2001 (BGBl. I S. 2180), die zuletzt durch Artikel 109 der Verordnung vom 19. Juni 2020 (BGBl. I S. 132) geändert worden ist, in der jeweils geltenden Fassung, zu erfüllen haben, sind die nachfolgenden Anforderungen für organische Stoffe eine Konkretisierung und Ergänzung der Vorschriften des Anhangs IV Buchstabe C Nummer 5 dieser Verordnung.

Bauliche und betriebliche Anforderungen
Der Gehalt an emissionsrelevanten Stoffen in oder auf der zu veredelnden Ware, zum Beispiel Restmonomergehalte, Präparationen wie Spinnöle, Avivagen, Schlichten, ist so weit wie möglich zu vermindern. Hierzu sind insbesondere eine oder mehrere der folgenden Maßnahmen durchzuführen und ihre Durchführung ist zu dokumentieren:

a) Einsatz thermostabiler Präparationen,

b) Reduzierung der Auftragsmenge,

c) Vorbehandlung der zur Veredlung vorgesehenen Ware zum Beispiel durch eine Wäsche,

d) Optimierung der Vorreinigung, zum Beispiel durch Steigerung der Wascheffizienz

Wird eine Rohwarenfixierung durchgeführt, hat der Betreiber zusätzlich so weit wie möglich Informationen über Art und Menge der eingesetzten Chemikalien bei externen vorgelagerten Prozessen zu beschaffen, die in der Anlage nach Nummer 5.4.10.23 zur Freisetzung emissionsrelevanter Stoffe führen können.
Die Information und die Dokumentation sind fünf Jahre aufzubewahren und der zuständigen Behörde auf Verlangen vorzulegen.

Bezugsgröße
Die Massenkonzentrationen beziehen sich auf ein Luft–Waren–Verhältnis von 20 m³/kg; das Luft–Waren–Verhältnis ist der Quotient aus Gesamtabgasvolumenstrom in m³/h eines thermischen Behandlungsaggregats während eines Prozesses (Veredelungsschrittes) und dem Warendurchsatz des zu veredelnden Textils in kg/h. Durch Multiplikation der zulässigen Massenkonzentration der emittierten Stoffe mit dem Bezugs–Luft–Waren–Verhältnis von 20 m³/kg ergibt sich der jeweils zulässige spezifische Emissionsfaktor als Massen der emittierten Stoffe in g pro Massen des zu veredelnden Textils in kg.

Organische Stoffe
Nummer 5.2.5 gilt mit der Maßgabe, dass

a) für die in Nummer 10.23 des Anhangs 1 der 4. BImSchV erfassten Veredelungsschritte die Emissionen an organischen Stoffen im Abgas, angegeben als Gesamtkohlenstoff, den Massenstrom 0,80 kg/h oder die Massenkonzentration 40 mg/m³ nicht überschreiten dürfen;

b) aus Verschleppung und Restgehalten an Präparationen darf zusätzlich je eine Massenkonzentration von nicht mehr als 20 mg/m³, angegeben als Gesamtkohlenstoff, emittiert werden;

c) soweit aus verfahrenstechnischen Gründen ein oder mehrere von in Nummer 10.23 des Anhangs 1 der 4. BImSchV erfassten Veredelungsschritten gleichzeitig mit einem dort nicht erfassten Veredelungsschritt in einem Behandlungsaggregat durchgeführt werden, ist insgesamt für die Emissionen an organischen Stoffen im Abgas durch eine Optimierung des Prozesses die Massenkonzentration 40 mg/m³, angegeben als Gesamtkohlenstoff, anzustreben. Soweit Anlagen, die die Anforderungen der 31. BImSchV zu erfüllen haben, gleichzeitig beschichten und bedrucken, dürfen gemäß dieser Verordnung die Emissionen an organischen Stoffen im Abgas die Massenkonzentration 40 mg/m³, angegeben als Gesamtkohlenstoff, nicht überschreiten.

Auch wenn die Voraussetzungen der Buchstaben a bis c gegeben sind, dürfen die Gesamtemissionen an organischen Stoffen im Abgas insgesamt 80 mg/m³, angegeben als Gesamtkohlenstoff, nicht überschreiten; soweit Anlagen, die die Anforderungen der 31. BImSchV zu erfüllen haben, gleichzeitig beschichten und bedrucken, dürfen –

abweichend vom Teilsatz 1 und gemäß dieser Verordnung – die Emissionen an organischen Stoffen im Abgas insgesamt die Massenkonzentration 60 mg/m³, angegeben als Gesamtkohlenstoff, nicht überschreiten.
Die Anforderungen für die Emissionen an organischen Stoffen der Klasse II finden keine Anwendung. In begründeten Ausnahmefällen, zum Beispiel bei Beschichtungen und technischen Textilien, kann von diesen Regelungen abgesehen werden; in diesen Fällen gilt Nummer 5.2.5 unverändert.

Karzinogene, keimzellmutagene oder reproduktionstoxische Stoffe
Ergänzend zu Nummer 5.2.7.1 gilt, dass Stoffe und entsprechend eingestufte Gemische nach Nummer 5.2.7.1 in kürzestmöglicher Frist so weit wie möglich zu ersetzen sind, wobei die Gebrauchstauglichkeit, die Verwendung und die Verhältnismäßigkeit zwischen Aufwand und Nutzen zu berücksichtigen sind.

Formaldehyd
Die Emissionen an Formaldehyd im Abgas von direkt beheizten thermischen Aggregaten dürfen für die Trocknung die Massenkonzentration 5 mg/m³ und für die Thermofixierung 15 mg/m³ nicht überschreiten.
Die Emissionen an Formaldehyd aus Ausrüstungsprozessen einschließlich Verbrennungsprozessen bei direkt beheizten thermischen Aggregaten im Abgas von Easy-Care-Ausrüstung, wasser- und schmutzabweisende Ausrüstung sowie Thermosolieren dürfen die Massenkonzentration 10 mg/m³ und im Abgas von Knitterfreiausrüstung, flammhemmender Ausrüstung, Beschichtung, inklusive Laminieren, und griffgebender Ausrüstung (hart) 20 mg/m³ nicht überschreiten.

Messung und Überwachung
Zur Ermittlung der Betriebsbedingungen und Rezepturen, die zu den höchsten Emissionen führen, können Berechnungen der Emissionen auf der Basis von Substanzemissionsfaktoren herangezogen werden, sofern die Substanzemissionsfaktoren nach einer wissenschaftlich anerkannten Methode ermittelt wurden.
Abweichend von Nummer 5.3.2.2 Absatz 2 Satz 2 können bis zu drei Einzelmessungen durch Berechnung der Emissionen auf der Basis von Substanzemissionsfaktoren ersetzt werden, sofern im Rahmen der erstmaligen oder wiederkehrenden Emissionsmessungen die Substanzemissionsfaktoren der Komponenten von mindestens drei Rezepturen messtechnisch durch eine Stelle, die nach § 29b BImSchG in Verbindung mit der 41. BImSchV für den Tätigkeitsbereich der Gruppe I Nummer 1 und für den Stoffbereich G gemäß der Anlage 1 der 41. BImSchV bekannt gegeben worden ist, ermittelt werden.
Hinsichtlich der Eigenkontrolle durch die Betreiber ist die Nummer 4 des Bausteinekonzeptes (Bausteine für Regelungen bei Textilveredlungsanlagen, LAI-Schriftenreihe Bd. 17 [1989.]) zu berücksichtigen.

Beurteilung von Messwerten
Das tatsächliche Luft–Waren–Verhältnis ist jeweils zu bestimmen und zu dokumentieren.
Die Emissionswerte gelten auch dann als eingehalten, wenn die über das bestimmte Luft–Waren–Verhältnis und die gemessenen Massenkonzentrationen ermittelten spezifischen Emissionsfaktoren die zulässigen spezifischen Emissionsfaktoren nicht überschreiten.

Sonderregelung
Für Anlagen oder Anlagenteile, für die am 1. Oktober 2002

eine Genehmigung zur Errichtung und zum Betrieb nach § 6 oder § 16 BImSchG oder eine Zulassung vorzeitigen Beginns nach § 8a BImSchG erteilt war und in dieser Zulassung Anforderungen nach § 5 Absatz 1 Nummer 1 oder 2 BImSchG festgelegt sind;
eine Teilgenehmigung nach § 8 BImSchG oder ein Vorbescheid nach § 9 BImSchG erteilt war, soweit darin Anforderungen nach § 5 Absatz 1 Nummer 1 oder 2 BImSchG festgelegt sind, oder
die nach § 67 Absatz 2 BImSchG anzuzeigen sind oder anzuzeigen waren oder die entweder nach § 67a Absatz 1 BImSchG oder vor Inkrafttreten des Bundes-Immissionsschutzgesetzes nach § 16 Absatz 4 der Gewerbeordnung anzuzeigen waren,
gilt ergänzend Folgendes:

Organische Stoffe
Bei direkt beheizten Behandlungsaggregaten bleiben die Emissionen an organischen Stoffen aus der Verbrennung bis zu einer maximalen Massenkonzentration von 20 mg/m³, angegeben als Gesamtkohlenstoff, unberücksichtigt; die Möglichkeiten, die Emissionen durch feuerungstechnische und andere dem Stand der Technik entsprechende Maßnahmen, zum Beispiel durch Optimierung der Verbrennung, mindestens jährliche Wartung, weiter zu vermindern, sind auszuschöpfen. Soweit der Betreiber, zum Beispiel durch eine fachliche Stellungnahme des Brenner- oder des Spannrahmenherstellers, nachweist, dass für die Emissionen an organischen Stoffen aus der Verbrennung die Massenkonzentration 20 mg/m³, angegeben als Gesamtkohlenstoff, nicht eingehalten werden kann und diese Emissionen durch primärseitige Maßnahmen nicht weiter vermindert werden können, ist die Emissionsbegrenzung im Einzelfall festzulegen.

Übersicht

I. Überblick

Die Sonderregelungen in Nr. 5.4.10 beziehen sich auf Anlagen nach Nr. 10 des Anhangs zur 4. BImSchV. Dort sind alle genehmigungsbedürftigen Anlagen zusammengefasst, die den Nummern 1 bis 9 des Anhangs zur 4. BImSchV nicht zugeordnet werden konnten. Bei den betroffenen Anlagen waren unterschiedliche Gründe für die Aufnahme in den Katalog der genehmigungsbedürftigen Anlagen maßgebend. Die Anlagen sind nur zum Teil für die Luftreinhaltung von besonderer Bedeutung. Für einige relevante Anlagen enthält Nr. 5.4.10 den allgemeinen Anforderungen in Nr. 5.2, 5.3 und 6.2 vorgehende Sonderregelungen. 1

II. Entstehungsgeschichte

Die Fassung der Nr. 5.4.10.15 entspricht im Wesentlichen der Vorlage der Bundesregierung (BR-DrS. 314/21). Auf den Bundesrat geht eine Änderung zurück (BR-DrS. 314/21 – Beschluss –, Nr. 237). 2

III. Zu Nr. 5.4.10.15.1

3 Genehmigungsbehörde vor. Im Vergleich zur TA Luft 2002 werden der Behörde konkretere Prüfkriterien zur Beurteilung des Standes der Technik an die Hand gegeben.

4 Die amtliche Begründung zur TA Luft 2021 (BT-Drs. 767/20) führt hierzu aus: „Prüfstände stellen bedeutende Emittenten von Luftschadstoffen dar, da teilweise emissionsträchtige Motoren geprüft werden. Dazu zählen:

– Motoren für Hochseeschiffe, die Schweröl verfeuern,
– Motoren für den Einsatz in Nicht-EU-Ländern mit entsprechend niedrigen Anforderungen,
– sehr alte Modelle im Rahmen der Wartung (z.B. Notstrommotoren für Kernkraftwerke),
– Motoren ohne Abgasreinigung,
– Zweitaktmotoren.

5 Aufgrund der Heterogenität der Motoren und Prüfzyklen können allgemein verbindliche Anforderungen nur schwierig festgelegt werden. Stattdessen werden vorwiegend bauliche und betriebliche Anforderungen, unterschieden nach Prüfständen mit Verbrennungsmotoren und Prüfständen für Verbrennungsmotoren, beschrieben. Außerdem werden konkrete Kriterien aufgeführt, anhand derer die Genehmigungsbehörden die Einsetzbarkeit von Abgasreinigung prüfen können."

6 Im Vergleich zur TA Luft 2002 wurden in den Geltungsbereich der Nr. 5.4.10.15.1 auch Prüfstände mit Verbrennungsmotoren aufgenommen. Dazu gehören z.B. Prüfstände, an denen Generatoren getestet werden, die durch Motoren angetrieben werden.

7 Zusätzlich zur TA Luft 2002 wurden auch Anforderungen an die Energieeffizienz aufgenommen. Motoren auf Prüfständen erzeugen beträchtliche Mengen an Abwärme, mechanischer Energie und ggf. auch Strom, welche im Sinne einer effizienten Nutzung von Energie so weit wie möglich genutzt werden sollten.

Zu Nr. 5.4.10.15.1a

8 Prüfstände mit Verbrennungsmotoren werden z.B. zur Prüfung von Generatoren eingesetzt. Beim eingesetzten Motor handelt es sich in der Regel um einen ortsfest betriebenen Motor, für den die 44. BImSchV den Stand der Technik beschreibt.

Zu Nr. 5.4.10.15.1b

9 Entwicklungsprüfstände zur Entwicklung von Motoren für den Straßenverkehr oder zum Antrieb von mobilen Arbeitsmaschinen werden vielfach zusammen mit den für den Einsatz in der Praxis vorgesehenen Abgasreinigungseinrichtungen getestet. In diesem Fall ist der Stand der Technik durch die Abgasnachbehandlung gewährleistet. Bei anderen Entwicklungsprüfständen kann es die Natur der Entwicklungstätigkeit mit sich bringen, dass die Emissionen erst im Verlauf der Entwicklung optimiert werden.

Bauliche und betriebliche Anforderungen

10 Die Anforderung aus Satz 1 konkretisiert das Vermischungsverbot aus Nr. 5.1.2 Absatz 1. Die Informationspflichten des Betreibers an die Behörde aus Satz 2 sind notwendig, damit die Behörde den Stand der Technik beurteilen kann. Die Einsetzbarkeit von Abgasreinigung (insbesondere von Katalysatoren) richtet sich nach den genannten Parametern.

Gesamtstaub

11 Der Einsatz von Rußfiltern bei Motorprüfständen mit Dieselkraftstoff gemäß § 4 der 10. BImSchV mit einer Feuerungswärmeleistung von bis zu 2 MW des Einzelaggregats war bereits in der TA Luft 2002 als Stand der Technik beschrieben. Bei größeren Anlagen

oder Anlagen mit sonstigen flüssigen Brennstoffen ist im Einzelfall zu prüfen, ob ein Rußfilter einsetzbar ist.

Im Abschnitt „Gesamtstaub" von Nr. 5.4.10.15.1 werden im dritten Absatz Sonderregelungen gefordert, wenn die Motoren im bestimmungsgemäßen Betrieb mit Rückstandsölen oder vergleichbaren Treibstoffen betrieben werden. Rückstandsöle sind nicht den einschlägigen DIN-Normen entsprechende Kohlenwasserstoff-Restgemische aus Raffinerieprozessen. Vergleichbare Treibstoffe sind solche nicht DIN-gerechten Kohlenwasserstoff-Gemische, die ein ähnliches Emissionsverhalten haben wie Rückstandsöle. 12

Ammoniak

Wird an einem Motor eine SCR eingesetzt, kann ein NH_3-Schlupf in Höhe von 10 mg/m^3 als Stand der Technik angesehen werden. 13

Stickstoffoxide

Die Anforderung soll die Beurteilung, ob eine SCR anwendbar ist, erleichtern. Voraussetzungen für die Einsetzbarkeit der SCR sind genügend Platz sowie eine ausreichende Abgastemperatur über eine genügend lange Zeit. Liegen letztere Voraussetzungen nicht vor, ist eine Verhältnismäßigkeit nicht gegeben. Bei einer Neuerrichtung von Einzelprüfständen kann in der Regel ausreichend Platz vorgehalten werden für den Fall, dass in Zukunft SCR-Anlagen zur Verfügung stehen, die auch bei niedrigeren Temperaturen eine ausreichende Abscheideleistung gewährleisten. 14

Formaldehyd

Hohe Formaldehyd-Emissionen sind bei Zündstrahl- und Magermotoren mit methanhaltigen gasförmigen Brennstoffen sowie bei Zweitaktmotoren zu erwarten. Eine Abgasreinigung mittels Katalysatoren ist unter der Voraussetzung Stand der Technik, dass lange genug eine ausreichend hohe Abgastemperatur erreicht wird. 15

Benzol

An Sportmotorprüfständen können ohne Abgasreinigung Emissionen oberhalb des allgemeinen Emissionswerts nach Nr. 5.2.7.1.1 auftreten. 16

Messung und Überwachung

Rückstandsöle, Schweröle und ähnliche Brennstoffe enthalten hohe Gehalte an Asche, Vanadium, Nickel, Chrom und Phosphor. Zur Einschätzung der Emissionen und der notwendigen Emissionsminderungsmaßnahmen übermittelt der Betreiber entsprechende Angaben an die Behörde. 17

Bei prüfstandsseitiger Abgasreinigung wird der Stand der Technik bereits durch die ordnungsgemäße Anwendung der Abgasreinigung eingehalten.

Einzelmessung

Bei Prüfständen mit zentraler Abgasreinigungseinrichtung ist die Messung nach Abgasreinigungseinrichtung durchzuführen. Eine jährliche Messung ist für besonders relevante Schadstoffe vorgesehen. Eine Leistungsgrenze für diese Messpflicht wird auf Grund der Heterogenität der zu prüfenden Motoren nicht festgelegt. 18

Prüfstände mit geringer Laufzeit

Die Sonderregelung für Prüfstände mit geringer Laufzeit wurde analog zu der Regelung für Gasturbinen-Prüfstände nach Nr. 5.4.10.15.2 eingeführt. 19

Für handschriftliche Notizen

Für handschriftliche Notizen

Für handschriftliche Notizen

Für handschriftliche Notizen